现代物流案例集

——科技赋能下的物流新格局

李庆昌　傅　丽　编著

中国财经出版传媒集团
中国财政经济出版社

图书在版编目（CIP）数据

现代物流案例集：科技赋能下的物流新格局 / 李庆昌，傅丽编著. -- 北京：中国财政经济出版社，2020.10

ISBN 978-7-5223-0011-5

Ⅰ.①现… Ⅱ.①李… ②傅… Ⅲ.①物流—案例 Ⅳ.①F25

中国版本图书馆CIP数据核字（2020）第168819号

责任编辑：彭　波　　责任印制：史大鹏

封面设计：卜建辰　　责任校对：胡永立

中国财政经济出版社 出版

URL：http：//www.cfeph.cn

E-mail：cfeph @cfemg.cn

社址：北京市海淀区阜成路甲28号　邮政编码：100142

营销中心电话：010-88191522

天猫网店：中国财政经济出版社旗舰店

网址：https：//zgczjjcbs.tmall.com

北京密兴印刷有限公司印装　各地新华书店经销

成品尺寸：170mm × 240mm　16开　14.75印张　216 000字

2020年10月第1版　2020年10月北京第1次印刷

定价：58.00元

ISBN 978-7-5223-0011-5

（图书出现印装问题，本社负责调换，电话：010-88190548）

本社质量投诉电话：010-88190744

打击盗版举报热线：010-88191661　QQ：2242791300

前言

QIANYAN

新零售的核心价值是最大限度地提升全社会流通零售业运转效率，在物流与新零售融合中，除新零售模式的创新外，物流的内涵也进行了升级。新物流不仅是实现物的流通的系统，更是以货物流通为基础的数据链接技术推动的服务支持体系。

作为以客户为中心的新零售概念，应该具有零售二重性："任何零售主体、任何消费者、任何商品既是物理的，也是数据化的，需要从二维角度去思考新零售。这里的二维指的就是"物理属性"和"数据属性"。新物流除了实现物的流通的物理属性、物流大量信息交互的数据属性外，还衍生出了第三重属性增值服务属性。这并不只是物品的拆零分拣、搭配重组、包装定制、场景设计，甚至是配套金融支持等。

随着物联网、仓储机器人、无人机等新技术的广泛应用，预计物流仓储技术将以较快的速度发生变革，无店铺零售商在相关领域的竞争也将日趋白热化。在消费升级的驱动下，消费者对商品和服务质量的需求将越来越高，且更趋于个性化。通过大数据了解消费者的线下消费行为，进而有效满足客户需求、优化购物体验的全渠道"新零售"模式将成为发展的方向。与此同时，为了满足新零售对于现代物流提出的新要求，未来将通过大数据、云计算、物联网等先进信息技术充分把控、整合物流资源。物流仓储必将朝着信息化、标准化、组织化、智能化的方向发展。

多渠道触达，然后供应链实现多路径便捷的服务，加上构建数字化的运营，应该是未来的趋势。在这个趋势下，从战略构建层面，供应链需要实现多维度协同，需要多渠道库存共享、需要实现上下游的供应链协同。同时，执行面上，智能订单履行和库存管理，加上柔性仓储运作技术的应用，都缺一不可。

要完成一份案例集的编写，需要不断跟踪各种行业发展趋势，了解行业的技术前沿，通晓行业各个领域领头羊的各类新操作和新尝试。这一点的确不容易做到。即便整理到最后，我们仍然发现在2020年这个特殊的年份，许多企业都在各种不确定性的氛围下，有着自己的战略转型或者技术突破。有的企业进入了新领域，有的企业出现了不适应，有些我们认为优秀的企业，因为一些大环境或者技术挑战而出现了业绩的滑坡。不论怎样，这些都不妨碍在过去的几年，这些企业在新物流和新零售领域扮演着自己的角色，作为行业的弄潮儿，有着自己优异的表现。

本案例集以新技术和新零售作为主要的切入点，通过对技术和行业的发展情况的分析，结合各个领域一些企业的做法，尝试用辩证的态度看待在不同的时代下物流行业的机遇与挑战。案例一让我们看到电商科技赋能下的新零售发展，以及对物流行业提出的挑战。很难说究竟谁推动了谁的进步，但可以肯定的一点是，单方面的成长，是无法出现今天的局面的。案例二则聚焦在快递的发展和潜力，曾几何时，一个小小的物流细分业务，变成了国计民生中不可或缺的一环，虽然未曾达到半壁江山，但在老百姓心中的存在感，却是真实而又丰富的。案例三聚焦在物流地产领域，从普洛斯看物流地产的价值。案例四瞄准了物流科技，看看物流智能化对行业人工的替代作用，让我们关注一些物流的基础设施对物流行业的帮助。案例五、案例六基于冷链物流展开。这个领域的发展在国计民生中扮演着越来越重要的作用，特别是针对生鲜电商领域。我们所看到的冷链的基础设施，了解生鲜电商领域的发展现状，也通过对比新老生鲜电商领域的物流模式，分析其差异。案例七通过对快消领域物流的观察，举一反三，看看不同企业怎么在新零售浪潮下突围。案例八则聚焦供应链服务，看品牌电商如何走出虚实结合的新零售之路，了解在这些领域中，物流对新零售的支撑作用。案例九、案例十则关注一些日益兴起或者具有很大潜力的物流机遇。即时配送和同城配送，这两个领域在这次疫情中的作用日益得到凸显，也被越来越多的老百姓认同。

本案例集主要针对大学学生以及教授《市场营销》《物流管理》《零售管理》《电子商务》《渠道管理》等相关工商管理类课程的教师所使用。通过对相关领域背景、发展、主要公司事迹的介绍，抛砖引玉、让学生能够有机会看到物流行业的发展趋势和未来前景。物流的本质并没有变化，因此我们也没有加入太多的传统物流行业的案例，供应链协同、算法优化、控制塔、大数据、前台中台等领域的案例，由于过于抽象，我们也没有列入该案例集中。案例集本身的资料并无法做到实时更新，但其中所展现出来的物流行业的变化和未来的潜力，却是淋漓尽致的。因为2017年前后，本来就是物流行业天翻地覆的一个全新阶段。

案例集编写过程得到许多行业前辈、老师、同学的支持，特此表示感谢。感谢张仪华、林必越、庄贝妮、王园、贾艳瑞等课题组老师的支持与配合，感谢黄婵、简思佳、朱珏蝶、胡嘉齐、蔡春燕等同学参与资料查找和案例编写工作，特别感谢张恩敏、陈澎、蔡颖绮等行业专家的指导。

《现代物流案例集》课题组

2020年7月20日

目录
MULU

拾 案例十
同城配送，未来物流公司业务新的增长点 / 207

同城配送又被称作为“最后一公里”物流，它提供的是同一个城市内从A地到B地之间的物流配送，强调的是速度与效率的最大化。同城配送在整个物流系统中占据非常重要的地位，它在整个供应链环节起着极为重要的承接作用，它是物流迈向社会化和专业化的必然要求。

壹 案例一 电商科技赋能下的新零售

一、电商：国内外多点布局挖掘增量市场

（一）核心电商贡献80%+收入，夯实生态基础

FY2018阿里实现收入2502.66亿元，同比增长58%，创下IPO以来最高增速，其中核心电商收入2140.2亿元，占比85.5%，同比增60%，同样创下IPO以来最高增速，是提升整体收入的主要贡献力量。

毛利率持续降低，主要由于增加对新零售业务和Lazada业务中库存的投入，此外，对菜鸟网络的投资以及用于增加用户数量和用户体验的投入也造成了成本的持续增加。相较于高速增长的收入，阿里的费用端支出一直较为稳定，营销费用主要用于拓展客户群，总体上与收入增速一致，费用率近年来维持在较平稳的水平；产品开发费用和管理费用具有一定刚性，带动总体费用率呈下降趋势。受综合毛利率带动，各项净利润率整体亦呈下降趋势。

- **新零售并表+国际零售高增长提升电商业务增速**

FY2018阿里核心电商收入2140.20亿元，同比增长60%，分业务板块来看：

（1）国内电商零售平台实现收入1765.59亿元（占比71%），同比增长55%；客户管理服务收入1142.85亿元（占比46%），同比增长47%；主要由付费广告点击单价和点击量的提升所致，显示了阿里通过不断创新的内容形

式和精准推荐吸引了更多用户的同时提升了用户活跃度和货币转化率，从而带动卖家和品牌为营销推广所支付费用的提升。佣金收入465.25亿元（占比19%），同比增长37%；主要由天猫平台实物GMV大增45%所致。快消、服装、家电和消费电器等品类是带动其增长的主要力量；其他业务收入157.49亿元（占比6%），同比增长527%；主要由银泰、盒马和天猫国际等新零售业务的并入所致。国内电商批发业务实现收入71.64亿元（占比3%），同比增长26%，主要得益于来自1688.com平台的付费会员所带来的平均收入的提升。

（2）国际电商零售业务收入为142.16亿元（占比6%），同比增长94%，主要受益于Lazada和速卖通平台GMV高速增长。

（3）国际批发业务实现收入66.25亿元（占比2%），同比增长10%。

（4）菜鸟物流收入67.59亿元（占比3%），2017年10月中旬实现并表。2018年3月，推出第一个电商专用航班，大幅缩短了将国内包裹配送至俄罗斯的时间。

（5）其他收入26.97亿元（占比1%），同比增长257%。

- **交易量、用户数的规模优势凸显**

（1）国内电商龙头，根基稳固。作为国内成立最早的电商平台，阿里凭借多年的运营积累拥有最大的交易数据和网购活跃用户，FY2018淘宝和天猫GMV分别为2.7万亿和2.1万亿，截至CY2018Q1年活跃用户增至5.52亿，总GMV和年活跃用户分别为第2名京东的近4倍和近2倍，稳居国内电商龙头地位。

（2）巨额交易+众多用户，存量雄厚，夯实基础。平台上巨大的交易量和用户，一方面可形成规模效应和品牌效应，吸引更多卖家和买家参与交易，带动广告营销收入和交易佣金收入的增加，为公司提供持续稳定的现金流；另一方面，海量的交易数据也形成了巨大的无形资产，为阿里在大数据分析与技术升级方面提供宝贵资源。但在整体线上零售规模不断扩大、流量红利持续走弱的背景下，近年来阿里GMV与活跃用户数据也逐渐由高位增长切换至中速发展，低于零售平台收入增速，可见收入的持续走高除了来自量的支撑外，更有质的不断提升，公司主要举措体现在：①推荐算法升级带动营销推广精准性不断提升，激励商家、品牌主扩大广告投放；②增加内容、互动并提升购物便利性来增加平台用户黏性，提升人均消费额和货币转化率。

- **内容、算法升级提升货币转化率**

（1）精准营销带动交易“质”“量”齐升。商家主要通过购买阿里巴巴旗下的淘宝/天猫直通车、钻石展位、淘宝客等服务来扩大产品的曝光，从而达到吸引更多目标消费者的目的。为了应对平台上产品同质化严重、移动端流量位置有限、卖家投放广告需求增加等问题，阿里推出了以“千人千面”为主的精准营销方式——通过对用户的基本特征以及其过去搜索、浏览、购买等行为进行分析后，将用户最需要或最感兴趣的商品与内容呈现在其面前，增加用户活跃度以及对平台的依赖度；商家的宣传和运营效率得到提升后，购买更多营销服务的意愿也会提升，从而带动公司收入向上。平台整体转化率和每位用户带来的收入均呈持续上涨趋势，其中移动端货币转化率在FY2017首次超过综合货币转化率，也体现了手机淘宝/天猫在个性化推荐和互动性内容运作上的成效。

（2）老客活跃度不断提升，持续贡献交易增量。平台上丰富的商品（持续发力的跨境进口业务）、更加个性化和精准的推荐（淘宝头条、“猜你喜欢”“爱逛街”等板块）以及更具交互性的功能模块（直播、粉丝群、微淘等）等为消费者带来了持续优化的购物体验，从而促进了其活跃度的不断提升。随着用户注册时间的增加，他们在平台上购买的品类数目和年订单数都有较大的提升，自然也贡献了更多GMV。

（二）国内零售平台：淘宝起家、天猫发力，升级迭代焕新彩

天猫或成为未来增长主力。截至FY2018末，淘宝+天猫总GMV达4.82万亿元，同比增长28%，按活跃用户5.52亿人来计算，人均GMV达8732元，同比增长5.24%。其中淘宝GMV2.69万亿元（占比55.8%），同比增长22%；天猫GMV2.13万亿元（占比44.2%），同比增长36%。从天猫持续提升的GMV占比和高于整体的GMV增速我们或可预见，阿里国内零售电商主力已逐步从淘宝转向天猫，而天猫也将成为阿里在新零售背景下进行各种创新实验的重要平台。

移动端引领购物体验升级。阿里FY2017移动GMV占总GMV比达79%，为2.98万亿元。中国电子商务中心数据显示，截至CY2017H1，中国移动网购交易规模达已2.25万亿元，在网络零售中的占比达到71.0%；CNNIC的调查显示，截至CY2017，我国手机网民占总网民比例已高达97.5%，人数增至7.53亿。国内消费者网购主要阵地已经转向移动端，因此，移动端将成为阿里对淘宝/天猫等零售平台的主要创新和升级阵地。

- **淘宝：独霸C2C市场，移动互联时代向内容化、智能化发展**

（1）阿里的国内零售电商业务起步于淘宝，近几年的消费升级和流量红利减退，致其增长有些放缓，但作为国内最大的C2C电商平台，淘宝在商品种类丰富度和性价比上仍具有不可撼动的优势。此外，淘宝还是阿里国内零售业务（天猫、闲鱼、拍卖、淘鲜达等）和多项创新业务（飞猪等）的重要流量入口。

（2）交易平台智能化，增添媒体、社区属性提升用户黏性。随着用户将更多购物情景转到移动端，对购物APP访问频次和时间均在增加；网络消费主力年轻化，更注重品质化与个性化。因此，阿里推出多项以移动端为主、并能够持续提升购物体验的创新策略。第一，智能化：①对用户过去消费和浏览记录等信息进行分析，确定其兴趣点，实现精准且富有个性化的推荐；②为商家提供更多智能化工具（智能客服、智能营销工具等）提高运营效率；③在多元化商家中不断发掘有特点和创新力的商家，并支持其更好发展。第二，内容化：①不断提供更好的内容体验，让消费充实内容，大力支持平台内商家、达人、KOL等内容创造者通过原创文章、短视频和直播等方式进行商品推荐，目前手淘已形成了强大的内容生态系统，截至CY2018Q1共有约150万活跃内容创造者。②设置买家群、微淘等板块增加卖家与买家之间的互动与交流。具体来看，淘宝网站/APP主页已经根据不同主题设置了不同的购物场景（淘宝头条、有好货、爱逛街、每日好店、淘宝直播等），从闲逛、兴趣发现、专题推荐到直播互动等多个方面打造内容的分发渠道，使消费者网购更具娱乐性和体验感；此外，在通过大数据发现晚上10点为淘宝每日流量高峰以及35%的消费者为“90后”之后，手淘还创造性地推出淘宝二楼，希望利用优质新颖的内容激发用户的消费需求，并为以后的内容营销积累经验。综上所述，持续的创新将留住更多的消费者碎片时间，从而带来用户活跃度增加和流量转化率提升。

- **天猫：稳居B2C首位，升级理想生活平台，全面迎接消费升级**

（1）B2C模式引领网零增长，天猫居首，地位稳固。易观发布的监测报告显示，2017年我国网上零售B2C市场交易规模达38284亿元，占网络零售总额的55.7%，增速为39.8%，并高于同期网络零售整体增速32.2%，网络零售中B2C模式已成为带动整体增长的引擎。伴随未来消费者对高品质生活追求不断提升，B2C模式凭借更优的商品质量、购物体验与服务保障，将具备持续稳健的增长特征。CY2017Q4天猫在B2C市场中所占份额为60.9%，继续保持市占率第一；同期，平台成交总额较上年同期增长45%，高增速下大象亦能起舞。

（2）理想生活上天猫，三大品牌多维度引领消费升级。在消费市场逐渐从重价格到重品质的升级过程中，天猫定位也在升级：从单纯B2C分销平台升级为品牌和商家的赋能者&理想生活方式的引领者。通过高效的营销工具及消费大数据洞察，使商家在触达更多新用户的同时能更好地维护老客户，通过平台上丰富、多元、高品质的商品为消费者实现理想生活提供助力。天猫在2018年4月启动首位理想生活代言人（“00后”），并推出全明星赋能计划，希望在明星等社会意见领袖的带动下，将理想生活理念传递出去，并帮助品牌实现线上线下全渠道的高效营销。此外，天猫对旗下庞杂品牌系统进行分层，按照连接消费人群和商业竞争环境的不同分出三个主品牌：母品牌天猫和两个独立子品牌天猫超市和天猫国际，在更清晰的维度上进行平台业务布局与升级。天猫：助力品牌流量、声量、销量提升，打造数字化运营主阵地。①品牌营销：天猫为品牌打造的专属“双11”——超级品牌日，一直是助力品牌形象传播、用户沟通以及销售达成的重要方式，通过阿里生态体系内全渠道（微博、优酷等）的联动、一系列具有创意的营销活动/内容和品牌日专属优惠等方式，使品牌在流量、声量和销量上均取得了优异的成果，真正实现了营销上的品效结合。基于全域营销项目，天猫为品牌打造了数字化的运营主阵地，依托阿里生态体系（商业、数字娱乐、本地服务、支付金融、物流）内的用户数据，帮助品牌实现线上线下一体化的全渠道多维度营销与推广。②新品研发与推广：通过对平台上所拥有的海量商品、用户及交易信息的分析，天猫可以帮助品牌快速高效地完成从新品机会发现、产品概念确定、市场潜力预估到潜在顾客触达的全流程，并通过C2B的方式探索对供应链的创新重构，这其中便有玛氏辣味巧克力、奥利奥定制饼干音乐盒等经典产品。此外，定位为品牌新品首发阵地的天猫小黑盒，亦为品牌新品发布提供了专属的流量入口。③线上奢侈品：2017年8月，天猫加速布局奢侈品领域，推出仅面向部分高端用户的虚拟APPLuxuryPavilion，使奢侈品牌在维持自身神秘、高格调的同时，亦能借助天猫实现品牌宣传并触达到更多的目标用户（尤其是年轻消费者），截至2018年3月，已有近50个品牌入驻了该平台。

（3）天猫超市："加速"升级，提升"一站式"购物体验。天猫超市目前涵盖食品、百货、进口商品和母婴产品等多类目产品，平台上商品由供应商提供，入库、打包和配送均由天猫超市统一完成，消费者享受到"一站式"购物体验。配送时效上，除传统的当日达、次日达和定日达外，截至2018年5月16日，天猫超市"一小时达"已覆盖到上海、北京、成都等21个城市主城区中CBD、学校、小区等的消费人群，通过近400个前置仓的布局，可为消费者提供超800个SKU的生鲜商品。

此外，天猫超市不断的升级还体现在：①流量加持：淘宝、支付宝等阿里生态内的核心入口为其提供流量导入；②商品升级：快消品类精选具备高渗透率、高频率和强需求、强兴趣特点的商品，并通过"有好货""金榜题名"等主题栏目进行展示，引领消费升级的同时亦降低整体铺货成本；生鲜品类由易果生鲜全面负责，对其进行第四次增资（3亿美元），以支持其旗下安鲜达冷链物流基础设施的建设和扩张；③重构新型零供关系：自2018年起，天猫超市还将连同天猫、菜鸟、阿里新零售成员等合作方共同将其打造为"品牌运营第二主阵地""高频复购的主引擎"以及"最简单的新零售解决方案"。可见，天猫超市正从品质与速度方面不断提升购物体验，进一步抢占快消和生鲜这两个最具潜力的低渗透率品类。凯度发布的报告显示，在2017年全国快消B2C平台中，天猫快消在渗透率、金额占比及新消费者占比三个方面均位列第一，已成为线上B2C快消第一平台。

（4）**天猫国际：引领跨境进口零售。**作为阿里全球化战略中“从全球到中国”的重要平台，天猫国际成立于2014年，为国内消费者和海外供应商建立了一个海外原装进口商品直接进入中国的专业化、规范化B2C平台。相比于代购等模式，天猫国际既满足了消费者对进口商品在品牌、品质、物流和售后等方面的更高诉求（天猫国际提供了如7天无理由退换、赠送运费险、国内保税7日必达等服务），也为在中国境内没有实体运营的海外品牌商进入中国市场提供了一个更好的平台。截至2018年3月，天猫国际已经引进了全球74个国家和地区的1.8万个品牌，并搭建了17个国家地区馆主推各国的特色品牌和商品，同时还开设有天猫国际官方直营店。通过与菜鸟合作，其在商品来源地追踪和仓储配送方面也都能为消费者提供持续优化的体验。依托阿里系的资源和品牌优势，天猫国际作为跨境电商平台的知名度和消费者信赖度均位居前列。易观数据显示，截至2017Q4，天猫国际以27.6%的市场份额位居跨境进口零售第一位，与网易考拉海购、京东全球购共占据了超60%的市场份额。伴随跨境进口进入高速发展期，天猫国际可凭其平台优势获得持续发展，从而占据更大的市场份额。

（三）国际零售平台：全球化战略重要布局，拓展国外“蓝海”市场

国内电商发展如火如荼，但在国外尤其是新兴市场国家，电商尚处于发展初期，更高的年轻人口占比和更低的网购渗透率使海外市场成为电商行业的新“蓝海”。因此，近几年阿里在发展跨境B2C业务速卖通的同时，也积极通过资金投入和经验输出布局国外优质电商平台，并通过蚂蚁金服和菜鸟网络一并打通国外支付和物流体系，从而实现“从全球到全球”的战略布局，为公司提供持续发展的动能。

- **速卖通：跨境出口B2C，助力中国商家卖向全球**

速卖通（AliExpress）是一个面向全球市场的跨境电商出口B2C平台，目前已经覆盖224个国家和地区，拥有1亿消费者和超6000万活跃用户，以17种语言运营，在俄罗斯、巴西、西班牙、美国、法国等国有很好的市场基础（占总交易量的60%~70%），是阿里拓展欧美市场的主要平台。FY2017共产生GMV101亿美元，成交额72亿美元。向品牌化和本地化升级。2016年完

成从C2C向B2C模式转型后，平台上商品品质和客单价均得到大幅提升；自2017年起，速卖通开始进一步推动平台向本地化和品牌化发展：通过品牌化提升卖家的定价权和辨识度，确保商品品质；通过建立海外仓实现本地化，提升消费者购物体验（物流时间、售后服务等），降低卖家物流成本并解决大件商品（如家电、家具）运输等问题。

- **Lazada：东南亚电商“领头羊”，阿里全球化业务重要板块**

（1）Lazada是东南亚市场第一大B2C电商平台。Lazada成立于2012年，总部位于新加坡，最初以B2C业务为主，现已开放平台给第三方卖家，并拥有自建的物流体系（含仓储和“最后一公里”配送），业务遍布东南亚六国：新加坡、马来西亚、泰国、越南、菲律宾、印度尼西亚，覆盖人口超5.6亿，同时在韩国、英国以及俄罗斯设有办事处。平台覆盖商品种类齐全，拥有超3亿个SKU，是东南亚市场第一大B2C电商平台。其收入主要来自自营商品销售和交易佣金（费率1%~12%）。截至FY2017末，Lazada已拥有2300万活跃买家。

（2）注资40亿元彰显信心，东南亚电商市场前景广阔。2016年阿里以10亿美元取得了Lazada51%的股权，并在2017年再度投资10亿美元，将持股比例提升至83%，2018年3月，阿里再次注资20亿美元，并派蚂蚁金服董事长、Lazada现任董事会主席彭蕾出任Lazada CEO。这一系列举动的背后，体现了阿里对Lazada以及东南亚市场的信心，也表明了东南亚市场作为阿里全球化重要一环的地位。虽然东南亚地区语言多样、物流基础设施薄弱且电商市场竞争日益激烈，但该地区人口基数大，移动互联网渗透率高，线上零售占整体零售的比例仅有3%，具有非常大的发展潜力。

（3）天猫出海共拓海外市场。2018年1月，阿里宣布“天字号”计划升级，即帮助超过1000家老字号和国货大牌进入全球市场。该计划的主要方式之一是在Lazada平台上设立淘宝精选频道（Taobao Collection），将天猫与Lazada完全打通，使当地消费者可以通过Lazada平台购买到淘宝/天猫的商品，并由Lazada统一配送；而天猫提供的“保姆式”服务也包含从商品信息翻译、界面呈现、汇率换算、跨币种支付到发货转运和海外营销推广的全套流程，帮助企业更方便地实现“一店卖全球”。可见，Lazada将会成为中国商家和国际品牌进入东南亚市场的桥梁，助力阿里的全球化布局。

- **密集投资周边国家电商平台，打通全球化各个环节，投资多个标的抢占印度市场**

（1）印度拥有超13亿人口，而线上交易额占总体零售比却仅为2%，相比中国15%左右的比例（极客公园），仍有较大拓展空间，这也使印度成为最具潜力的电商市场之一。2015年，阿里就已向印度以移动设备为主营品类的C2C电商Snapdeal投资2亿美元，并同蚂蚁金服一同向当地最大移动支付和商务平台，被称为印度版支付宝的Paytm进行投资；2017年3月向其旗下新成立的B2C电商平台PaytmMall再次注资1.77亿美元（目前持股为36%）；2018年2月，阿里又领投印度最大网上超市BigBasket，该公司主营从生鲜到化妆品、厨具在内的日用百货，业务覆盖印度30个一二线城市，未来也有望与Paytm实现深度合作。可见，在印度市场，阿里已经布局了从支付到覆盖各个品类的多种电商平台。

（2）全资收购Daraz，布局南亚五国。Daraz成立于2012年，是巴基斯坦最受欢迎的网上购物平台，并同时在孟加拉国、缅甸、斯里兰卡和尼泊尔四国开展业务，所覆盖国家拥有超4亿的总人口，且其中60%为35岁以下的年轻人。目前该平台已拥有500万消费者、3万卖家以及500个品牌和200万个商品品类。通过收购其100%股权，阿里的全球化布局又增添了南亚这一重要板块。

（四）菜鸟网络：线上线下全面优化物流体系，为核心商务保驾护航

（1）2017年中国已进入日均包裹数超1亿件的时代，2017年中国即时物流行业整体订单量预计达89.2亿单，同比增长59%（艾瑞咨询），目前国内电商已形成顺丰+“三通一达”为第一梯队，多家物流商共同发展的市场格局。新零售时代的到来，物流对传统零售商和电商越来越重要，线上线下加速融合给物流行业带来更多机遇与挑战，随着体系的逐渐完善，庞大的物流网络将成为城乡居民日常生活中一项新的基础设施。菜鸟网络是成立于2013年5月的全国性物流平台，由阿里、银泰、复星以及“三通一达”（申通、圆通、中通、韵达）等14家物流合作伙伴联合成立，目前涵盖了中国快递包裹总量的70%。

（2）构建物流生态，合理配置资源。菜鸟网络延续了阿里核心商务的平台化思维，构建一个“让天下没有难做的物流”的生态平台，通过互联网将物流供应商、仓库和配送中心连接，实现数据共享，在保证各方沟通顺畅以及资源合理调配的基础上，提升物流运输效率，为商户和消费者带来更好的物流体验。菜鸟物流在多方共同发力下快速发展，FY2017交付包裹数量超166亿件，同比增长36.07%，而到2017年底，菜鸟网络覆盖全球224个国家和地区、2700多个区县。

（3）全面布局物流网络，运输效率不断提升。完整的业务布局为菜鸟全方位发展提供强劲动力，基础设施、云端、末端、科技与金融的稳健布局保证了在业务量不断上升的同时，运营效率和客户满意度也同比提高。目前菜鸟网络旗下拥有：①物流基础设施，以仓配网络、跨境网络、菜鸟园区和菜鸟B2B四大业务为主体，为物流生态打造坚实地基，提供长期支持；②云端系统，以菜鸟物流云和快递平台为主，保证单个客户也可借助阿里云计算的强大算力，提高物流效率；③末端服务系统，以菜鸟乡村、菜鸟驿站和菜鸟裹裹为主体，将菜鸟网络的触角延伸至乡村和城镇“最后一公里”，结合线上菜鸟裹裹信息流，完成物流与信息流的无缝衔接；④科技与金融，E.T.实验室和供应链金融分别在科技创新和金融服务板块为菜鸟物流生态提供支持，借助科技和资本两翼完善服务体系，为生态中的个体提供增值服务。

（4）“智慧大脑+智能科技”优化网络建设，全面对接核心商务。2017年9月，为进一步推动新零售战略，阿里斥资53亿元增持菜鸟网络，持股比例升至51%，成为其控股股东，菜鸟网络整合至核心商务板块，并于FY2018Q3开始并表，规划未来五年持续投入1000亿元用于构建全球领先的物流网络，在物流数据技术研发、智能仓库建设、智能配送和全球超级物流枢纽建设等核心模块发力。菜鸟网络FY2017分拣站数量超18万个，同比增长20%，快递员工数量超180万人，同比增长5.88%，2017年底，合作伙伴数量超3000家，网络的逐步成熟和完善对阿里新零售战略落地具有重要意义，通过强大的物流体系实现新零售产业链闭环，为线上线下联动打造稳固的物流基础设施，同时，菜鸟网络为物流平台上的企业提供智能大脑，充分发挥调度职能，将信息及时传递至网络中的各个节点，强大的数据搜集、处理、分析和整合能力不断提升物流效率，保证物流系统有序运营，包裹与网点精准匹配率已达99%。在2017年天猫“双11”购物狂欢节中，菜鸟网路共处理物流订单达8.13亿笔，全行业实现智能分单，在重点物流基地大规模启用机器人仓库，通过AGV机器人、全自动流水线、机械臂等方式提升货物周转效率，实现智能化运转，降低人工成本；用户则可通过线上App菜鸟裹裹及时查询快递信息，通过线下终端菜鸟驿站接收快递，物流网络实现线上线下两端与消费者的良性互动。

二、新零售：数据＋科技赋能，线上线下协同提质增效

以2014~2015年先后入股银泰、苏宁为前奏，至2016年云栖大会正式提出“新零售”，一路走来阿里一直通过“自建+投资”并举的方式不断扩张新零售版图，至2018年初，已基本完成了商品品类全覆盖（从服饰、家电数码等成熟品类拓展至生鲜、快消、家居等线上低渗透率品类）、消费场景全触达（从单一线上拓展至百货、超市、社区小店、餐厅、农村等衣食住行吃喝玩乐多方面）、零售链条全打通（从生产源头、品牌营销、渠道采购至终端进货的整个供应体系）。如果说之前对新零售的整合只是停留在主题阶段，那么2018年起我们或许将看到更多实质性的落地变化：通过手淘组成的O2O联通体系、天猫构成的品牌数字升级阵地和阿里云、蚂蚁金服、菜鸟网络等搭建的商业基础设施，阿里将沟通其整个生态内的数据与信息，通过技术赋能各品牌与零售商，进而提升整体商业效率和消费者购物体验。

（一）盒马鲜生：阿里内部孵化，首个新零售物种落地

2015年3月，在寻求线下产业链延伸的背景下，阿里内部孵化近一年的盒马鲜生成立，数据驱动重构超市业态，成为电商试水线下新零售的首个产物。2016年1月盒马首店诞生在上海，集“超市+餐饮+线上APP”多场景消费于一体，提供门店3公里范围内无门槛、30分钟达、全温层配送服

务。乘新零售风潮，截至2018年4月盒马门店迅速拓展至47家，集中分布于一二线核心城市，4月1日升级Slogan为“鲜·美·生活”，推出24小时全天候物流配送服务，为周边近1500万居民搭建3公里理想生活区。

盒马突破传统超市商品品类混杂、营销渠道单一、消费业态固定等困局，线下门店重构“人、货、场”。①主打生鲜品类，提升消费频次。盒马以高频消费品生鲜作为消费流量导入口，吸引顾客到店，门店生鲜产品占比达50%以上，海鲜类商品销售占比达到传统超市10倍以上，自营品牌“日日鲜”采用小包装保证产品只售1天，打造差异化优势。同时配备代加工服务，加强超市餐饮联动，提升线下体验，高毛利餐饮优化盈利结构。②重构供应链保障鲜度，积极拓展优质合作伙伴。凭借“全球直采+基地自采+买手制”的采购战略打造资源壁垒，全程冷链运输和标准化包装保障极致鲜度，部分商品已与天猫超市统一采购，保证商品品质的同时控制采购成本增厚利润，2018年3月联手纽仕兰专属牧场，最快72小时完成鲜奶越洋采集、运输、上架，并与专业酒类零售商1919电商平台签订合作协议，拓宽酒类产品。

依托互联网、数字化技术重塑传统商超模式。伴随消费升级，商超逐渐拓展多业态、多渠道模式创新门店，永辉超市创新“零售+餐饮+APP”体验式消费业态“超级物种”对标盒马。但相较线下向线上延伸的发展模式，盒马背靠阿里自带线上流量以及数字技术优势。①全渠道布局顺应消费习惯。生活节奏加快，工作日线上购物+节假日到店消费的习惯导致线上线下双轨模式成为必然趋势，同时打通之后可掌控更全面数据推动精准营销。盒马强制使用支付宝或App支付，线下用户完全导入线上体系，目前线上订单超50%，部分老店已达70%，2018年3月月度活跃消费者150.8万，同比增长300%。②智能化体系提升门店效率。盒马门店建设智慧物联网分拣系统，提升出货效率，卖场顶部设置“悬挂链”将商品从接单到送达配送员的时间压缩至10分钟以内，旗下菜鸟网络赋能物流满足消费者时效要求，打造门店“最后一公里”竞争优势；中后台系统、前端支付、会员、营销体系等领域的技术改进推动整体运营效率提升，坪效比传统门店提升3~5倍。

OAO模式加强顾客互动，店仓一体降本提效。与垂直生鲜电商相比，盒马顾客到店消费建立品牌认知度，门店三公里精准流量运营实现复购与转化率十倍于传统电商。同时线下门店承载前置仓功能提升配送效率，降低仓储、冷链配送成本。

综合来看，盒马实现到店与到家双线并行拓宽营收渠道，商品与技术优势打造护城河，零售与餐饮跨界融合提升获客率，已成为阿里探索新零售的主阵营。但同时我们也可以看到，相较于大型连锁超市盒马线下规模较小，线上消费对于配送区域以外的人群不具吸引力，行业整合升级下衍生出“7FRESH”“鲜食演义”等同类物种，竞争愈发激烈。复制成功经验加速展店，持续创新迭代将成为盒马未来发展的指向标。盒马作为OAO新生业态“领头羊”，自身也在持续迭代中摸索阿里超市布局的方向。

（1）打造社区生活中心。2017年起推出SOS服务，主打救急商品挖掘多元生活需求；2018年3月根据试运营大数据分析，新设成人用品频道“盒尔蒙”发力潜在消费市场；4月全球首创24小时配送升级社区服务能力；盒马云超增加SKU数量拓展厨具等多种日用商品，配送服务延长至次日探索成本与时效界限。盒马从产品品类与配送速度方面尝试创新，深挖社区商业价值。

（2）推出新餐饮场景，提升聚客力。以餐饮布局为核心，相继推出盒马生鲜、盒马集市、F2便利店、无人店以及新餐饮等多种创新业态。一方面生熟联动，满足消费者采购后即食需求；另一方面打造餐饮消费场景，延长顾客滞留时间，生熟联动发挥为超市门店聚集客流的功能，双向引流强化获客能力。未来持续升级改造“新零售 × 新餐饮”模式：“冰柜合伙人计划”推广半成品线上销售；小宗物料打通门店采购渠道，大宗物料推行全球集采模式，规模化采购提升议价能力压缩成本。盒马提供原材料到食品、外卖与堂食“一站式”购买服务，赋能餐饮企业迈向新餐饮。

（3）输出盒马运营模式，联营降低自重。盒马初期全自营布局线下门店。2017年1月18日，首次尝试与三江购物联营“甬江店”，9月又相继新开杭州、贵州联营店，推动轻资产转型。2018年3月28日盒马与13家全国性地产商签订新零售战略合作协议，加快线下门店布局，全年计划聚焦一二线城市开设100家门店。未来盒马自营+联营模式复制推广加速抢占实体市场，同时通过共享自身流量、互联网资源实现地产商业升级。

（二）超市：联合“高鑫+新华都+联华+三江”，全方位赋能迈向新零售

投资线下超市，网络布局逐渐成型。2016年11月阿里收购三江购物35%股权；2017年5月受让联华超市18%股权；2017年9月入股新华都10%股份；2018年1月完成对高鑫零售要约收购，持有其31.12%股权。阿里战略投资为线下门店智能化改造提供资金支持，线下渗透提速。优势互补加速传统商超转型。①对接门店资源，提升网点密度。截至2017年底，三江购物、新华都、高鑫零售门店数量合计超4000家，规模优势突出，三江购物深耕宁波地区，不良门店调整步入尾声，展店速度逐渐回升；联华超市以上海为中心，80%以上门店集中在华东地区，密集式门店将为仓储、配送提供线下资源；新华都扎根福建；高鑫零售市占率稳居行业第一，大润发定位大众，欧尚主攻中高端市场，全国业务布局完善。依托收购资产规模优势，阿里完善自身超市业务网点及仓储布局，优化到家服务。②对接线上平台，盘活线下门店。阿里拥有强大线上资源以及数据处理、支付、物流等基础设施，输送客流、技术解决引流及配套服务难题。三江购物、大润发、新华都目前已接入淘宝首页流量入口淘鲜达，阿里将线上订单自动划分到区域内最近的超市实现配货，依托自身配送体系实现一小时新鲜食材送达，挖掘线下门店存量价值。同时天猫与高鑫零售合作首次推出“天猫下凡”计划，将于2018年设置“捉猫猫”“AR\VR”等互动体验项目，落地智能母婴室，探索全新消费体验，实现共赢。

三江购物成为首个共享盒马管理经验的合作伙伴，创新业态推动2017年毛利改善2.32%。与盒马联营成立宁波甬江店，阿里提供标准化体系、数据智慧模式，三江负责日常等多种消费场景，打造线下体验中心。阿里通过易果生鲜、天猫超市、盒马鲜生的运营，已在生鲜产品供应方面积累了强大的资源优势，共享现代化供应链、物流体系，帮助合作伙伴完善上下游供应商合作，通过安鲜达提供冷链物流服务，解决生鲜产品短保等痛点，降本增效提升营利能力。

（三）百货：私有化银泰，全面打造百货新零售样板

- **银泰：专注打造新零售百货试验田**

2014年6月，阿里巴巴完成对银泰商业首次投资，以53.38亿港币获得银泰商业9.9%的股权以及总额为37.06亿元港币的可转换债券。2016年6月，阿里巴巴完成换股，对银泰总持股比例升至约28%，正式成为银泰商业的第一大股东。2017年5月，阿里支付111.31亿元人民币完成银泰私有化，将持股比例升至74%，成为控股股东。

阿里新零售试验田，“数据+资本”推动持续变革。首先，从入股到将其私有化，阿里为银泰解除了来自业绩和股东方面的压力，为其新零售转型提供了资本上的保证；其次，通过技术上的支持，帮助银泰提升其对人货场数字化和智能化的建设能力，使双方合作下的各种类型新零售样板快速推出，在提升企业运行效率的同时，也为消费者提供了更加个性化、人性化、智能化的购物体验。未来，双方有望在全面重构品牌、消费者和企业生产关系等方面进行更深入的探索，推动百货业态的持续转型与升级。

- **对外赋能：推动中央商场、开元商城转型升级**

银泰在不断的摸索与改进中已逐渐形成一套特有的百货渠道新零售方案，中央商场或将成为其未来首个输出对象。2017年12月，中央商场宣布与银泰共同出资3000万元（后增至3亿元）成立新零售发展公司，两者持股比例分别为29%和71%，托管其在江苏省内目前运营、在建以及未来拓展的门店，助力中央商场向新零售百货转型，并分享阿里系在江苏区域布局新零售所带来的市场份额。

全资收购开元商业，助老牌百货再发活力。2018年3月国际医学发布公告，银泰将以33.62亿元收购其旗下开元商业100%股权。开元商业成立于1992年，在西安、宝鸡等地共开设有五家百货门店，自有物业比例超90%，2017年实现收入33.86亿元、净利润1.52亿元。未来银泰将在会员、商品数字化、新零售项目落地、场景改造等多个维度与开元展开合作，实现商品种类的个性化与丰富化，以及针对顾客，尤其是会员的精准营销。银泰在陕西的4家门店也能与开元各门店实现协同，进一步扩大公司在西北地区的业务版图。

（四）家电与家居：苏宁+居然之家，零售生态开拓新场景

- **家电：携手苏宁补强天猫，扩大家电3C市占率**

2017上半年家电3C线上市场份额前三甲分别为：京东48.9%、天猫42.2%和苏宁6%，合计占比97.1%（易观）。京东凭借商品自营、自建物流以及完善的售后服务保持家电3C市场份额领先地位，但与天猫差距已经缩小。阿里于2015年8月与苏宁达成全面战略合作，投资283亿元参与苏宁非公开发行，持股比例达19.99%，成为苏宁第二大股东；苏宁则以140亿元认购阿里新发股份2780万股，持股比例达1.1%（苏宁于2017年12月减持阿里股份550万股，减持完成后持有阿里2082.47万股，持股比例为0.82%）。

联合苏宁专业化零售体系，加速扩张天猫3C家电市占率。苏宁多年专注3C家电领域并深耕线下资源，2017年3C家电品类收入规模1783.90亿元，同比增24.21%，占总收入比90%以上。阿里与苏宁达成合作，恰恰弥补自身在线下与品类方面不足，借苏宁专业化家电3C零售体系，迅速补强自身，联手对抗京东。

线上"苏宁易购+天猫"，强强联手打造天猫第一旗舰店。2015年8月，苏宁易购旗舰店入驻天猫，将家电3C、消费电子等品类的优势嫁接到天猫平台，2018Q1销量达46.80亿元，同比增51.74%；2017销售额达216.45亿元，同比增长118.88%，其中Q4销量95.65亿元，同比增132.90%，2017天猫"双11"购物狂欢节中，猫宁店的销量稳居所有旗舰店榜首，两家线上流量叠加，苏宁自带家电3C流量接入天猫，而天猫更为强大的流量优势也将丰富苏宁客群。借助苏宁线下资源，为线上销售增添消费场景。阿里与苏宁的合作无论是从线下门店、物流枢纽还是线上支付都是一次资源大整合，更多线上线下场景被打通。①阿里线上流量通过苏宁线下门店实现转化。阿里强大线上体系对苏宁覆盖全国的1600多家门店以及超3000家售后服务点导流，可以为网上购物消费者提供良好的线下场景体验并享受优质售后服务。②菜鸟网络吸纳苏宁物流体系。借助阿里大数据和云计算优势，苏宁线下仓储配送效率更高，同时服务阿里电商和苏宁易购，优化配置物流资源的同时为电商提供更强大运力。③支付宝全面接入苏宁线下门店。在线

上流量红利日渐消退的背景下，打开新流量入口，丰富支付场景，深化线上线下融合。

- **家居：新零售引入居然之家，重构家居消费场景**

布局国内建材家居龙头，为新零售增添新场景。2018年2月，阿里巴巴宣布向中国家居建材行业龙头企业居然之家投资54.53亿元，持有其15%股权，居然之家成立于1999年，是中国第二大连锁家居卖场，主要负责大卖场经营管理，通过统一准入、统一收银、统一售后，对商家实行末位淘汰管理手段，保证家居品质。

截至2017年底，大卖场已覆盖全国29省区市，门店数量达223家，GMV达600亿元，与此同时，公司以家居为主业，下设大消费板块、金服板块和开发板块，积极开拓新零售、金融及地产市场。随着阿里的入股，居然之家线下门店将得到商业赋能，近日居然之家家居连锁CEO王宁公开表示将大刀阔斧改造门店，引入盒马鲜生、电影院、儿童游乐等业态，布局大消费，与主营家居业务产生协同效应。

利用云端资源优化商业模式，整合家居产业链。阿里强大的线上资源和技术优势将运用于家居大卖场，通过云计算和大数据等技术优势对大卖场进行数字化升级，对消费者数据进行精准分析，转变为以消费者数据驱动制造的“C2M”数字商业模式，高效匹配供给与需求资源，实现家居购物场景的重构优化与体验升级，阿里还将在支付、物流等领域进行感知优化，将制造、物流、消费等产业链重要节点有机整合。

（五）本地服务：口碑到店，饿了么到家，新零售增添新伙伴

- **口碑：内部孵化本地生活新平台**

联手蚂蚁&盒马线上线下优势，口碑展开迅速布局。2015年6月，阿里与蚂蚁金服各出资30亿元共同成立口碑，2017年1月，口碑完成一笔11亿美元融资。线下借助蚂蚁金服在商超、医疗、售卖机等行业资源优势以及盒马鲜生门店；线上通过支付宝和手机淘宝入口引流，搭建本地生活服务平台，将商家、消费者和第三方服务供应商纳入生态体系，覆盖亚洲、澳洲12个国家（地区）以及全国200多个城市，涵盖餐饮、超市、便利店等八大场

景。丰富的消费场景可以满足阿里线上流量的多元需求，线上线下联动使商家和消费者保持较高黏度，互动更频繁，盘活线下商家资源，同时获取大量消费数据，精准刻画用户画像，口碑已有超过250万家线下门店接入，日均交易笔数突破2000万单，2017“双12”当天，口碑帮助商家发出1.4亿张优惠券，转化交易数达6500万笔。

“支付宝+线下场景”双轮驱动，口碑平台交易量增长迅速。口碑成立以来通过支付宝结算的交易金额逐季递增，2017上半年交易金额达1670亿元，同比增长221.15%，用户可在支付宝和手机淘宝界面一键跳转至口碑，并且随着口碑线下门店布局日益广泛，消费场景更加多样化，线上线下两端共同发力，使口碑交易量迅速上升，在本地生活服务领域逐渐占据一定市场份额。

- **饿了么：外部收购增添外卖新业态**

全资收购饿了么，本地生活服务生态愈发完善。2018年4月，阿里巴巴集团联合蚂蚁金服以95亿美元完成对饿了么全资收购。饿了么成立于2008年，以在线外卖、新零售、即时配送等为主业，搭建本地生活服务平台，累计完成35亿美元左右的融资。截至2017年6月底，饿了么覆盖全国2000个城市，加盟餐厅数量达130万家。加入阿里生态后，饿了么成为阿里新零售体系中餐饮入口的主力军，负责到家业务，也将与聚焦于到店业务的口碑、盒马鲜生在本地生活服务领域展开深度合作。一方面丰富饿了么线上餐饮品类，实现口碑、盒马优质资源的迁移；另一方面把饿了么强大的线上流量导流至线下门店，饿了么用户量达2.6亿，通过线上精准营销，提供优质服务，为线下门店带来更多客群。

收购后保持独立运营，“新场景+骑士团”接入新零售体系。饿了么在成为阿里全资子公司后将保持品牌独立运营，CEO张旭豪将成为饿了么董事长兼阿里CEO张勇的新零售战略特别助理，饿了么还将得到阿里新零售体系中基础设施、产品、技术等方面的全力支持，同时也给阿里带来了新的突破。

（1）饿了么线上客群为阿里提供稳定流量。随着新零售时代的到来，阿里和腾讯两大阵营积极布局线下门店，抢占各种消费场景，包括商场百货、购物中心、社区超市以及便利店等。饿了么虽然没有线下门店，却存在线上消费场景，拥有大量的稳定客群，用户可以在线上完成下单支付，通过配送物流在家完成消费。

（2）蜂鸟配送加强阿里即时配送能力。饿了么于2015年8月成立全国即时配送体系——蜂鸟配送，针对用户订单及时做出反馈，截至2017年4月，蜂鸟注册配送人员已突破300万人，饿了么在收购百度外卖后借助其智能物流体系提高骑手配送效率，在首批测试的30座城市中，智能调度和配送时长缩短至28.62分钟，准时率和好评率达99%。阿里新零售业务中天猫超市生鲜可实现1小时到达，盒马鲜生可实现3公里内半小时到达，而蜂鸟既具有即时送达属性又能覆盖整个区域，将成为阿里新零售物流板块中又一利器，从而也实现了对消费者的全面触达。

（六）农村零售：45亿元注资汇通达，共同发力农村新零售

2017年12月，汇通达完成C轮融资，投资方为国内权威绿色引导型基金——中美绿色基金，这是两年时间内汇通达完成的第四轮融资，累计金额达18亿元；2018年4月，阿里宣布向汇通达战略投资45亿元，双方将为中国乡村的发展进行深度合作。

携手农村电商“独角兽”，坚持乡村战略不动摇。阿里农村淘宝覆盖全国29省区市、700多县，3万多个村点，农村淘宝站数量稳步提升，通过与各地政府展开深度合作，在电商平台基础上，构建村县两级服务网络，实现“网货下乡”和“农产品进城”双向流通。汇通达则以“5+赋能”方式覆盖全国18省区市、15600多乡镇、80000多优质乡镇会员店，与5000万户农村家庭建立联系。双方此次合作，将共同覆盖10万以上乡镇网点，同时优化乡村供给端和需求端。①供给端：通过整合资源，有针对性地解决乡村会员店商品、金融、营销策略等方面的需求，协助会员店构建线上平台和粉丝社群，分析消费者数据，优化线下服务管理和后台管理；②需求端：汇通达采用互联网供应链模式，打破城乡商品流通障碍，解决农村物流“最后一公里”物流难题，提升商品流通至乡村的速度，降低流通成本，使乡村居民享受互联网带来的便利。

阿里生态圈全面接入，积极打造乡村新零售。除农村淘宝外，阿里旗下天猫、菜鸟、云计算、钉钉、普惠金融等业务板块也将和汇通达展开合作，阿里拥有丰富的业务线和新零售基础设施，汇通达则有广泛的会员店渠道体系和农村消费大数据的积累，通过在商品、供应链、渠道、仓储、物流以及技术方面的合作，可以为农村市场提供一整套解决方案，包含品牌专供、平台下单、新零售系统、物流系统以及阿里云等。

（七）社区小店：推出零售通，打造智能分销平台

阿里零售通成立于2016年，是针对线下零售商（小超市、小零售店）推出的集订货、物流、营销、增值服务为一体的互联网“一站式”进货平台，其本质在于打通线上和线下，链接品牌商、经销商和门店，解决三者痛点，提高整体运营效率，带动小店升级，优化消费者购物体验。2017年，零售通的动销店实现了业务翻15倍、GMV翻25倍的佳绩。《中国快消品B2B竞争力白皮书》显示全国22个主要城市124家B2B平台中，零售通综合竞争力位列第一。截至2018年4月，零售通已与超80%快消品行业一线品牌达成战略合作，并通过旗下“4000+”城市拍档合伙人，将签约小店拓展至“100+”万家，改造1000家为天猫小店。

与品牌商、经销商共建智慧分销网络，实现渠道数字化。在沟通上游方面，零售通品牌商提供数字化升级方案，从数据、营销、助销、运营四个维度为品牌商赋能，实现精准选品，并提升其营销效率，促进渠道下沉，从而触达更多的门店和消费者。另外，为经销商提供新的分销解决方案，帮助其实现在分销过程中对物流、销售、服务等需求的集约化管理，从而达到降低成本、提高周转的目的，并联合具备人、仓、配资源的经销商和服务商，促进区域内分销体系的资源共享与优化。

让百万小店拥抱数据技术时代，实现升级转型。零售通以数据分析为基础，通过从线上到线下的视角对传统小店进行从货到场和人的改变，解决其产品同质化以及质量无法有效保障等弊端，并以1688平台为基础提供优质进货渠道，减少中间层级，降低采购成本。①货：通过大数据分析筛选小店必备货品以及最贴近周边顾客群需求的差异化商品，降低缺品率和无效库

存；②场：店内入驻天猫货架，出售来自天猫、天猫国际、农村淘宝等渠道的热销、优质产品，提升坪效；③人：接入线上淘宝、口碑为门店引流，增大客户覆盖面。精准选品提升顾客满意度，增加黏性。目前有两种小店：天猫小店项目正是零售通为这一改造升级所推出的样本，通过天猫品牌背书、天猫货架、智能门店管理系统、O2O引流等方式全面赋能小店，助其实现数据化、智慧化的高效运营。

三、新生态：拓展业务版图，广泛布局前沿领域

（一）云计算：阿里云日益成熟，抢滩人工智能、物联网

全球云计算市场保持两位数增长，阿里云超越Google进入全球三甲。云计算通过互联网提供动态、易扩展的虚拟化资源，可为终端客户提供超强计算能力，这些资源储存在云端，采用付费共享模式，即时满足用户需求。中国产业信息网数据显示，全球公有云市场规模从2010年的683亿美元快速增长至2016年的2092亿美元，年复合增速达20.51%，未来2~3年将持续保持两位数增长，预计2020年全球公有云市场规模将达4114亿美元。目前全球云服务提供商中，亚马逊AWS和微软Azure分列前两位，成立于2009年的阿里云2017年已超越Google成为全球第三大公共云服务提供商。全球第一大云服务供应商亚马逊AWS2018Q1营收达54.42亿美元，同比增长49%，2017年全年营收174.58亿美元，同比增长43%；阿里云FY2018云计算业务收入达134亿元，同比增长100%，占总收入比例为5.35%，阿里云在技术方面具有一定优势，“飞天”保证计算能力，“ET大脑”是人工智能的核心，“达摩院”源源不断输出创新技术，但从收入规模来看，阿里云与亚马逊AWS依然具有较大差距，全年营收约为AWS的12%，未来云业务板块依然具有较大的增长空间。阿里云付费用户数破百万，占据国内四成市场份额。阿里云为机构客户提供强大的算力满足其通过自身技术无法实现的需求，使资源高效合理运用，深化共享云端理念。FY2017付费云计算客户数达87.4万，同比增长74.8%，据阿里云官网最新数据，截至目前，付费云计算客户数已超100万，在200多个国家和地区直接或间接服务超230万客户；随着人工智能

和物联网在企业中逐渐普及，基础设施迁移至云端需求以及计算密集型工作需求将增加，IaaS（基础设施即服务）因而具有较高增长动能，阿里云目前已成为国内公有云IaaS市场中最大云服务供应商，市场份额占比达40.67%，超过第二名到第五名总和。“计算系统+人工智能+物联网+达摩院”，阿里未来三年投入千亿元强化技术研发。阿里云FY2016研发人员数量达1.8万人，FY2017增至2.2万人，庞大的研发团队支撑起阿里云不断的科技创新和技术发展。

（1）计算系统：阿里云超大规模通用计算机系统飞天，可以将全球百万级服务器连成一台超级计算机，在此平台上提供强大的计算能力，将互联网变为世界的新型基础设施，目前数据能力达10亿GB，为中国40%网站提供防护，并顺利应对了天猫“双11”购物狂欢节和春运12306购票的高强度算力挑战，强大的计算能力也将赋能线上线下零售业态，在数据分析、决策支持方面给予支持。作为各项技术的基础，强大的算力为科技进步提供保障，人工智能技术和物联网革命都将在此基础之上蓬勃发展。

（2）人工智能：阿里云超级智能“ET大脑”&加速推进AI芯片国产化。“ET大脑”采用先进的技术解决社会中各类问题，可实现语音交互、机器学习等功能，目前已有“ET城市大脑”、智能客服等应用形态。“ET大脑”是阿里人工智能的核心，可以多维度感知，全方位优化，通过认知、判断、学习和决策，解决复杂局面下的问题，并且在持续的决策中不断学习优化，使做出的判断更加精准，随着“ET大脑”的日益成熟，应用场景也将愈发丰富，在智慧零售、智慧物流等领域具有较大应用前景。美国商务部在4月16日宣布因违反美国政府制裁禁令，将禁止美国企业向中兴公司出售零部件产品，而国内芯片厂商无法提供替代品，此举导致中兴通讯上游供应链断裂，可见，芯片受制于人使我国企业发展面临巨大隐患。芯片作为连接、控制和计算的核心硬件，是打造端云一体化软硬件能力的基础，相当于终端系统的大脑，作为基础各项新兴技术的基础设施，芯片具有重要的连接作用，阿里近几年接连收购多家人工智能公司，加快AI芯片国产化研发。

（3）物联网：整合云计算、人工智能优势，推动阿里万物互联战略。阿里将在未来五年内链接100亿台设备，目前已在云计算和人工智能的强大支持下，改变城市运营方式：①“ET大脑”接管杭州128个信号灯路口，一年时间内试点区域通行时间减少了15.3%；②在无锡试点的第一个物联网小镇，智能调节路灯亮度能量消耗降低40%。此外，阿里云现已公开提供物联网套件服务，帮助物联网开发者搭建性能强大的数据通道，提供覆盖全球的“一站式”托管服务。机器脑拥有更多空间和更强大的计算能力，可以处理海量数据，在面对复杂问题时更快找到解决方案，随着阿里物联网技术的日益成熟，未来也将赋能新零售，使万物互联，所有终端都将入网，丰富底层数据，助力精准决策。

（4）达摩院：阿里全球科研项目，引领科技创新。未来三年将在技术研发领域投入千亿元，在全球各地组建前沿科技研究中心，通过促进全球技术合作，缩减技术鸿沟，引领科技创新发展，首阶段将针对数据智能、智联网和人机自然交互等领域展开基础科学及颠覆式创新研究。达摩院的设立将为阿里提供源源不断的科技创新，以支撑整个集团业务的发展和优化，未来达摩院将成为阿里研发重镇，并且新技术将在第一时间转化到公司业务层面，实现科技创新与集团业务的无缝衔接，提高科技转化率。阿里透露达摩院目前正在积极研发神经网络芯片Ali-NPU，作为阿里巴巴自主研发的AI芯片，将主要运用在图像和视频识别、云计算、机器学习等领域，设计性价比为同类产品的40倍，制造成本和功耗仅为一半，如果该款芯片研发成功，将直接赋能各行各业终端，阿里云强大的计算能力得以有效输出。

（二）蚂蚁金服：丰富业务走出国门，构建阿里支付生态圈

自2011年5月支付宝拿到国内第一张第三方支付牌照以来，第三方支付开始进入蓬勃发展阶段。2017年国内第三方支付牌照已达到247张，交易规模达154.9万亿元，市场竞争愈发激烈，目前由阿里支付宝、腾讯财付通和银联商务占据主要市场份额，2017年上半年支付宝占比31.5%，财付通占比19.3%，银联商务占比16.7%，前三甲合计占比达67.5%。

实控人“由外转内”，蚂蚁金服成长迅速。蚂蚁金服雏形源于2004年成立的支付宝，一个为用户提供金融支付服务的第三方平台，由于外资企业申请国内第三方支付牌照在监管方面存在限制，公司2011年通过股权转让，

将支付宝剥离出阿里巴巴集团，控股股东变为实控人马云的内资企业——浙江阿里巴巴电子商务有限公司；2013年以浙江阿里巴巴为主体，筹建阿里小微金融服务集团，并于2014年6月，更名为蚂蚁金服，注册资金150亿元人民币；根据阿里巴巴集团和支付宝在2014年签订的交易协议，阿里巴巴集团在2018年2月通过向蚂蚁金服转让相关知识产权获得蚂蚁金服新发行股份，交易完成后，阿里巴巴集团持股比例达33%，目前蚂蚁金服估值或超1500亿美元。

深化“互联网+金融”，阿里支付业务边际逐渐扩大。国内第三方支付开拓者——支付宝的出现大大提高了网上购物的便捷性，后又陆续推出钱包模块，涵盖还款、转账、账单等一系列功能，用户可通过移动终端完成线下多场景支付，提高了支付效率和便捷度，使无现金生活方式逐渐普及。随着支付宝业务的发展，逐渐演变为以蚂蚁金服为载体，通过科技创新构建的开放信用体系和金融服务平台，下设四大业务板块：①支付宝，为用户提供便捷的线上线下支付服务；②蚂蚁财富，满足日常多样化理财需求；③芝麻信用，以信用积分为基础构建信用体系，提供一揽子信用服务；④网商银行，为小微企业和消费者提供小额贷款，解决用户燃眉之急。蚂蚁金服使小微企业和消费者感受到普惠金融带来的利好，满足日常基本金融需求的同时也为金融行业的发展带来更多可能。

国内支付竞争愈发激烈，蚂蚁金服积极开拓海外“蓝海”市场。在阿里巴巴中国零售平台GMV中，通过支付宝支付的比重近几年略有下降但依然维持70%以上的市场份额，蚂蚁金服在稳定国内市场的同时积极拓展海外市场，2015年投资印度最大的移动支付平台Paytm，截至FY2017合计持有Paytm36%股权；2016年与泰国正大集团旗下支付公司AscendMoney签订战略合作协议，购买其20%股份。

南亚和东南亚电子支付发展较为缓慢，随着支付宝的进入，将大大改善当地的电子支付环境，蚂蚁金服、Paytm和AscendMoney三国支付“领头羊”合计年活跃用户数FY2018达到8.7亿，同比增长38.10%，其中在入股印度Paytm短短一年内，其用户量从0.2亿迅速上升至1.5亿，而在入股泰国AscendMoney时，泰国网银支付占比不到20%，货到付款和柜台支付占比

75%，电子支付有巨大发展空间，此次入股，支付宝将中国的经验与技术接入泰国，打造泰国版“支付宝”。蚂蚁金服海外布局极大地提高当地居民工作、生活的便捷度，为当地政府提供更加高效的货币监管手段，同时自身也将在此基础上逐步深化国际化经营战略，从而实现双赢。

（三）大文娱：内生外延整合优质资源，积极布局全渠道

2017Q1~Q3，国内上市公司传媒板块整体营收3477亿元，同比增速达17.81%，呈现放缓态势，其中影视娱乐营收388.6亿元，同比增长11.56%，整体业绩企稳回升。在线视频用户达5亿，同比增长16.28%，市场规模达407亿元，同比增65.45%，用户数和市场规模保持稳定增速，而游戏行业2017年上半年市场规模达997.8亿元，同比增26.7%，用户数达5.07亿，同比增3.6%，人口红利逐渐减弱。

吸纳优质资源整合文娱事业群，FY2018营收同比增长33%。据阿里FY2018最新业绩，大文娱板块全年营收已达196亿元，同比增长33%，阿里巴巴文化娱乐集团成立时间不满两年，但在此之前，阿里在数字媒体和娱乐方面的布局早已开展并收获颇丰。

①UCWeb：2013年3月花费31.3亿元从UCWeb原有股东获得股份，后又支付10.97亿元进一步增持，交易完成后阿里共支付42.07亿元，获得UCWeb66%的股份；②合一集团（优酷土豆）：2015年花费356亿元全现金收购国内领先多屏娱乐和媒体公司优酷土豆，2016年3月优酷土豆PC端月活用户已达3.44亿；③大麦网：D轮融资花费1.33亿美元持有中国最大现场演出、体育赛事等领域的票务平台大麦网32.44%股权，后又出资3.93亿美元收购剩余未持有股份。阿里将文化传媒优质资源一一收入囊中，经过整合后大文娱板块下设多条业务线，基本覆盖泛娱乐所有产业，拥有大量受众群体，借助阿里强大的线上流量优势、渠道分发优势以及科技手段逐步展开布局。阿里文娱FY2017移动月活用户数达5亿，全年营收147亿元。

入股新浪微博布局社交，阿里完善生态版图。2013年4月，阿里以5.86亿美元买入新浪微博18%股份，双方还将在账户互通、数据交换、在线支付以及网络营销等领域展开深度合作，随着微博的上市，阿里持有新浪微

博31%的股权和15.6%的投票权，是公司第二大股东。新浪微博作为中国领先的社交媒体平台，既包含社交属性，又包含媒体属性，拥有强大的影响力和极强的用户黏度，2017年实现营收75.15亿元，同比增75.37%，净利润达23.04亿元，同比增226.39%，MAU月活人数达3.92亿，同比增25%，DAU平均日活人数达1.72亿，同比增24%。

新浪微博加入阿里生态版图多方面利好：①流量互导，双方线上优势更为明显。新浪微博作为无线互联网领域的巨头，近年来移动MAU占比持续攀升，2017年占比高达93%，这可以很好地弥补阿里在移动互联网社交领域的流量缺陷，而阿里电商强大的流量也可以给微博提供源源不断的流量支撑；②“社交+电商”，产生“1+1>2”的化学反应。阿里和新浪微博账号打通，微博账号和淘宝ID融合，微博上大量有购买力的买家可与阿里庞大的卖家群联通，买家需求得到及时反馈，而阿里卖家也可以通过微博窗口精准投放高质量的广告，为微博用户提供有效供给；③阿里入股，微博业绩改善明显。阿里2013年入股以后，微博MAU和DAU持续保持20%~35%的增长，营业收入持续提升，净利润在2015年转负为正，公司实现盈利且净利润增速持续加快。

（四）创新业务：搭载阿里生态新应用，逐步开启智能时代

创新业务广泛布局，资源优势集中体现。阿里创新业务主要涵盖YunOS、高德地图、钉钉和阿里健康四大业务板块以及2017年刚推出的天猫精灵产品。①YunOS：阿里在2017年9月发布全新AliOS品牌，在YunOS基础之上，提出驱动万物目标，为行业提供“一站式”IoT解决方案，YunOS是目前第三大移动操作系统，覆盖的物联网终端已突破1亿；②高德地图：覆盖全国364个城市，道路里程达352万公里，另有交通路况实施播报、路线规划、周边搜索、叫车等一系列服务；③钉钉：目前覆盖500万家企业组织，通过多端平台和多样化的功能服务，极大地提高了企业运营和沟通效率；④阿里健康：主要业务集中在医药电商、智慧医疗和产品追溯等领域，医药电商主要包括阿里健康大药房、代运营和医药O2O服务，近日，阿里健康与国际医学（000516）签订合作协议，双方将在互联网医院、医学人工智能实验室方

面展开合作，使医疗资源得到合理配置，提升患者医疗服务体验；⑤天猫精灵：自2017年7月正式推出以来，已售出200万台，并且逐渐可以提供越来越多的内容，将阿里生态中和与日常生活息息相关的各项服务集于一身。阿里创新业务布局较为分散，整个创新业务板块FY2018营收33亿元，随着阿里集团优势资源在各领域渗透叠加，创新业务也将随着行业的成熟而逐步成长。

案例总结

1. 电商巨头如何实现持续高速发展？

交易量和用户数均居国内电商首位的阿里在FY2018仍实现58%的总收入增长，并创下IPO以来最高增速，背后主要支撑来自占总收入比近86%的核心电商业务。①国内零售板块：淘宝不断创新的内容形式及智能个性化的推荐带动用户活跃度和购买转化率持续提升；天猫数字化营销工具赋能品牌和商家打通高效的线上渠道，并进一步通过天猫国际和天猫超市为消费者提供优质的国内外商品和便捷化购物体验。②国际零售业务：旗下速卖通+Lazada94%的收入增速彰显海外市场蕴含的巨大增长空间，增资Lazada并持续布局多国电商展示了阿里全球化战略持续推进。③物流：斥资53亿元增持菜鸟网络实现并表，推动智能化物流供应链建设，为新零售和国际业务的开展保驾护航。

2. 新零售时代，阿里开启赋能线下新征程！

线上流量红利增长遇顶，线下实体价值日益凸显，阿里引领行业开启新零售时代，“自建+投资”并行，不断整合资源，外延商业版图，打破增长天花板。①超市：收购入股快速扩大规模，改造范围从区域龙头拓展至全国连锁，规模扩大与改造升级并举；自建盒马，新零售样板持续迭代。②百货：最先入局银泰，打造百货变革先驱，并以此为平台对外赋能。③本地生活：口碑与饿了么助力O2O，新零售改造深入更广泛的生活场景。④零售小店：零售通打通小店上中下游，新零售整合对象由大至小，范围由点至面。

3. 打造阿里全体系生态圈！

核心商务作为集团主要收入来源，为培育新业务提供充沛现金流，支撑整体发展，打造阿里全生态体系。阿里云历经9年发展已成为全球第三大公有云服务提供商，仅次于亚马逊和微软，在国内公有云市场也占有40%以上份额，云计算市场庞大且渗透率较低，具有较大发展空间，未来很可能成为阿里又一大业绩增长点。

案例思考

1. 阿里生态是否与物流紧密结合，为什么随着物流的发达，这些生态越来越重要呢？

2. 你可以看到很多生态企业倒下了，不少站起来了。能说说为什么吗？

3. 阿里的菜鸟网络，是否能够将大多数的生态串在一起呢？为什么？

4. 你觉得数据为王的时代，供应链是否完全依赖于数据的能力呢？

贰 案例二 电商浪潮下的物流趋势与快递发展潜力

一、“互联网+”推进大国转型，电商大潮兑现国家运行体转型升级

（一）“互联网+”时代，电子商务蓬勃发展

随着信息化时代的来临，互联网应用于从生产到生活的方方面面。平等、开放、透明的互联网精神将对整个商业文明产生巨大影响，其对商业的渗透深刻地影响了传统的商业，“互联网+”代表着传统行业与互联网的深度结合。蓬勃发展的电子商务就是“互联网+零售业”，这种结合给传统零售带来了天翻地覆的变化，其对企业商业活动和居民日常生活的改变将是彻底而且颠覆的，这一方面体现在消费需求的变化上；另一方面是运营效率和结构效率的改变。

电子商务的蓬勃发展极大地助推物流行业的成长。随着电子商务的发展，电商之间的竞争已越发明显地表现为物流的竞争，如阿里、京东等企业纷纷打出物流牌，竞争已然成为一片“红海”，为物流业的发展持续地注入新的动力。中国物流落后经济发展20年，“小、散、乱、差”，鲜有亮点，传统的物流无法满足电商行业快速发展的需要。中国电子商务的发展需要推进具备标准化、智能化和信息化等特征的现代物流的发展，未来物流行业的翘楚将是现代综合物流企业（拥有超强资源整合能力的平台型企业）。电子商务的爆发式增长将驱动传统物流向现代物流转型升级。

（二）物流企业转型升级加速，供应链一体化的融合是大势所趋

电子商务的迅猛发展正倒逼着传统物流企业转型升级，信息流、资金流和物流是电子商务的三个重要环节，物流环节则是其中发展最为薄弱的一环（与国内整体物流体系的落后有关）。我们认为现代物流需要加强包括电子采购、订单处理、流程可视化、虚拟库存管理、信息系统集成等多方面能力的提升，进而极大地改善物流服务水平。第三方物流企业的核心业务是物流业务（包括仓储、运输、配送等各个环节）的整合和运作，而当前企业的竞争已经从物流提高到供应链整体解决方案的竞争，参考国外物流发展路径，供应链将成为未来物流发展的趋势。

一体化供应链至少包含三个特征：第一，柔性化，以顾客为中心，准确把握需求变化、以最小成本和最短时间完成对需求的快速反应；第二，专业化，产业链各环节企业专注于核心业务，非核心业务外包；第三，协同化，供应链的各企业紧密合作、共担风险、共享利益。实施供应链一体化至少需要三个必备条件：第一，对企业内部和企业之间的工作流、实物流、信息流和资金流进行完整详细的规划；第二，供应链具有强大的现代信息技术支持；第三，利用现代物流技术实现包括运输、仓储、配送等各个环节在内的综合成本和服务最优化。

- **B–B的电商的融合核心在供应链整合**

我们认为强大的电商将引领上游生产计划和下游销售的对接，这种对接趋势是上游制造业外包供应链管理，只专注于生产和研发。物流外包上升到供应链外包是一个巨大的飞跃，体现了电商的强大竞争力和整合能力，海量数据支持和跨平台、跨公司的对接成为可能。

- **B–C的电商融合的核心在多样化产品——销售链整合在一个物流平台**

B–C商业模式整合已经成为现实，但物流执行平台的建设却是“瓶颈”。多样化产品的销售供应链的整合存在很大的技术难题，如要考虑各类产品的供货周期、库存周期、配送时效等多个因素，并将多样化产品—销售链整合在一个物流平台，这样物流中心难度很大，然而这样的平台正是B2C电商融合的核心所在。

（三）电商和渠道整合都需要快递及其现代物流快速发展

- **电商发展直接推动快递业务量增长**

2015年，我国电子商务规模达18万亿元，位居全球第一。2010~2015年，电商规模复合增速达到32%，电商的快递发展（尤其是网络购物的增长，后面将详细分析）直接带动快递业务量的跨越式增长。2015年，我国快递业务量规模达到206.7亿件，2010~2015年，行业复合增速达到55%。

- **渠道供应链整合需要物流快速发展**

在传统的商业模式（“多层渠道分销”）之下，商品是以一定“批量”的“仓到仓”形式从“厂商—分销商—零售商—消费者”，实物在空间上实现逐级转移，实际上分销商和零售商乃至消费者承担了运输、仓储和配送的角色。而在当前的电商模式（“网络直销”）下，商品通常是以“单件”的形式，借助“快递”从企业（卖家）经过多个环节的“集散和分拨”最终到达到消费者，这客观上也要求物流服务供应商为电商提供高品质的物流服务。未来，快递企业作为电商物流的核心参与者，将在仓储和配送环节发挥更重要的作用。

二、我国快递业的前世今生

（一）历史回顾：从无到有，飞速发展

改革开放以来，中国快递产业从无到有，飞速发展，市场容量逐步扩大，回顾其发展历程，主要经历以下几个阶段。

- **兴起阶段：国企占主导地位**

我国快递业是改革开放催生的行业。20世纪80年代，随着改革开放以及对外贸易往来的加大，国内市场对国际快递业务需求加大，四大国际快递巨头（DHL、FedEx、UPS和TNT）相继进入中国市场，由于受政策所限，最初均采取了与中外运合作成立合资公司的方式来开展业务。到目前为止，国际快递巨头的业务仍旧以国际快递业务为主，并在国内市场占据主导地位。1985年12月3日，中国邮政成立了本土第一家专业快递企业——中国速递

服务公司（EMS）。与国际快递企业不同的是，EMS不仅从事国际快递业务，也从事国内快递业务，并在两个市场上都占据着绝对优势，只是后来在国际快递巨头和民营快递的冲击下，国际国内快递市场份额开始逐步下降。

- **发展阶段：民营快递崛起**

最初，EMS几乎是国内快递业务的唯一经营者。不过进入20世纪90年代，随着中国经济的迅速发展，改革开放进程不断深化，中国经济进入新的快速发展时期。珠三角和长三角地区活力迅速释放，民营经济不断壮大，企业对商务文件、产品样品、产品目录等文件和货物传递的时效性、便捷性、安全性产生更高的要求。传统邮政服务无法满足广大工商企业日益增长的需要，既有的邮政特快专递服务价格偏高、服务网络欠缺和运营体制不够灵活，难以完全承担所有快递业务。在这种背景下，中国民营快递企业应运而生。1993年，国内快递企业的代表——申通和顺丰分别在浙江和广东诞生，并奠定了民营快递企业发展的基础。与邮政EMS相比，民营快递企业能够为工商业企业提供更加物美价廉的快递服务，在短时间里以超乎寻常的速度发展起来，成为中国快递行业的重要组成部分。

- **快速成长阶段：竞争加剧，网络购物市场爆发带动快递业跨越式发展**

自2005年以来，随着我国快递业对外资全面放开，外资可以在境内经营国内及国际快递业务，四大国际快递巨头在中国通过合资、并购或独资，加快在中国本土的发展步伐，以求占据更多国内快件市场份额，不过经过多年的发展，国际快递巨头的优势仍然集中在国际快递业务。自2007年开始，经过近10年的培育和发展，中国网络购物市场进入高速增长阶段。根据艾瑞咨询数据，2015年我国网络购物市场规模达3.8万亿元，2007~2015年，中国网络零售市场交易规模增长近70倍，网购需求的爆发式增长给快递行业带来了新的增长动力，催生出巨大的国内快递服务需求，民营快递企业借此高速成长，不断壮大，在国内快递市场中逐步占据优势地位。

（二）发展规模：快递业务量全球第一，业务收入保持高速增长

业务量近十年复合增速达40%。根据国家邮政局统计，2006~2015年，我国快递业务量复合增速达40%，业务量从2006年的10亿件增长到2015年

的206.7亿件，增长近20倍，并在2014年首度超过美国，规模持续保持全球第一。业务收入规模近2800亿元，近10年复合增速28%。2015年，我国快递收入规模达2769.6亿元，同比增长35.4%，收入规模较2006年的300亿元增长超过8倍，近10年复合增速为28%。快递收入增速不及业务量增速主要是因为快递单价逐年下降。

（三）政策助力行业发展

我国快递业从无到有、飞速发展离不开政策的支持。近年来，无论是国务院层面还是国家邮政局、交通运输部，均出台了多项推动快递业发展的政策文件。尤其是出台的《关于促进快递业发展的若干意见》（以下简称《意见》），这是国务院出台的第一部全面指导快递业发展的纲领性文件，提出了促进快递业发展的总体要求、重点任务和政策措施。

《意见》围绕培育壮大快递企业、推进“互联网+”快递、构建完善服务网络、衔接综合交通体系、加强行业安全监管等五项重点任务，从深入推进简政放权、优化快递市场环境、健全法规规划体系、加大政策支持力度、改进快递车辆管理、建设专业人才队伍六个方面提出了34项政策措施。《意见》的出台及相关政策的落实，将对促进快递业健康发展产生重大推动作用。

（四）快递行业的业务模式

- **快递业务构成：主要由基本标准投递服务和增值服务组成**

1.标准投递服务

标准投递服务包括时效性、准确性和安全性三个要求。其中，时效性是指快件投递时间不应超出快递服务组织承诺的服务时限；准确性要求快递服务组织应将快件投递到约定的收件地址和收件人；安全性包括两个方面：第一，快递本身不具有危害性；第二，快递服务组织不应泄露和挪用寄件人、收件人和快递件的相关信息。按照不同的标准，标准投递业务有不同的分类，如按内件性质可分为信件和物品。从统计角度看，通常是按地域和时间分类。

按地域分类。国内的快递产品主要按地域范围划分，分为同城快递、国内异地快递和国际（含港澳台）快递三类。

按时效分类。为满足客户对快件时效性的要求，多家快递公司推出了限时送达的服务。快件可因此分为当日达、次晨达、次日递、隔日达等各类时限产品。

国内快递以异地快递业务为主。据国家邮政局统计，2015年，同城、异地和国际快递业务收入分别占全部快递收入的14.5%、54.6%和13.3%；业务量分别占全部快递业务量的26.1%、71.8%和2.1%。从近年数据来看，快递业务结构总体比较稳定，以异地业务为主，异地快递收入占比50%以上，业务量占比70%左右。

2. 增值服务

除了标准投递业务外，快递企业不断开拓增值服务，主要包括保价、定时配送、退货及换货、代收货款、短信通知服务等。此外，国内许多大型快递企业开始提供第三方物流和供应链服务，为电子商务行业提供仓储、精细加工和配送管理等"一站式"服务。

- **业务收入：主要来自标准投递业务与增值服务，两者收入模式存在较大差异**

标准投递业务收益。标准投递业务计费模式需要考虑投递区域、快件重量以及时效性三个因素。

区域。快递企业根据快件始发地与目的地所属区域的不同，采取不同的收费价格，快递价格与投递距离成正比。

重量。国内快递企业通常采取"首重+续重"的计费模式，快递企业规定的最低计费重量为首重（一般为1kg），超出最低计费重量的部分为续重。其中，轻泡货物需要按照体积重量收费，根据市场惯例，体积重量（kg）的计算方法为：长度（cm）× 宽度（cm）× 高度（cm）÷6000。

时效性。在一定的重量基础上，对于不同时效的产品采用不同的价格，体现"快速高价"的特征。主导中高端市场的企业定价能力较强。主导时效性突出的中高端市场的快递企业（顺丰速运）定价能力相对较强，而低端市场由于进入门槛较低、充斥价格竞争，快递企业（"四通一达"为代表）定价能力相对较弱。尤其是国内以C2C电商快递业务为主的快递企业由于价格竞争、上游议价能力较强等原因，产品定价能力较弱，价格受制于淘宝等电商平台的打压。

增值服务创造收益

快递企业在收取快件运送费用之外，可以通过提供增值服务创造更多收益，提升公司盈利能力。增值服务建立在高效的网络组织能力、突出的资源整合能力以及质量控制体系等综合实力之上。目前，国内快递公司能够提供的增值服务比较有限，处于逐步积累和提升过程之中。就国内快递业加盟和直营两种主要运营模式而言，加盟模式由于利益主体多元化，面临服务标准难以统一、资金运营和回收风险较大、赔偿主体不明确等诸多问题，增值服务设施和服务质量提升难度非常大，而直营模式则不存在这些障碍，有助于开展增值服务。

快递企业运营模式：直营与加盟。

当前国内快递市场有两种主流经营模式——直营和加盟。顺丰和EMS采用了直营的模式，而以“四通一达”为代表的民营快递企业则纷纷采用了加盟制。

直营：指公司总部掌管所有权和经营权，所有成员企业由总部集中领导、统筹规划，实行统一的核算制度，各直营店实行标准化经营管理。快递直营中总部控制所有的快递节点，包括干线运输、枢纽转运中心、支线运输和落地配送，收派件取得的收入、发生的成本、人员福利、车辆购置等都纳入总部统一结算。

加盟：总部通过契约方式，在品牌使用、网络间接入、服务标准和市场指导价等方面对加盟商做出要求，加盟商的其他经营活动及自身能力建设均独立自主开展。网点除了向总部缴纳加盟费用、面单费、中转分拨费、入库费和派件费以外，自担成本，自负盈亏，加盟商共用一个企业名称。总部在较少投入的情况下，可实现网点的迅速扩张。

加盟制下快递企业收入主要来源：“面单费+派送费+中转费”加盟制下快递企业的揽收和派送环节主要由加盟商承担，各加盟商负责固定区域内的揽收、派送工作，其终端网点及快递员承担“最后一公里”服务，而快递企业主要负责运输中转网络。

在加盟制模式下，快递企业的主要收入来自“面单费+派送费+中转费”。根据“四通一达”当前收费模式，其中，面单费收入：平均每单0.9~1元；派送费（干线运输费）：向收件端加盟商收取每单1.5~2元；中转费收入：包括扫描费（约0.5元/单）、称重费（快件重量乘以比例系数，0.2~1元）等收入。从收入结算模式看，加盟商价格战对总部利润基本没有影响，一般而言，为了市场份额，总部会补贴加盟商参与价格战。

三、快递行业的供需分析：需求持续旺盛，供给端待提速

（一）需求影响因素分析：与宏观经济、网购市场规模高度相关

快递业务量与宏观经济发展高度相关

从理论上分析，宏观经济的好坏直接影响到客户对于快递服务的需求量，当宏观经济环境不断好转时，社会经济活动活跃度提升，客户对于快递服务的需求量就会增加；反之，当宏观经济增速下滑时，客户消费意愿下降，对快递服务的需求将随着下降。

快递收入占GDP比重0.4%，仍处于快速增长时期

根据国外快递业发展的趋势，当快递行业收入占GDP介于0.2%~0.5%时，行业迎来快速发展机会。2015年，我国快递业收入达2780亿元，占GDP比重约为0.41%，仍处于快速增长期。市场分散、同质化竞争激烈是成长期的主要特征。

网络购物的兴起推动快递行业快速发展2007~2015年，网购市场规模复合增速达71%

近年来我国电子商务尤其是网络购物快速兴起，根据艾瑞咨询数据，我国网络购物市场规模从2007年的520亿元增长到2015年的3.8万亿元，复合增速达71%，网购规模占全社会商品零售总额的比例已超过10%。激增的市场需求使快递业爆发式增长，快递业60%的业务量来自电商。根据国家邮政局数据，快递业务量规模从2007年的12亿件增长到2015年的207亿件，复合增速达43%，快递业务收入亦从343亿元增长到近2800亿元，复合增速达

30%。

未来网购市场增长潜力依旧大2018年快递业收入规模达5000亿元

网购规模的增长主要来自以下几个方面：

（1）网民规模决定了互联网消费的潜力巨大。我国互联网普及率逐年提高，2015年互联网普及率达50.3%，但与发达国家70%~80%的普及率相比仍有较大提升空间；我国网络购物用户规模人数2015年达4.6亿人，是2010年的近3倍，未来随着移动端渗透率进一步提高（根据阿里研究院数据，51%的网络购物来自移动端），将释放更多的消费购买力，尤其是中西部偏远地区。

（2）乡镇快递市场成新增长点“快递下乡”自提出后短短两年时间内即上升成为国家政策。2016年初颁布的中央一号文件——《中共中央国务院关于落实发展新理念加快农业现代化实现全面小康目标的若干意见》中，第14条明确提出，实施快递下乡工程；加强农产品流通设施和市场建设；加强商贸流通、供销、邮政等系统物流服务网络和设施建设与衔接，加快完善县、乡、村物流体系。

近几年农村快递市场发展迅猛。2015年全年新增农村地区快递服务营业网点4.5万个，乡镇快递服务营业网点覆盖率由2014年的50%提升至70%；全国农村地区收发快件量超过50亿件，是2014年的2.5倍，占快递总业务量的24%，而国内各大快递企业与电商巨头已经开始积极布局农村市场。

未来期待配套政策解决配送成本过高问题。尽管快递网络网点覆盖率整体水平达到70%，但是中西部的村镇覆盖率仅在10%~20%，因为中西部乡镇存在人口密度低、单网点覆盖人口少等问题，导致其物流成本相比东部地区高出5~10倍，甚至更多。从未来发展来看，中西部县域有望相继出台对快递入驻的扶持政策，包括政府补贴、减免税收等，“最后一公里”配送也可通过设立乡镇代理点（同时代理几家快递公司的收派件）的形式，解决量小成本高的问题。

（3）新生代消费者的崛起。未来更加富裕、年轻、乐于网购的新生代消费者将重塑中国消费市场。当下18~35岁的中国消费者正蓄势待发，有望取代出生于20世纪50~70年代的消费者成为中国消费市场的主导力量。根据波士顿咨询预测，新生代消费占比将从现在的45%激增至2020年的53%，年轻一代中国消费者比上一代的消费能力更强，网络购物热情更高，网络消费经验更多，消费力将达到上一代消费力增速的两倍。

（4）跨境电商带来的发展机遇。根据艾瑞咨询统计，2015年，我国跨境电商交易规模达4.0万亿元，增长率为29.0%。2010~2015年，我国跨境电商交易量年均增速超过35%，而同期我国进出口贸易总额年均增速约为9%，跨境电商将成为我国外贸的新增长点。一方面，我国正处在消费结构升级的关键阶段，解决了深层问题以后，高端型和享受型消费方兴未艾，从近年跨境电商进口业务快速增长中可见一斑。2015年，我国跨境进口零售电商行业交易规模达到1184.3亿元，较2014年同比增长111.9%，在进口电商中的占比达13.2%，在网购市场的渗透率达到3.1%。另一方面，跨境电商中82%以上都是出口方向，商务部明确要做大做强B2B，跨境电商出口将迎来新的发展阶段。目前，出口业务70%的包裹是通过邮政系统投递，未来包括顺丰、“三通一达”等国内快递企业也开始进军国际快递市场。我们认为跨境电商将成为快递行业增长的新动力。

（二）供给端分析：网络覆盖广度不够，缺乏全网集散枢纽和航空运力

与国外先进快递运营商比较，当前国内快递企业在运营网络上存在较大的差距：

网络广度不够。国际快递巨头快递网络对内（本土市场）早已实现全境覆盖，对外（国际市场）可以覆盖全球大多数国家和地区。国内快递公司对内（大陆市场）仅有中国邮政速递能够实现全境覆盖，其他快递企业尽管近年网点扩张加速，但网络仍广度不够，目前农村整体快递网点覆盖率仅为70%，中西部地区覆盖率更低；对外（国际市场）仍在起步阶段，网络尚未形成。

网络组织方式差距大。国际主流快递公司均以枢纽—辐射式为主、点对点为辅的运作模式来经营网络，这种网络结构能够充分发挥网络的规模效应，从而使总成本降至最低。但是，国内快递企业网络组织尚未形成真正意义上的枢纽—辐射式运作模式，目前主要以区域性集散为主、点对点直达

为辅。

国内快递企业航空运力匮乏。航空运力是快递产品时效性的最可靠保障，快递企业拥有自主的航空网络将成为提升速递产品的速度和服务质量的关键因素。国际快递巨头联邦快递和联合包裹成功的关键因素之一就是充足的航空运力，联邦快递和联合包裹自有和融资租赁飞机架数分别为647架（截至2015年5月）和237架（截至2015年底）。根据我国邮政局统计，截至2014年底，国内快递专用货机仅67架，目前只有邮政速递、顺丰速运以及圆通（2015年6月获批）具有航空运力，其他快递公司均没有航空运力。

（三）成本上升，单价下滑，带来盈利压力

国内快递企业快递业务成本主要包括派送费支出、运输成本、中心操作成本、网点中转费支出以及面单成本。

派送费支出：指向派件加盟商采购派送服务的成本，该项成本一般由快递企业总部向揽件加盟商预收，待快递服务完成后再由总部与下游派件加盟商结算转付。运输成本：指快递在转运工程中采用的航空、陆运等方式产生的运输费用。中心操作成本：指快递企业自营枢纽运转中心的人工成本、物料耗用、资产折旧以及场地租金等成本。网点中转费：指支付给各地加盟商网点的各项中转费用与补贴成本。面单成本：主要指传统纸质面单的物料成本与印刷成本。

不考虑派送费支出，运输成本与中心操作成本是公司主要成本。以圆通速递为例，2015年，公司派送费支出、运输成本、中心操作成本、网点中转费支出以及面单成本占总成本比例分别为41.9%、29.9%、14.1%、12.2%、2.0%，若不考虑派送费支出，公司主要成本为运输成本（51.4%）、中心操作成本（24.3%）和网点中转费支出（20.9%）。

从圆通近两年各项成本变化来看：派送费支出与公司业务量变动趋势基本一致；运输成本增速低于业务量增速。2015年，公司运输成本增速为37.4%，同比增加16.7个百分点，但仍低于业务量增速（62.9%），主要原因包括两个：一方面是航空燃油与汽运油价的下降，另一方面是业务量增长带来的规模效应使单票运输成本下降。

中心操作成本增涨幅较大。主要是业务量规模的增加、快递员工薪酬上涨所致，近年随着国内劳动力成本的大幅提升，2015年快递从业人员平均工资约4.6万元/年，较2010年涨幅高达107%。

网点中转费显著提升。主要是由于国内快递服务网络“向下、向西”发展，加盟商终端网点的补贴范围不断扩大。另外，快递企业为提升网点服务质量与客户体验，加大了网点中转费补贴力度。

电子面单的推广有效降低面单成本。2016年3月1日，国家邮政局发布的《快递电子运单》行业标准将正式实施。据估算，目前电子运单在“三通一达”的应用普及率达到50%左右。新的电子快递运单在打印效率与成本节约上具备明显优势，其采用热敏条码打印机打印，每小时最多可打印电子快递单3600张，是原来针式打印机的5倍多；电子运单每张成本约0.09元，用纸量较少；而传统纸质运单，每张成本约0.19元，整体核算，成本节约70%左右。

成本上升，单价下降，快递业务毛利率走低。从圆通近年毛利率走势看，其快递业务毛利率从2013年的22.16%下降至2015年的13.32%，下滑约9个百分点，下滑主要原因是成本端的上升（网点中转费与人力成本增加）与收入端的下滑。为了支持加盟商业务的发展，各大快递企业对面单费、中转费的收费标准进行了一定幅度下调，电子面单的推广也使面单收入大幅下降，从而导致快递业务单价下滑。从全行业看，过去10年，快递单价下降55%。国内快递单价从2006年的30.03元/件降至2015年的13.40元，下降幅度高达55%，快递单价下滑的原因主要有两点，一方面是快递企业网点的快速扩张带来规模化效应，配送成本降低；另一方面是主要快递企业为加快占据市场份额而采用价格竞争以价换量。从业务结构看，占主导的异地快递单价下降最为明显，主要原因是异地快递中单价较低的电商件占比较大。

（四）行业竞争格局：国企、民营、外企共同竞争，电商自建物流崛起

竞争加剧，行业集中度呈下降趋势。目前，中国快递服务已由原来的EMS占据主要地位的单极结构向多家快递企业参与竞争的多极结构转变，市场参与企业主要有：国有（EMS、民航快递、中铁快运）、外资（DHL、

FedEx、UPS、TNT）、民营（顺丰、“三通一达”、宅急送等）。从2009年至今，快递行业整体竞争程度不断提高，集中程度呈下降趋势。排名前四位企业的收入份额之和（CR4）从69%下降至51%；排名前八位的收入份额之和（CR8）从84%下降至78%。

“国退民进”，民营快递企业市场份额持续提升。据国家邮政局统计，2015年前三季度，民营快递企业业务量和业务收入同比分别增长53.2%和43.3%，市场份额相应提升至88.3%和79.6%，较2010年分别提升40.3个百分点和42.8个百分点，伴随着民营快递的快速崛起，国有快递企业市场份额相应萎缩，国有快递企业业务量和业务收入市场份额由2010年的38.2%和43.2%下降到2014年的13.4%和14.7%。从细分领域看，异地、同城、国际快递业务竞争格局略有差异。

异地快递：多头竞争

国内异地快递业务主要是指国内城市与城市之间、地区与地区之间的快递业务。区域内的业务与区域间的业务有明显差异，区域内的快递业务可以通过公路或铁路完成，区域间的业务一般需要依赖航空运力。从异地快递业务量来看，民营快递占据80%市场份额，国有快递约占20%，外资快递占比极低。根据国家邮政局公布的国内快递企业业务量排名，2014年申通快递以24亿件业务量排第一，占有17%的市场份额，后面依次是圆通（15%）、中通（10%）、顺丰（8%）、韵达、EMS、百世汇通、京东快递。

同城快递：竞争充分

同城快递是近年来增长迅速的业务板块，同城快递业务量、业务收入占比从2010年的22.9%和7.2%提高到2015年的26.1%和14.5%。相比较而言，同城快递在快递领域中属于技术含量较低的劳动密集型业务，对交通工具、信息技术、网络运营和管理要求较低，主要取决于调动业务员积极性的管理体制和分配机制，因此成为快递业务中主体最分散、竞争最充分的细分市场，导致价格水平较低，毛利率在10%以下，民营快递企业占有70%以上的市场份额。

国际快递：外资垄断

国际快递业务是资本、技术、知识密集型业务，企业必须具备较高的管理水平、强大的资金实力、综合的运输能力、遍布全球的投递网络以及先进的信息控制技术，属于快递市场中的高端业务，利润最高（通常国际快递业务的毛利率可以达到20%~30%）。目前，这一细分市场已被四大国际快递巨头垄断，占据我国80%以上的国际快递市场份额，行业集中度比较高。

电商自建物流崛起

近年来，由于国内快递公司服务质量与收费标准无法满足电商需求，京东商城、亚马逊、凡客诚品等国内大型B2C电子商务公司自建快递物流体系，确保物流业务的可控性、运营的稳定性、良好的客户体验和品牌形象，部分公司还申请了第三方快递公司牌照，以备对市场开放其配送网络。截至2015年12月31日，京东在全国范围内拥有7大物流中心，在50座城市运营了213个大型仓库，拥有5367个配送站和自提点，覆盖全国2266个以上的区县。京东在135个区县提供当天送达的“211限时达”服务，并在另外951个区县提供次日达的配送服务。

电商自建物流整体规模较小，对第三方快递公司冲击不大。

自建物流电商仅为少数大型电商。尽管自建物流能够提升消费者购物体验，确保服务质量，降低单位成本，但其投入成本较大，缺乏资金、技术的中小电商企业进入门槛较高，目前仅有少数大型电商涉足。

自建物流电商企业销售额占比较小。2015年，我国网购市场规模3.8万亿元，主要自建电商企业销售额约5000亿元，占比13%，考虑到京东平台业务占其交易额的43%，实际由电商自建物流支撑的网购交易额占比不到8%。

自建物流难以替代全网络快递企业。自建物流难以做到全网络覆盖，如对四五线城市的配送，电商企业仍须依赖具备全网络配送能力的第三方快递或区域快递公司。

“自建仓储+第三方配送”可能成为未来电商物流趋势。参照亚马逊的物流配送模式，我们认为“自建仓储+第三方配送”的模式是国内大型电商长期的发展方向，即大规模的物流投入主要用于专业化、个性化、要求高的仓储和分拨业务，而将资金需求更大、投入产出不明显的配送业务外包给网络覆盖更有优势的快递企业。

四、他山之石：美国快递业发展

（一）美国快递发展历程

美国是当今世界上快递规模最大、发展最成熟的市场。经过100多年的发展，美国已形成了高效率的快递市场机制和规范的法律法规体系，并诞生了UPS和FedEx两家国际快递巨头企业，回顾美国快递业的发展史及其市场特征，将对我国快递业的认识具有借鉴意义。

快递业兴起：伴随“铁路时代”诞生（19世纪下半叶）。美国快递业最早可以追溯到19世纪下半叶，随着铁路的快速铺设，美国异地快递市场高速发展。到1907年，美国的快递市场已形成寡头垄断格局：美国运通（American Express）、富国银行（Wells Fargo）、亚当斯快递（Adams Express）和美利坚快递（United States Express）四家公司依托铁路资源占据大部分市场份额，尤其是在异地B2B快递业务市场。当时仅美国运通，已拥有3.9万英里铁路线路的快递运营权，以及全国6000个服务网点。第一次世界大战后，美国民营铁路体系国有化，依赖铁路网络的四大快递公司被国家统一收购，成立国有铁路快递公司American Railway Express（REA）统一运营。

现代快递业崛起：“公路+汽车”时代到来（1950~1970年）。第二次世界大战后，为增强战争时期调动部队和输送战争物资的快速反应能力，美国政府规划在全国修建高速公路网，与此同时，美国汽车迅速普及，公路运输得到快速发展，基于铁路网络的铁路快递公司受到冲击，时效性更高、网络更发达的公路运输迅速抢占了铁路快递市场。这一时期，成立于1907年的快递企业UPS业务加速扩张，到1957年，其服务覆盖了以芝加哥为中心、半径150英里内五个州的地区。

快速成长阶段：邮政管制放松（1970~1990年）。20世纪70年代初，欧美发达国家逐步进入后工业化时代，市场处于高度竞争状态，邮政改革呼声高涨。1970年，美国总统尼克松签署《邮政重组法》，将邮政部改组为公司形式的政府代理——美国邮政服务公司（USPS），国会不再保留规定邮件资费的权力。这次改革是在政策上对邮政系统的第一次大松绑。1978年10月，《美国民航放松管制法》颁布，进一步加速快递业尤其是陆运/空运复合式物流快递企业的发展，受益于航空管制的放松，成立于1971年的联邦快递（FedEx）空运业务开始发力。1979年，美国邮政中止了对特别紧急信件的专营权，打破了快递属于邮政专营范围的局面。1986年，美国邮政中止了国际邮件的专营权，私人快递服务商获得经营国际快递业务的权利，美国民营快递企业开始快速成长和扩张，并最终形成双寡头格局。

并购实现服务多元化、业务全球化：20世纪90年代至今。进入90年代，尽管快递巨头核心业务仍是包裹配送，但开始逐步向集物流、信息流和资金流于一体的综合物流服务提供商转型，并通过战略性的并购与收购转向新领域。例如，1999年UPS登陆纽交所（FedEx于1978年在纽交所上市），借助资本市场开始进行战略性收购，在短短五年时间里收购了40余家公司，包括公路货运、航空货运、零售发运和商业服务、海关报关以及金融和国际贸易服务的行业领军者，业务范围显著扩大。与此同时，海外并购进一步推动快递巨头的国际化拓展，将业务延伸到了世界的各个角落，特别是中国、印度等新兴市场。

市场现状：业务收入全球第一，寡头垄断

根据我们测算，2015年美国快递业规模约1400亿美元，是我国快递业收入规模的3倍，假设美国与中国快递业收入未来五年分别保持4%和30%的增速，到2020年中国快递业收入规模将赶上美国水平；从业务量看，2015年美国快递业务量在130亿件左右，近年增速缓慢，从2014年开始业务量被中国超越。美国快递业务量不及中国，但收入规模高的主要原因是快件单价高。2015年，中国快递企业每单快件收入13.4元，仅为UPS的1/5、FedEx的1/10。从快递收入占GDP比重、业务量及收入增速来看，美国快递市场已经进入成熟期。根据国外快递业发展的趋势，当快递行业收入占GDP比重介于0.2~0.5%时，行业迎来快速发展机会；而占GDP比重超过0.5%时，增速则趋于平稳。目前，美国快递收入占GDP比重约0.8%，已经进入成熟稳定期。2006~2015年，根据我们测算，美国快递业务量复合增速约为1.9%，快递业收入复合增速约为3.4%，均保持着较低的增速。

（二）竞争格局：国内、国际两大细分市场双寡头竞争

国内业务：陆运UPS一家独大，空运FedEx、UPS双寡头竞争

目前，美国陆运快递市场基本被UPS垄断，其市场份额约为52%，而FedEx在陆运件的占有率仅18%，约为UPS的1/3；在美国国内空运件市场，FedEx、UPS分别占有40%、35%的市场份额，形成双寡头竞争局面。

美国国内快递业务的竞争格局与两大快递巨头的业务发展息息相关。成立于1907年的UPS通过并购整合，构筑覆盖全美的陆运网络，1975年，UPS形成了“黄金链接”，成为第一家在全美48个相邻州的每个地址提供服务的包裹递送公司，奠定自己陆运市场的王者地位。尽管FedEx成立时间较晚（1971年成立），但其抓住了20世纪70年代美国电子计算机和服务业的兴起的历史机遇。1973年，FedEx首创隔夜快递，并通过加大规模投入扩大机队规模，迅速占领航空件市场。80年代，随着航空包裹递送的增长需求以及联邦航空业管制的取消，UPS开始成立航空公司，组建自己的货运机队，进入隔夜航空业务领域，与FedEx展开竞争。

在UPS向航空件领域拓展的同时，FedEx也开始通过并购陆运快递公司抢占陆运件市场。例如，在1988年并购包裹递送公司Roadway（RPS），1998年收购陆运小包裹递送领先的CaliberSystem公司。

无论是UPS在20世纪50年代开始建立的陆运枢纽快递，还是FedEx在20世纪70年代建立的国内航空枢纽快递，都抓住了经济转型的先机，建立了具有规模优势和网络优势的业务模式，并各自保持了相应领域的竞争优势。国际业务：UPS与FedEx两分天下在美国国际业务市场上，由于对快递企业资金实力、机队规模、运输网络、IT系统等要求较高，因而存在较高的进入门槛。UPS与FedEx在美国快递国际业务市场中凭借先发优势，占据市场绝大部分份额，随着TNT被FedEx并购的进程加快，美国国际业务将继续呈现两家独大的垄断竞争格局。近年来，FedEx和UPS的国际业务发展较为平稳，2015年，UPS与FedEx国际市场业务收入分别为138.5亿美元（占收入24%）、132.4亿美元（占收入28%），UPS国际业务稍强。

（三）业务模式：标准包裹寄递业务+增值物流服务

美国国内快递企业主要业务包括标准的包裹寄递业务以及提供的货运零担以及供应链等增值服务。

标准包裹寄递服务主要根据时间和重量的不同提供差异化的服务。空运市场主要针对B2B商业用途，包括隔夜限时快递和延迟件，一般采用空陆联运，普通的包裹如果没有特别紧急的时间需求，不会采取这类空运方式。陆运市场主要是针对普通客户更广泛的需求，收费水平低，需求大，网购或者居民之间的货物递送常常选择这种方式。UPS和FedEx在美国提供的陆运服务保证任意区域送达时间在5个工作日内。此外，FedExGround还与美国邮政局（USPS）合作推出价格优惠的FedExSmartPost业务，为美国居民提供轻便包裹（重量小于70磅）邮寄服务，一般时效为2~7个工作日，适用于对于时间要求低的客户。

在产品定价方面，美国快递企业主要按照时效进行差别化定价。快递企业对时效的细分比国内快递企业更加多样化。如隔夜航空件，对于次日具体送达时间即分为三个时间段：上午8：00前、上午10：30前、下午3：00前，时间要求越快，价格越高。以发送1件从孟菲斯到亚特兰大（约600公里）的包裹（5公斤重）为例，如果选择FedExFirstOvernight的服务，及次日上午8：00前到，其收费为139美元；选择延迟件（三日到）的价格仅35.50美元，为次日达的23%；选择FedExGround陆运服务，收费仅为15.19美元，相比收费最低的航空件便宜53%。

从中美快递收费的绝对价格来看，美国快递价格远高于中国。以发送1件从上海到徐州（约600公里）的包裹（5公斤重）为例，国内收费最高的EMS次日到特快件仅8.62美元，而相同时效的美国航空件收费是其12倍，美国陆运件价格分别是中通的近4倍、顺丰的2倍多。

除时间外，货物重量也是快递公司细分市场的标准之一。通常，50磅和150磅是衡量重货的标准，重货的收费标准一般较高。另外，FedEx为消费者和小型企业提供“统一资费”（FedExOneRate）邮件服务，“统一资费”服务主要针对重量在10磅以内的信件和50磅以内的包裹，可提供联邦隔夜递、两日递、三日递业务。本土区域内收发的三日递信件资费（不包括附加费）7.5美元起，全国范围的小包三日递价格为10.5美元，次日早八点半前到达价格为104.5美元。全国范围投递的特大包裹三日递价格为37.25美元，次日早八点半前到达价格为168.5美元。

供应链管理等增值服务是美国快递企业近年大力发展的业务。快递巨头凭借自身丰富的运输经验与先进的物流管理水平，可以根据不同客户的需求提供相应的物流支持。UPS与FedEx在供应链服务上近年也发展较快：2015年，UPS实现供应链与货运服务收入94.7亿美元，占收入比重为16.2%；2015年8月，FedEx在中国推出"一站式"冷链解决方案，满足中国医疗保健行业客户对于温度控制和限时运输要求；1月，FedEx推出"优先定制服务"，该服务主要针对需要对温度控制、货物安全和运输过程进行高度监控的行业，如高科技产品、医疗保健产品、高价值商品和制造业的紧急供应链管理等相关行业。

此外，增值服务还包括进出口咨询服务：主要服务内容包括零售商协调管理、集装箱装载规划、货件追踪与文件收发等；指定清关代理人服务：主要服务内容包括货主自行决定由特定的清关代理人来处理运送货物抵达目的地后之通关手续。

（四）中美差异比较与美国经验借鉴

网购是中国快递业发展的主要动力，而美国快递业受益于网购的程度较小。前面已经分析，中国网络购物市场的爆发增长给快递业带来了巨额的增量需求，是带动中国快递业迅猛发展的主要推动力。反观美国，电商零售额虽然增长也较快，根据eMarketer数据，2015年美国电商零售规模预计达3389亿美元（中国网购规模约5900亿美元），2000~2015年复合增速为18.2%，然而网购市场的兴起并未带动美国快递业务量与收入的快速增长，2000~2015年，美国本土两大快递巨头UPS和FedEx的快递业务量复合增速仅分别为2.0%和1.6%，总营收复合增速为4.6%和6.6%，明显低于中国快递市场30%以上的规模增速，表明美国快递业受益于网购的程度较小。

美国网购市场不及中国的主要原因：中国的零售市场高度分散，传统零

售商覆盖面有限，而美国传统零售商高度垄断，覆盖面广。

根据商务部统计数据，2014年中国连锁百强社会消费品零售额占比仅8%，而美国前50大零售商市场份额超过40%，其中，沃尔玛一家即占有9%的市场份额，营收达4800亿美元。此外，由于我国的经济发展速度和城市发达水平有着巨大的差异性，不同地区的居民收入以及购买力也相距甚远，很多大型零售商放弃了在三四线城市以及广大乡镇地区的布局，而如今随着经济的发展，居民购买力大大增加，网购的兴起正好迎合消费需求，从而使网购快速深入中国广大腹地。

宏观经济走势是影响美国快递业发展的主要因素。我们通过FedEx营收增速与美国实际GDP增速进行简单的对比，发现两者的走势基本吻合，而实际上国内宏观经济活跃程度决定了国内快递业务需求量水平，这一点与中国类似。

经验借鉴之一：标准化的运营体系是快递企业发展的基石。

快递的标准化体系建设是快递企业做大、做强的重要基础建设之一。一流的公司依托管理体系运作，而管理体系的重要基础之一就是标准化体系。UPS与FedEx标准化体系建设的特点是，标准越细分化，其可操作性越强，运营成本越低。例如，UPS制定的递送员标准，它从形象、作业动作、与用户沟通用语等方面制定了详细的标准，可操作性非常强，正是其有了一套标准化的操作体系，才使公司能够保证服务时限与服务质量。

相比之下，大部分的中国民营快递企业，由于低价竞争，公司运营更加注重成本控制，而将服务质量放在第二位。如果服务理念不能够转变，则持续低价竞争将不利于国内快递业的健康发展。

经验借鉴之二：先进的信息技术能力是提升运营效率的保证。

在信息化方面，UPS与FedEx不断提升自身的信息技术能力，不断为满足客户日益增长的对信息的需求而努力研发。两家公司近年在信息技术方面一直保持在4亿美元左右的高投入，占收入比重约1%，一直都是全球业界信息技术的领跑者。例如，1986年，联邦快递发明了手持的条形码扫描系统，用以记录详细的包裹信息，是最早使用条形码来追踪快件状态的公司。信息技术的投入直接带动了公司运营效率的提升，两家公司单人单日包裹处理量呈现上升趋势。

经验借鉴之三：未来快递企业融资需求增大，行业整合加剧。

借鉴UPS与FedEx发展历程，国内快递行业亦将从分散走向集中，快递行业整体的高增长，会继续吸引资本方的关注，同时企业也需要借助资本的介入推动公司自身的高速发展，从而进一步加速行业的并购整合。未来，快递行业内供应链上下游企业间的纵向并购以及快递行业内的横向并购将愈加频繁，将加快整合速度，提高行业集中度。

经验借鉴之四：大型快递企业向综合物流服务商转型。

随着中国快递业"服务时代"来临，快递企业多元化趋势将更加明显，越来越多的快递企业将通过多元化战略升级成为综合物流服务提供商。快递行业竞争日益激烈，将倒逼快递企业不断改变创新。借鉴国际快递巨头发展经验，其目前经营范围已涵盖物流、电商、金融、保险、咨询等综合业务，UPS除经营电子商务、供应链管理等基本业务外，还创立了UPS资本公司，涉足以托收为核心的物流金融业务，FedEx在全球建有多个金融服务中心。

五、快递行业基础投入研究：可视化、自动化和网络覆盖是核心

快递业务量的迅猛增长直接促进了快递企业对基础设施建设的投入，这些投入包括转运中心、干线运输车辆、全货机以及可视化、自动化、智能化机械设备等，力图构建智能物流体系，提升运营效率，降低成本。

（一）可视化智能管理系统提升供应链透明度

物流过程的可视化智能管理网络系统是基于GPS、RFID、传感技术等多种技术，在物流过程中实现实时车辆定位、运输物品监控、在线调度与配送可视化与管理的系统。目前，初级的应用比较普遍。通过在供应链中使用RFID技术，商品在从生产—销售—用户的整个供应链上的分布情况以及商品本身的信息可以实时、准确地反映在企业的信息系统中，大大增加了企业供应链的可视性，使企业的整个供应链和物流过程都变成一个完全透明的体系。快速、实时、准确的信息使企业乃至整个供应链能够在最短的时间内对复杂多变的市场做出快速响应，提升供应链的市场应变能力。随着我国政

府在不同应用领域对RFID技术积极推动，加上技术进步和生产工艺的提升，标签成本不断下降，RFID应用领域将不断拓展，应用需求更加广泛、规模化应用层出不穷。未来智能仓储、配送和分拨中心都将加大RFID的应用。

在实际应用中，快递企业利用GPRS平台，以PDA终端作为数据存储的载体，形成一套数据采集传输系统。在物品配送至客户处后，首先快递人员对运单号上的条码进行扫描，由PDA作为数据收集的载体，将相关信息进行存储，如客户姓名、签收时间、货物状态、异常信息等，使用客户电子签名签收功能，及时更新后台系统货物签收，电子签名保留的笔记便于识别客户身份，提高了客户的安全性。然后通过GPRS实时在线功能，快递人员及时将物品签收情况传送至数据中心，使信息流高效、实时的双向传递，方便客户端能实时了解到物品的状态信息，大大提高了物流过程的透明度，并能有效减少物流中转差错率。

（二）自动化带来物流中心效率与成本的双优化

近年来，随着快递业务量的增加，各大快递企业均加大了对分拨中心、物流中心的投入力度，尤其是自动化设备，包括自动分拣、传输、仓储与机器人作业等，物流中心的自动化有助于提升仓储的运营效率，节省了大量的人工成本。

自动化物流中心的帮助让快递企业处理高峰订单能力大幅提升。据国家邮政局监测数据显示，主要电商企业2015年“双11”全天共产生快递物流订单4.6亿件，同比增长65%；全天各邮政、快递企业共处理快件1.48亿件，同比增长67%。“双11”当天，圆通、申通、韵达的订单量分别为5328万、4279万和4160万单。此次“双11”在总单量将近翻番的情况下，整体配送时间压缩了一半，运营效率大幅提升。

（三）网络覆盖能力是提升竞争力与服务能力的基本要求

快递网络是经营快递业务的基础条件，快递网络的规模直接决定了快递企业开展业务的地域范围与服务水平。前面已经分析到网络购物是推动我国快递业发展的主要动力，电商件占到快递业务量70%以上，而由于天猫、淘宝等电商卖家以及网购人群遍布全国，客观决定了快递企业必须具备广泛的网络覆盖能力。近年来，以"三通一达"为代表的民营快递企业网点迅速扩张，申通与圆通网点数均超过20000家，其中圆通拥有自营枢纽运转中心60个，服务网络覆盖全国31个省、自治区和直辖市，地级以上城市除西藏阿里地区外已实现全覆盖，县级以上城市覆盖率达到93.9%。正是由于强大的网络覆盖能力作为支撑，2015年圆通快递业务量达30.3亿票，上升为全行业第一位。

未来网络布局"向下、向西、向外"步伐加快。2015年，国务院发布《关于促进快递发展的若干意见》，明确提到"三向"（向下、向西、向外）工程。随着农村和中西部地区互联网和电子商务的普及，向下、向西的寄递服务需求将快速增长，成为快递行业中的"蓝海"。陆续出台的优化城市配送、末端投递等政策也在很大程度上为企业加快农村和西部地区网络布局和基础设施建设提供了保障。另外，在国家扩大跨境电子商务试点的背景下，快递企业将加快开拓海外市场，快递企业的网络布局将更加完善，能够开发产品附加值更高、品牌效应更强的国际快递业务。

案例总结

电商大潮兑现国家经济运行体转型升级。在我国巨大的生产消费市场中，"互联网+"正在催生国家经济运行体的一场伟大变革，电商发展将加快B-B和B-C供应链的大融合，B-B的融合核心在供应链整合，B-C的融合核心在供应链一体化。可以预见，未来供应链将在大范围内进行强势整合，快递行业亦不例外。

快递业务量快速增长并有望稳居全球第一。我国快递业从无到有，经历了改革开放初期EMS占主导地位的起步阶段，20世纪90年代以申通、顺丰为代表的民营快递的快速发展阶段，2007年以来电商发展带来快速成长期。近十年，我国快递业务量与收入复合增速分别达40%、28%，行业规模快速扩大，民营企业迅速壮大。未来三年，我国快递业务量有望稳居全球第一，并保持年30%以上的增速。

行业需求旺盛、成本递增，市场竞争呈三足鼎立格局。快递业发展与宏观经济、网购市场规模高度相关，电商高速发展驱动显著，预计未来三年

CAGR为27%。由于人工成本急剧攀升、快递单价持续下滑，目前快递企业平均利润率仅在5%~10%的水平，行业整合趋势明显并具有联合涨价冲动；国内快递市场国有、外资、民营三分天下，民营快递业务量逐渐攀升，目前占据80%市场份额，同城、异地市场竞争激烈，外资把控国际市场。

多元化、标准化、自动化和规模化是行业发展趋势。国际快递巨头发展经验显示，快递巨头通过兼并收购已经实现向综合物流服务提供商转型，并通过标准化、信息化、自动化提升运营效率，保持核心竞争力，占据了发达国家国内快递市场以及国际快递市场的绝对优势。国际经验表明，未来我国国内快递市场格局必将从分散走向集中，快递企业业务多元化、服务标准化、设备自动化是大势所趋。

可视化、自动化和网络化是未来快递企业投入重点。可视化物流包括电子标识、识别、跟踪和可视化物流管理系统；自动化物流包括自动分拣、传输、仓储和机器人作业将大量运用；网络全覆盖是大型快递企业提升竞争力和服务能力基本要求，目前处于扩张整合关键期。三者将成为当下快递企业融资后率先投入的领域。

案例思考

1. 你是否感受到快递已经成为你生活中不可或缺的一部分了呢？这种感觉究竟是好事还是坏事？

2. 对比你身边快递公司服务的差异，你觉得这些差异的本质是什么呢？

3. 有些人觉得快递公司更多的服务商家，因为消费者只是被动接受产品的一方，消费者对快递的态度不影响快递公司的盈利状况，你觉得呢？

4. 每年“双11”快递行业都面临着一次服务能力的飞跃测试，你觉得影响服务速度的关键因素是哪些？

5. “四通一达”已经广为人知，但它们的服务比起顺丰、京东似乎也有肉眼可见的差异。你觉得这些差异的根源是什么呢？

叁 案例三 物流地产、电商及第三方物流发展带动的新格局

一、电商及第三方物流发展提升物流地产需求

（一）居民消费水平提升成就物流市场蓬勃发展，现代物流兴起

物流行业规模与经济增长速度及人均消费水平直接相关，所以近十几年我国物流行业得以快速发展。2017年中国人均GDP达到8836美元，特别是一线城市北上广深的人均GDP早就已经达到了世界银行制定的发达国家或地区标准的门槛。2017年城镇可支配收入36396元，增长8.3%；农村居民人均收入同样高增长，达到13432元，同比增长8.6%。在人均GDP和居民收入不断提升的同时，居民的消费需求也日趋强劲，尤其以高端制造、食品、药品、快速消费品等行业物流需求的明显增加。

国内物流市场规模早在2012年就超越美国位居世界第一，但是从物流成本及物流基础设施建设来看，整体物流效率依旧偏低。2017年，中国物流业市场规模（用物流总成本衡量）达到约1.63万亿美元，稳坐世界第一大物流市场规模。纵观过去20年的中国物流行业发展，2000~2010年是中国物流高速发展的10年，这一阶段物流总费用年复合增速达到16%，而全球物流规模年增速仅在5%左右。但2016年中国物流成本占GDP比重为14.9%，远高于欧美国家10%以下的水平；而当前物流设施落后，中国有5.5亿平方米的物流设施，其中达到现代物流设施标准的只有不到1亿平方米。

随着物流总量的不断增长，现代物流设施低成本、高效率的成本优势变得越来越明显，从而带动了近年来物流地产的投资机遇。为满足快速上升的物流需求以及降低自身物流成本的迫切需要，国内以京东为代表的电商企业开始打造自身物流体系，建设现代仓储设施。在过去2~3年中京东的自建物流仓储面积保持年均50%左右的增速，同时其与国内最大的工业物业供应商之一的嘉民合作，承租了其于近期投入使用的嘉民青浦现代产业园内63130平方米空间，在此之前，京东商城已是天津嘉民陆路港、昆山嘉民陆家和成都嘉民新都北等产业园区的客户。而嘉民、普洛斯等地产巨头也开始加速布局二三线城市的物流地产。

（二）电商、第三方物流——积极的推动力量、强劲的增长需求

从客户上看，物流地产市场的客户可以分为三类。最稳定的传统零售业如沃尔玛、家乐福、阿迪达斯、耐克等，传统制造业如博世，施耐德，通用等。它们主要出于盘活固定资产的考虑，已经没有较大的增长潜力。近10年来，物流地产市场规模稳步增长，主要得益于另两股推动力量——电商（阿里巴巴、京东、凡客）、第三方物流（德邦、顺丰、DHL）。

（1）电商。电商是新型的零售形态，近几年得到了爆发式高速增长。2017年，我国电子商务市场规模为24万亿元，同比增长约18.8%。全国网络零售交易额为7.18万亿元，同比增长39.1%，其中实物商品网上零售额超过5万亿元，同比增长28%。全国快递服务企业业务量累计完成400.6亿件，同比增长28.0%，其中有60%~70%是由于国内电子商务产生的快递量。阿里巴巴旗下的天猫商城仅仅在2016年“双11”1天的交易额就达到1682亿元。

由于近几年国内网购交易额的爆炸式增长，原有的物流设施根本难以满足电商的需求。在物流领域，仓储信息化程度的要求在不断提高。信息技术为快递行业带来的变革主要存在于两个方面：运输的信息化管理和仓储的智能化操作。首先，对于运输的信息化管理，主要集中在途中对货物运输进行实时监测。目前部分快递公司已采用站点登记后上传信息来进行追踪管理，但仍缺乏一定时效性，未来有望借助卫星定位和互联网技术的结合对运输状态进行实时追踪，更精确地把握运输时间，便于高效性业务管理。其次，对于仓储智能化操作，就是将自动化与信息化相结合，通过物联网和互联网技术对货物信息进行采集处理，计算机发出指令，实现无人化智能作业。目前大部分快递公司还停留在纯人工或者使用吊车等机械设备完成货物的搬运和分拣等操作，小部分技术先进的快递企业已建立自动化立体仓库，但真正智能化仓储操作还处于探索阶段。随着射频识别RFID、传感系统等智能仓储核心技术逐渐成熟，仓储环节的操作将更高效。

电子商务企业租赁现成物流地产的物业，有的也会根据需求定制仓库，同时还有部分电商选择自建，电商的仓库需求巨大。以京东、阿里为代表的电商企业采取部分自建仓储的模式缓解仓储资源缺口，但远远不能满足其需求，目前仍然有近一半的仓储设施来自外部租赁。而且物流地产的开发具有较陡的学习曲线，以电商自行开发的情况看，平均4年才能掌握成功的开发经验，因此，相比于专业的物流地产商，电商直接进入依然有一定的技术壁垒。电商快速及时的配送以及高效的供应链都需要现代物流设施的支持，因而快速增长的电商零售额是目前现代物流仓储设施需求的重要驱动因素。

（2）第三方物流。国内第三方物流发展较晚，不过发展迅速，截至2016年第三方物流占比物流行业规模约为10.2%，略低于发达国家10.5%的水平。根据Armstrong&Associates的数据统计，按2015年收入总额排序，全球第三方物流前20位中，中国只有中外运集团上榜。但是近几年，国内第三方物流收入规模也以10%左右的速度增长。第三方物流的发展标志着我国物流产业正逐步走向成熟，专业化的物流行业环境正在形成。

第三方物流公司按照装车货物区分可以分为包裹快递企业（30公斤以下），零担物流（30公斤到吨位级），整车物流（货物可装满一车）。整车物流是将同一类货物运往同一目的地，零担和快递物流则是将不同类货物运往不同地点的运送模式。第三方物流主要分为重资产自建网络型（如德邦物流）和轻资产平台整合型（如安能、卡型天下等）两类。德邦从仓储、装卸、运输、收发货全链条全部自营，自己建立终端网络及运输车队的重资产模式。目前德邦拥有直营网点达5243家，覆盖全国34个省级行政区，全国转运中心总面积超过120万平方米。自建物流对资金的需求较大，运输及管理技能的要求较严格，因此进入的门槛偏高，另外，也使其扩张速度较慢于加盟模式。综合来看，零担物流的自建网络模式是一种重资产模式。另一种轻资产整合模式主要是通过整合公路港、IT平台、运输卡车等资源，克服信息不对称、信息流动不畅带来的物流行业效率低下。信息系统建设功能重复、数据不规范、无法互联互通等问题促使物流行业对于行业资源的整合需求日益强劲。

电商行业的飞速发展、供应链效率的不断提升以及第三方物流行业的整合，意味着市场对现代物流地产供应商愈加倚重。业内预计未来几年中国在线零售行业发展依然将持续较高增速，物流行业进入转型升级阶段，现代物流需求将上升，尤其对于物流的自动化、机械化及智能化需求将日益增强。

到2016年，全国营业性通用仓库面积达到9.98亿平方米，同比增长4.5%；高端仓储占比非常小，2016年底完工投入使用的高标准仓库面积约3000万平方米，并每年维持在40%~60%左右的增长速度；从人均来看，中国人均物流面积为0.43平方米，仅为美国的8%左右，并且中高标准物流设施人均面积不到0.015平方米，我国主要物流的供应商的市场份额不足3%，市场集中度很低。从人均物流面积和市场集中度来看，高端物流市场在我国尚处于市场初期，有很大的发展空间，提升空间十分充足，蕴含较多的投资机会。

（三）土地成稀缺资源，供给受限

物流地产是在很大程度上依赖租金收益的行业，要满足目前需求的增长，需要大规模开发土地。我国的高端物流设施有超过60%集中在一线城市，“拿地难”的问题已经完全显现出来。一方面，政府积极推行集约用地，同时逐年下调城市工业用地指标。2014年9月1日施行的《节约集约利用土地规定》中指出，对特大城市新增建设用地严格限制，并将逐渐减少。另一方面，物流地产相比住宅和商业地产土地出让金低、税收贡献较低、土地利用率低，因此，政府为了把土地换成更多的财政收入，在项目审批时不大可能单独批准大片土地建设物流基础设施。

在一线城市，“拿地难”将成为制约物流地产快速发展的主要因素。一线城市短期内已经出现土地价格增长速度高于租金增长速度的现象。戴德梁行表示预计至2020年中国物流地产供给缺口超过1万亿平方米，长期的供需不平衡，使物流用地的空置率迅速下降，租金直线上涨。而对其他的城市来说，尽管企业在拿地方面相对容易，由于市场还没有完全开发出来，物流需求量的不足，存在着空置率高和回报周期漫长等多种问题。

物流地产目前的需求集中在珠三角、长三角、环渤海和内陆大型城市上，因此拿地相对容易、物流需求旺盛的一线城市的卫星城、热点二线城市以及重要的物流节点城市有着很大的市场增长潜力。

高租金推高物流地产投资回报率：市场的旺盛需求推动了优质物流仓储市场租金的稳步上涨，在过去5年，按同样本比较，上海优质物流仓储市场的租金年复合增长率达5.8%，远高于住宅投资2%左右的租金回报水平。与此同时，上海优质物流园区的空置率也下降到很低水平，市场整体空置率仅9.1%。整个一线城市的物流地产投资净回报率在7%以上，远高于商业地产和住宅地产在2%~4%的投资回报率。

二、物流地产市场格局突变，中国财团收购普洛斯落地

价值链上的企业核心竞争力：土地、资本、人才。

根据普洛斯的解释，物流地产就是建设、运营与管理专用物流设施，与制造商、物流公司、零售商等供应链环节上的客户建立合作关系，为相应的客户在对应的供应链环节上提供合适的现代物流设施。

物流地产价值链实质上是通过一系列的价值活动，实现对地产及其附加产品的增值，在价值链上盈利。但并不是每一个活动都实际创造价值，只有真正创造价值的经营活动，才是价值链上的战略环节。企业要想在物流地产市场的竞争中获得优势，实际上就是要在这些战略关键环节拥有与其他企业与众不同的核心竞争力。

土地作为稀缺资源，是物流地产企业最根本的利益所在。结合一线城市的供地紧张、政府出让意愿低、对工业用地的限制政策等因素，土地资源变得更加珍贵。缺乏土地储备的开发商，可谓是“巧妇难为无米之炊”。因此，土地获取能力是物流地产企业必不可少的首要核心能力，只有拥有丰富

的土地储备、具有持续拿地能力的开发商才有可能取得竞争优势，获得长远发展。

物流地产属于资金密集型产业，在整个开发过程需要持续投入大量资金，相比商业地产和住宅地产投资回收期更长，仅仅依靠自有资金是远远不够的，需要有一个灵活有效的资本运作模式来筹措资金。它可以为开发项目提供足够的资金支持和财务保障，以较小的自有资本运营较大的开发资本链，获得预期收益。

人才也是一种核心竞争力。人才的竞争更突出的是高素质人才的竞争。尤其是管理团队对于企业核心竞争力的提升是非常关键的。一个优秀的物流地产管理团队可以为企业带来丰富的经营经验和先进的产品设计理念，甚至有拿地资源和高效资本运作方式的溢价。

三、物流地产市场主要参与者

（一）霸主外资家族：普洛斯、安博、嘉民

在国内物流地产的市场，以普洛斯、安博、嘉民为代表的外资企业占了绝对的优势。自从2003年普洛斯进入中国市场以后，国内高标准物流仓储的建设标准基本参照普洛斯带来的国际标杆。戴德梁行发布的《中国高端物流市场2015年回顾》报告显示：以普洛斯（GLP）为标杆的国际性物流地产商在市场中依然占据了大部分市场份额，光普洛斯一家就占到了55%的市场份额。这些外资物流地产商，在资本运作、运营理念、产品设计等方面相对超前领先，因此能够占据巨大优势。普洛斯等外资企业只做基础的标准服务，不做更深的服务以增强客户的黏性，却依然吸引了大量顾客。

（二）异军突起的民营家族：宇培、易商

民营家族：之前在物流地产市场，中国本土企业相对空白。主要的原因有两个：一是中国的商业消费文化在近些年来刚刚孕育，而国外非常发达，外资有着相关的经营经验，在进入中国市场的初期就做了提前布局，有着不可多得的先天优势。二是相比于住宅地产可以通过提高容积率、采取预售方式等方法在短期内获得回报，开发物流地产则主要是通过未来的成长带来长

期的稳定回报，因此不被追求短期高收益的中国资本的青睐。不过，最近两年，宇培和易商的迅速崛起，在未来三年对市场份额形成实质性的影响，现其已经挤入物流领域的前十名。目前两家企业都在积极进行资本化运作，除了向国内外资本大规模融资之外，还在谋划在港上市。

（三）不可小视的国企家族和基金家族：中储股份、东百集团、平安不动产

国企家族：物流地产市场国企构成相对复杂，比较有代表性的转型国企——中储股份和东百集团正在向物流地产积极转型，通过与普洛斯等外资展开战略合作或者引入外资管理团队，学习普洛斯等外资巨头先进的经营理念和经营方式，国企家族正快速崛起。

基金家族。基金家族除了老牌外资如黑石、KKR、凯雷、华平、三菱、三井、汤森、RRJ和淡马锡旗下的狮城控股、荷兰汇盈资产管理公司等外，平安成为一股新兴力量。平安不动产在成都从领盛投资手中收购了一处9万平方米的仓储物业之后，算是正式高调进入了物流地产领域，也在物流地产市场占据了一席之地。

（四）中国财团116亿美元收购普洛斯终落地

2017年7月14日，新加坡上市公司普洛斯和中国财团发布联合公告，由万科（21.4%）、普洛斯CEO梅志明（21.2%）、厚朴投资（21.3%）、高瓴资本（21.2%）、中银集团投资有限公司（15%）构成的投资团将以约116亿美元（每股3.38新加坡元）的价格收购普洛斯。2018年1月22日，普洛斯（GLP）宣布从新加坡证券交易所退市，标志着其私有化进程全面完成。

普洛斯是全球知名的现代物流设施和工业基础设施的供应商。它的前身是全球工业物流龙头、美国的Prologis公司，主要从事物流地产的开发建设、运营出租、物流配套设施提供以及物流地产投资基金运作。其在中国的市场份额超过50%，并且其净资产的57%也分布在中国。

此次中国财团收购普洛斯，投资团中以商业地产为主业的万科尤其受到关注，此次收购对于双方及市场主要由以下几点意义：

（1）根据普洛斯2017年年报，普洛斯在中国现拥有资产136亿美元，其网络覆盖涉及中国90%的GDP生产；总建筑面积2871万平方米的物流基础

设施，其中完工物业1750万平方米、计划开发1120万平方米、土地储备1190万平方米，并且主要集中在国内重点一二线城市。在土地资源越来越紧缺、工业用地供给受限的情况下，万科借助普洛斯的土地资源，在物流地产领域将具备领先优势。截至2016年底，万科物流地产项目总建面积约147万平方米。

（2）物流地产对应的是B2B模式，普洛斯大部分客户为第三方物流及直营品牌商；而万科商业地产业务主要是B2C模式。比较而言，由于B2B一般是合同制并且具备一定的专业性，因而其行业的进入壁垒较高，客户具有一定的黏性；所以万科不仅仅可以学习普洛斯B2B的经营模式，更重要的是能更方便快捷地切入该市场。而普洛斯也可以借助万科网络渗入C端。

（3）此次对于普洛斯的收购，使物流地产行业重新进入投资者的视野，物流地产以其海量需求、稳健投资收益及进入高壁垒将使现有市场参与者获得更大发展。

四、电商大举进入物流地产市场，成为主要竞争者

（一）苏宁易购：仓储建设加速，推进物流社会化

苏宁2009年开始向线上转型，线上线下融合成效显著，苏宁易购发布2017年年报，公司全年实现营业收入为1879.10亿元，同比增长26.47%。我们预计，线上实体商品交易规模为1266.96亿元（含税），同比增长57.37%；自营商品销售规模974.60亿元（含税），同比增长57.52%；开放平台GMV292.36亿元（含税），同比增长56.85%。2017年线下实现营业收入1046.10亿元，同比增长9.31%，GMV规模的持续扩大是物流仓储业务增长的基础。

苏宁在物流地产领域耕耘20余年，经历了从内部服务到社会化物流的过程，物流仓储体系的构建与其业务发展密切相关。1990年，随着苏宁的成立，其物流业务也随之上线，该阶段的物流仓储建设主要为满足其快速调货补货的需求。2009年之后，苏宁开始向O2O转型，线上平台开始运营，对物流提出更高的要求。2012年，物流业务独立出来成立集团。2015年后，苏宁

物流开始社会化，其主要表现为：第一，物流服务对外开放；第二，利用仓储证券化盘活资产；第三，收购天天，联合菜鸟，提升物流实力；第四，设立物流地产基金，进一步扩张仓储资源。

截至2017年底，苏宁物流共拥有仓储面积686万平方米（含天天），仓储面积年增速达17.67%。公司已投入运营8个自动化拣选中心、37个区域配送中心，另外有4个自动化拣选中心在建、扩建，20个区域配送中心在建、扩建。公司物流网络覆盖到全国352个地级城市、2908个区县城市、快递网点合计20871个。同时，社会化业务稳步提升，2017年，社会化物流营业收入（不含天天快递）同比增长135.76%。

以资产证券化盘活仓储资源。2016年5月，苏宁将6处供应链仓储物业（成都物流基地、无锡物流基地、包头物流基地、青岛胶宁物流基地、南昌物流基地、广州物流基地）以不低于人民币16.5亿元转让给中信金石基金。该次转让表明苏宁开始建立“物流仓储地产开发——物流仓储地产运营——基金运作”的资产运营方式，盘活存量资产，快速实现资金回笼，并投入新物流地产项目。

收购天天，联合菜鸟，物流仓储资源利用率提升。2015年9月，苏宁物流正式接入菜鸟网络，完成后台系统全面对接。此次合作是双赢的选择，苏宁进一步提高物流社会化程度，提升仓配资源的利用率，菜鸟拓展仓储资源，并首次与“仓配一体”的伙伴展开合作。2017年4月，苏宁出资人民币29.75亿元收购天天快递70%股份，并以股权方式购买剩余30%股份，对应的转让价款为12.75亿元。天天快递网络遍布国内300多个地级市和2800多个县，在全国拥有61个分拨中心，超过10000个配送网点。完成后将持有天天100%股权，苏宁易购仓储配送能力进一步提高。

设立物流地产基金，建立“开发—运营—基金运作”的资产运营模式。2017年11月，苏宁物流与深创投联合发起设立物流地产基金300亿元。基金首期募集规模拟为50亿元，用于收购苏宁的成熟仓储设施、市场化收购及投资开发高标仓物流设施。有望拟实现管理仓储规模达到1200万~1500万平方米，是目前苏宁仓储面积的两倍。基金运作便于公司快速实现仓储扩张，盘活资产。

智能化云仓建设领先，科技赋能现代仓储。苏宁云仓是“亚洲最大智慧物流基地”，是苏宁在智能仓储上的里程碑。云仓建筑面积达20万平方米的苏宁云仓，由5个大型仓库组成（小件商品、中件商品、异形品、贵重品和温控商品），可存储2000万件商品，日处理包裹181万件。从订单生成到商品出库，最快的时间只要30分钟。在高密度自动储存系统、SCS旋转库货到人系统、A-frame拣选系统和高速分拨系统等技术加持下，发货能力提升4.5倍，拣选效率提高10倍，订单出库效率提高5倍，作业人员减少60%。苏宁对12个全国级大仓进行了转型升级，形成一张智能云仓网。这是苏宁在仓储建设中的重要一步。

苏宁物流发展迅速，全面升级仓储。苏宁多年来坚持自建仓储，自建比例在2016年高达80%。在仓储技术方面，苏宁不断探索新的科技，孵化出超级云仓、机器人仓、无人机等项目，做到快速准确地发货出库，是商业零售与物流地产结合的范本。目前，有4个自动化拣选中心在建、扩建，20个区域配送中心在建、扩建，2020年将新建40座中大型仓库、50个城市分拨中心，结合与天天快递各自的优势，在业务拓展、服务提升、产品创新等方面不断进步，形成苏宁特有的物流服务网络。

（二）京东：以仓储为核心的物流体系

京东是中国最大的自营式电商企业，以3C产品起家，目前销售超数万品牌、4020万种商品，包括家电、手机、电脑、母婴、服装等13大品类。

京东自2004年起进入电子商务领域，2017全年GMV突破1.3万亿元，可比口径2016年GMV为9391亿元，可比增速为38%。2017年总收入3623亿元，同比增长39.3%。其中自营、平台收入分别为3318亿元、306亿元，增速分别为40%、36%。2013~2016年，京东GMV维持40%以上高增速，其中平台GMV占比不断攀升，京东开放平台业务的增长也拉动了京东毛利率的提升。

自建物流起步，增加服务效率及用户黏性。京东自建物流起步于2009年，成立控股物流子公司。京东物流网络采用自建网络为主、第三方网络为辅的形式，覆盖全国，提供仓配一体化服务，包含仓储、运输、配送、售后等环节。在时效性上提供“211限时达”“京准达”“夜间配”“极速达”四种模式。京东快递于2012年获得快递牌照，可以保证85%以上的订单当日达或次日达，显著增加用户体验和黏性。

配送方式多元化，物流平台逐步开放。京东物流配送方式主要有四种：第一，自营、FBP（京东全权负责采购和销售）；第二，LBP模式，商品无需入库，用户下单后，由第三方卖家发货到京东分拣中心，京东开发票；第三，SOPL模式，商品无需入库，用户下单后由第三方卖家发货到京东分拣中心，商家开发票；第四，SOP模式，商家直接向消费者发货并开发票。

京东正在尝试将自身物流体系打造成一个开放的物流平台，提供第三方物流服务。从2007年融资以来，京东用了10年时间全面自建物流，“亚洲一号”“快递网络”“青龙系统”等都已成为京东的核心竞争力。京东自建物流体系包括486个仓库，总面积超过1000万平方米，仓储、配送人员达12万。目前京东在物流方面仍处于持续性高投入阶段，京东2016年用于物流的费用超过209亿元人民币，较2015年的140亿元大幅提升。

京东物流独立运作，估值达109亿美元。2016年11月23日，京东推出“京东物流”全新品牌标志，宣布物流全面社会化，对B端商家提供仓配一体化、智能供应链等服务。2017年4月，京东集团宣布将正式组建京东物流子集团，将物流从京东内部服务体系剥离，正式独立运营。2017年全年京东物流收入规模超200亿元，社会化物流收入增速高于自营配送，覆盖全国98%人口。目前京东物流估值已达109亿美元，未来有望独立上市。

航线、仓储同步增加，京东全球购加快布局。京东全球购业务上线于2015年4月，截至2016年底京东全球购SKU超过480万个，店铺超2000家，覆盖美国、法国、德国、澳洲、日本等40多个国家和地区。到2018年初已开通123条海运、108条空运路线。同时京东开展跨境电商物流布局，在杭州、广州、郑州、宁波和上海、天津、重庆设立七大保税仓，在日本、韩国、澳洲、北美、欧洲设立海外仓。其海外TC仓具有货源地分货、多地备货、集货、拼货功能。2018年下半年，京东将发力美国市场，对抗其主要对手阿里巴巴和亚马逊。预计未来10年内，海外营收占比将提高到50%。

（三）阿里：依托菜鸟网络对接多方资源

阿里巴巴2018财年第三季度营收达到人民币830.3亿元，同比增长55.9%，环比增长50.6%。核心电商部门保持良好增长，实现收入732亿元，同比增长57.3%，占总收入的88.2%。天猫GMV占比不断扩大，由2013年占比23%上升到2017年的42%，各大品牌入驻天猫开店销售成为重要驱动力。

菜鸟："天网+地网"，大数据驱动的社会化协同平台。"天网"为菜鸟根据天猫、淘宝的交易与物流信息组成的大数据网络；"地网"为全国重要物流区域搭建的数个大型物流仓储中心。"天地联动"改变了之前零散包裹互相独立、难以集约化和规模化运输的缺陷，缩短配送时长，降低运输成本。目前菜鸟拥有超过3万亩物流用地，已在全国设立八个大型仓储物流基地，主要负责家用电器产品配送，以应对B2C市场的配送。菜鸟"地网"中心仓，可以减少仓储成本，节省运输费用，同时也可以事先通过"天网"销售大数据库，用算法预测当地出货量，提前备货，缩短整体配送时间。

数据化物流平台提高合作物流公司的运营、配送和仓储效率。菜鸟通过构建智能仓储网络整合物流与电商资源，将原先单个包裹的零散独立配送集约规模化，大幅度提升物流配送效率。目前菜鸟业务体系包括"菜鸟驿站""菜鸟乡村""菜鸟物流云""菜鸟B2B""菜鸟裹裹"，覆盖全球224个国家和地区，覆盖国内2700个县区，合作运输车辆23万辆，合作公司超3000家，覆盖中国快递70%包裹数，有快递员300万人，开辟快递路线609万条。

立足物流地产，构建综合性智能仓储物流体系。为解决仓储分拣运送，菜鸟不仅增强自身研发，还投资智能仓储设备公司，以人工智能算法的软件系统为核心，完成订单智能履约。同时联合上汽、东风等车企研发的新型智能物流汽车，生成最优配送路线。未来5~8年菜鸟将建造一个全国性超级物流网，支撑日均300亿元的巨量网络零售额。

大数据赋能仓储布局，"自建+租赁+收购"快速扩张。菜鸟网络的核心是通过大数据高效配置仓储库存资源，厂家可依据各地域销售情况进行预测提前备货，缩短用户下单到收货之间的等待时间。菜鸟期初规划针对华东、华南、华中、东北、华北、西南、西北等大区，建立8大仓储物流基地，分别位于金华、广州、天津、武汉、成都、重庆、郑州。其中一级自建仓储中心总面积超过100万平方米，自建外还通过收购和租赁方式获取资源。2013年菜鸟借力银泰复星全国拿地布局物流地产，2014年2亿元收购五洲在线，2015年收购亚马逊2万平方米的仓储中心。

阿里菜鸟致力于物流平台的打造，对接多方资源。从2013年成立伊始，阿里与菜鸟在物流仓储上的资源接入就动作不断。主要资源集中在四大方向：其一，对传统快递企业的整合。除了与“三通一达”的战略合作外，2008~2015年，阿里以入股方式将百世快递、全峰快递和圆通快递纳入旗下。其二，对接大型企业的物流业务。阿里入股海尔日日顺与苏宁，获得大件商品配送和家电配送的优势，直接接入其线下的仓储和物流资源。其三，完善基础设施打造生态。通过入股高德地图和卡行天下等获取数据和资源调配能力，并且以心怡科技为依托实现了智能仓储和物流技术的研发应用。其四，加快国际化步伐。阿里已与包括UPS、Fedex、俄罗斯的ITELLA、东南亚的4PX、大韩通运、德迅物流等在内的多个全球物流伙伴合作。并入股新加坡邮政、东南亚物流LAZADA、跨境电商物流递四方，意在搭建全球化物流网络，为“引进来”和“走出去”提供坚实保障。

阿里斥资53亿元增持菜鸟，开启新五年规划。2017年9月，阿里增持菜鸟，股权从47%增加到51%，董事席位由3个增为4个，开启其重资产建设物流仓储战略。未来五年，阿里拟持续增资1000亿元，重金打造全球物流网络。千亿元资金主要集中于三方面应用：其一，进行数据技术等领域的研发和智能仓储配送的改造，从数据开放走向全面开放，拟改造5000万平方米智能仓库，并为10000家中小企业提供智能化物流解决方案。其二，增加仓储面积，优化数据算法，提高高效配送覆盖范围。菜鸟目前已在全国建立8个大型仓储物流基地，并且在14个城市拿地，预计未来五年仓储面积将进一步提高。实现5亿消费者配送优化，国内中西部地区24小时送达，推动中国物流成本的降低。其三，在全球布局超级物流枢纽，建设物流基础设施，做到全球72小时必达。整体战略向智能化、生态化、全球化发展。

（四）苏宁VS阿里VS京东：物流为核心竞争力

电商竞争力的维持依靠物流的快速反应速度，而仓储是影响物流成本和周转的重要因素。因此电商入局物流地产，并成为主要竞争者。目前，菜鸟估值达1325亿元，京东物流估值达109亿美元。

苏宁、阿里和京东在仓储布局上纷纷加大力度，均形成了遍布全国、分级完善的仓储网络。截至2017年底，京东仓储面积约1000万平方米，苏宁686万平方米。在自有仓储物业方面，苏宁为350万平方米，京东为80万平方米，菜鸟目前主要以自建形式扩张为107万平方米（截至2016年）。

综合物流能力。三家的配送范围相仿，基本可以覆盖大陆地区的所有城市和主要区县。相比而言，菜鸟更专注于信息平台和物流中心搭建，运输则采用社会资源；在配送人数上，京东要更为领先，是给其带来更快速处理订单能力的基础。

智能仓储成为电商主要发展方向。仓储管理属于劳动密集型工作，在传统仓储中占据物流成本的50%，是最为耗费的一个环节。因此，实现自动准确的订单处理和商品出库，不仅能将大部分成本削减，更能提高处理效率和服务满意度。京东的亚洲一号是最早采用全自动无人化的仓库，菜鸟和苏宁紧随其后。三者均在2017年成为国家智能化仓储物流示范基地。由先进物流技术入驻的智能仓库速度及准确度都远超出传统仓库，是未来仓库的发展方向。

五、普洛斯基本情况介绍

普洛斯是全球知名的现代物流设施和工业基础设施的供应商。它的前身是全球工业物流龙头、美国的Prologis公司，主要从事物流地产的开发建设、运营出租、物流配套设施提供以及物流地产投资基金运作。

2003年进入中国后，受制于当时国内物流园区泛滥、土地政策趋严，普洛斯调整自己在中国的经营战略，通过与国内物流公司合资或入股的方式获取土地开发权，逐渐拓展其在中国的物流网络。其后，凭借核心物流园区的表现得到地方政府的认可和拿地方面的支持，网络规模迅速扩大。

2008年，国务院出台了《国务院关于促进节约集约用地的通知》，要求发挥市场配置土地资源作用，严格落实工业和经营性用地招标拍卖挂牌出让制度，提高建设用地利用效率。恰逢全球次贷危机，资金募集、客户需求、土地储备三个核心因素都在一定程度上影响了普洛斯在中国的发展。随后公司不得不进行改革，由新加坡政府产业投资有限公司接手其在亚洲的资产和相应债务，该部分更名为GLP，并于2010年在新加坡上市。

（一）普洛斯的运作模式——地产开发、地产运营和地产基金

地产开发：地产开发部门负责物流园区类型土地开发，开发完成后可以卖给普洛斯基金或者第三方，以获得出售收入，也可以进入地产运营阶段获得出租收入。地产开发业务是普洛斯的核心业务，贡献了约60%的主营业务收入和30%左右的主营业务利润。开发周期一般为前期3~6月、建设6~12月。

地产运营：地产管理部门在获得交付的物流园区后，出租取得租赁收入。地产运营虽然只贡献了30%的主营业务收入，却占到了整个主营业务利润的50%。在成熟阶段，普洛斯的招租率普遍达到90%以上，租金回报率7%以上。

地产基金：基金管理部门通过“核心型基金”购入成熟物业——实现重资产剥离、回笼资金。普洛斯管理的基金类型主要包括核心型、增值型和机会型，对应不同的投资标的类型。其中核心型基金用于购入物业管理部门培育好的持续稳定经营的物业，通过资产出表帮助公司回笼资金；增值型基金主要用于重新开放成熟物业，依托公司自身在物流地产设计、评估的专业化优势，实现低估物业的增值；而机会型基金一般会参与物流地产的开发与建设，补充开发阶段的现金流，并获取较高风险的投资回报。目前，GLP管理的基金规模总共约390亿美元，以机会型、核心型为主。其中，机会型基金主要投向中国市场，总规模100亿美元。

（二）成熟的物流地产运作开发经验

GLP出身于全球领先的工业物流设施提供商，定位高端物流，在20多年

的发展过程中逐渐形成了一套成熟的物流地产运作开发模式，国内物业整体出租率稳定在85%以上。

针对小租户和大客户的不同需求和承租能力提供物流园区和专属物流基地的开发和运营：在物流地产的开发运作上，GLP提供物流设施的标准化开发和一对一定制。一方面，普洛斯根据自身积累的经验为中小客户提供方便、快捷、高效的物流园区设施服务；另一方面针对较大的零售商、第三方物流企业等设计建设适应其业务运转特点的专属仓储。

高标准的专业化设计建设理念：借助Prologis Operation System，普洛斯从项目的选址、设计、评估、内审、施工成本、预算的控制，到客户签约和管理都遵循严格、精确的原则，保证项目的顺利实施。而在顺利实施的前提下，普洛斯在项目设计的每一个细节上尽可能地依托自身的经验为客户提高效率和方便。

（三）"一站式"物流地产平台：网络化增值效应吸引更多客户

零售、电商、快递等商品贸易和流通企业对于仓储设施的需求不仅仅在于其便利性和高效率，更多的是希望通过物流设施提供商旗下的仓储网络资源提高自身业务的经营效率和拓展下游市场。普洛斯目前在中国、日本、巴西和美国都拥有庞大的物流地产资源，在各个市场同行业中均排名领先。尤其是在中国市场，仓储基地分布在全国38个核心枢纽城市，2017年管理完成物业规模达到1750万平方米。市场份额远远领先于同行业其他公司，占据绝对的优势。

借助庞大的物流网络资源，普洛斯为客户提供了远超仓储作用的附加价值，吸引了快消、电商、快递、制造业等行业大多数龙头企业客户。

快消零售：阿迪、可口可乐、联合利华、沃尔玛；

第三方物流：德邦、DHL制造业：博世、上汽通用、三星；

电商：天猫、京东、亚马逊。

特别是近几年，我国电商规模迅速扩张，GLP的客户群体中电商的比例已经从2010年的4%提高到2016年的26%，2017年前5大客户中电商席位达到2个（京东、唯品会）占比为6.9%。

案例思考

1. 物流地产潜在的发展风险有哪些？

2. 你有感受到物流地产的存在吗？它们一般选择城市的哪些区域设置呢？

3. 物流平台需要哪些资源的对接才能够有价值？

4. 请结合自己的城市，思考如果你在你的城市为某一种品类的产品寻找物流仓，你会考虑哪些因素，会找哪些企业询价？

肆 案例四 物流智能化发展对人工替代的影响

一、物流行业亟待降本增效，智能仓储发展大势所趋

智能物流是指在互联网和物联网技术的基础上，采用先进的信息处理和管理技术，对物品进行智能化的包装、配送、装卸和储藏等环节，物品的流动状态可以进行实时显示，在货物流动的过程中还能进行全程的监控，货物能够及时地送递到需求者的手中。其主要的发展目标为经济、可靠、高效和环境优化。在工业4.0时代，智能物流是其组成核心。工业4.0包含三大主题，即智能工厂、智能生产、智能物流，其中智能物流是其核心组成部分。在工业4.0的框架内，智能物流既是连接上游供应与下游客户的重要环节，也是构建智能工厂和实现智能生产之间的关键纽带。

智能仓储是整个智能物流体系中承上启下的关键环节。从产业需求角度看，智能仓储与普通仓储的下游应用相似，主要包括零售、食品饮料、烟草、医药、汽车、电商、快递等诸多行业，但仓储物流的智能升级将带动硬件与系统集成的发展，对设备及软件和中游的系统集成提出更高的要求。上游组成包括立体货架、叉车、输送机、分拣机、AGV、堆垛机、穿梭车等硬件设备和WMS、WCS系统等软件系统；中游为根据行业的应用特点使用多种设备和软件，设计建造包括出入库输送系统、信息识别系统、自动控制系统、计算机监控系统、计算机管理系统以及其他辅助设备组成的智能化仓储物流系统。它具有节约用地、减轻劳动强度、避免货物损坏或遗失、消除差

错、提供仓储自动化水平及管理水平、提高管理和操作人员素质、降低储运损耗、有效地减少流动资金的积压、提供物流效率等诸多优点。

我国正处于仓储物流升级阶段，物流装备从自动化向智能化升级。随着我国经济的飞速发展，我国的工业体系不断完善，随之带来的仓储业的现代化要求也在不断提升。工业物流概念形成于20世纪50年代的美国，1963年引入日本及其他工业发达国家，1980年引入中国，工业物流的发展被视作工业企业的“第三利润源”。从世界范围来看，物流仓储的发展主要分为五个阶段，即人工仓储阶段、机械化仓储阶段、自动化仓储阶段、集成自动化仓储阶段和智能自动化仓储。目前我国仓储业的发展正处在推广应用自动化和集成自动化仓储的阶段，未来将结合工业互联网的信息技术发展而进一步实现智能化。

我国物流成本占GDP比重高，仍有一定下降空间。改革开放40年来，我国经济一直保持健康快速的发展，目前改革已进入攻坚区和深水区，未来中国将面临改革开放深化、发展模式优化、经济转型升级的机遇和挑战。在这样的背景下，我国制造业和服务业处在升级转型的十字路口，智能物流的作用将更加凸显。根据发改委数据，2017年全国社会物流总额为252.8万亿元，同比增长6.7%；全国社会物流总费用12.1万亿元，同比增长9.2%，占当年GDP的比重为14.6%。国家发改委在2016年《降低实体经济企业成本工作方案》的解读提及，我国社会物流总费用与GDP的比率约为同期美国的2倍、日本的2倍、德国的1.9倍、印度的1.3倍、巴西和墨西哥的1.4倍；物流费用占企业主营业务收入的比重大约比美国高0.6个百分点、比日本高3.5个百分点。虽然上述两个指标在过去的几年有所下降，但与发达国家相比，未来我国物流成本仍具有一定的下降空间。

在降物流成本的进程中，智能仓储发展是大势所趋。在工业4.0和中国制造2025的大环境下，智能仓储的优势正逐渐显现。我们常用波特五力分析模型来分析产业的吸引力，后加入了互补者成为六力分析模型。运用此六力分析使专业物流公司明了是什么因素让智能物流具有吸引力或不具有吸引力。借由这些信息，智能物流公司在建立其商业模式时可以采用必要的策略以使智能物流更具有吸引力（见表4-1）。

表 4-1　　智能物流与传统物流的六力分析

六力分析	智能物流	影响	传统物流	影响
供应商议价能力	设备和技术的供应由于都属于高端科技，加上目前物联网为新兴科技应用，故供应商稀少	高	产业发展多年，相关设备供应众多。技术需求较低，不需要技术供应商	低
卖方议价能力	服务的透明性与带给顾客的便捷无可比拟，且拥有物联网科技的物流企业稀少	低	服务本身的差异大，并有越来越多业者投入此市场，竞争异常激烈。业者纷纷采取各种促销方案，相对地提供顾客议价的空间	高
互补者议价能力	物联网使得物流可与更多不同产业互利合作，许多不同服务的搭配组合应运而生	低	跨行业合作较为困难	高
与现有对手竞争	应用物联科技的物流企业相对较少，加上服务组合多样，划分出不同需求	低	产业发展趋势不足，新加入者和竞争者彼此所提供的服务同质性相当高，竞争异常激烈高	高
新加入者的威胁	资本与科技密集的产业，进入门槛高。但为具有利润的成长市场，许多创投资金也投入此领域，新加入者可能增多	中等	成本与科技相对要求低，属于劳动密集型行业，进入准入门槛较低	高
替代产品的威胁	提供给顾客的价值传统物流企业难以替代，故尚无明确替代品	低	搭配新兴科技物联的智能物流企业	中等

资料来源：课题组汇总。

相关政策密集出台，推动智能仓储发展。物流成本居高不下，既是我国经济的一个短板，也成为实体企业减负增效的一个难点。自2012年以来，国家相关部门密集出台了系列政策，促进物流产业向智能化、信息化、标准化发展，进一步降低我国实体企业的物流成本。在2016年、2017年、2018年连续三年的政府工作报告中提及降低企业物流成本，相关部门也随后就这一目标出台了对应的具体政策，如国家发改委《关于做好2017年降成本重点工作的通知》中提及，“降低物流用地成本，对物流企业自有大宗商品仓储设施用地减按所属土地等级适用税额标准的50%计征城镇土地使用税”，工信部《工业电子商务发展三年行动计划》中提及，“支持物流企业加大对物流基础设施信息化改造，提升仓储配送智能化水平，加快建立现代物流服务体系”等（见表4–2）。

表 4–2　　相关政策助推智能物流发展

年份	出台部门	相关政策	相关内容
2012	商务部	关于促进仓储业转型升级的指导意见	引导仓储企业由传统仓储中心向多功能、一体化的综合物流服务商转变。用五年左右时间，实现加工配送率达到40%，仓储服务达标率提高到40%，立体仓库的总面积占仓库总面积的40%；仓储企业机械化、自动化、标准化、信息化水平显著提高；商品库存周转速度明显加快，流通环节仓储费用占商品流通费用的比率显著下降
2013	工信部	关于推进物流信息化的指导意见	提升运输、仓储等基础设施及港口、机场、货运站场等交通枢纽的信息化水平，支撑物流基础设施的高效运行
2015	商务部	关于智慧物流配送体系建设的实施意见	促进物流业经营模式创新等领域重点推进。在1~2年内，在全国创建10个智慧物流配送示范城市、打造50个智慧物流配送示范基地（园区）、培育200个智慧物流配送示范企业。通过示范创建工作，推动配送效率提高20%，仓储管理效率提高20%
2016	国务院	政府工作报告	降低企业物流成本；完善物流配送网络，促进快递业健康发展
2016	发改委	“互联网+”高效物流实施意见	提升仓储配送智能化水平，完善智能仓储配送设施网络，加强先进仓储配送技术研发与应用，提升智慧物流配送水平
2017	国务院	政府工作报告	降低企业物流成本
2017	国务院	新一代人工智能发展规划	加强智能化装卸搬运、分拣包装、加工配送等智能物流装备研发和推广应用，建设深度感知智能仓储系统，提升仓储运营管理水平和效率
2017	国务院	关于进一步推进物流降本增效，促进实体经济发展的意见	纳入国家和省级示范的物流园区新增物流仓储用地给予重点保障；开展仓储智能化试点示范，提升仓储、运输、分拣、包装等作业效率和仓储管理水平，降低仓储管理成本
2017	发改委	关于做好2017年降成本重点工作的通知	降低物流用地成本，对物流企业自有大宗商品仓储设施用地减按所属土地等级适用税额标准的50%计征城镇土地使用税

续表

年份	出台部门	相关政策	相关内容
2017	工信部	工业电子商务发展三年行动计划	支持物流企业加大对物流基础设施信息化改造，提升仓储配送智能化水平，加快建立现代物流服务体系，支持“互联网+”高效物流新模式、新业态发展，建设集约化、网络化、协同化、智慧化的物流骨干网
2018	国务院	政府工作报告	降低企业物流成本，扩大物流企业仓储用地税收优惠范围
2018	国务院	关于推进电子商务与快递物流协同发展的意见	鼓励仓储、快递、第三方技术服务企业发展智能仓储。鼓励快递物流企业采用先进适用技术和装备，提升快递物流装备自动化、专业化水平

资料来源：课题组汇总。

二、国内物流行业发展进入快车道，智能仓储缺口大

（一）人口红利逐渐消失，物流行业智能化升级势在必行

近年来，我国物流业正处于上升阶段。我国社会物流总额在逐年攀升，其增长率在2008年以前维持在20%之上，经过2008年的经济危机，2009年出现突降，2008年之后，我国社会物流总额增长率未及之前高点，但稳中向好，近五年复合增长率7.4%；从物流行业固定资产投资来看，其数额也在保持高速增长，近5年的复合增长率为14.1%。在2016年物流业固定资产的投资中，建筑安装工程占比75.2%，设备工器具购置占比11.0%，其他费用占比13.8%。综合我国社会物流总额和我国仓储物流业的固定投资情况来看，我国物流行业正处于急速扩张阶段，2018~2020年物流总额年平均增速在8%以上，固定资产投资增速在15%以上，未来大规模的固定资产投资将不断进入物流行业。

人口红利逐渐消失，机器换人自动化升级势在必行。随着我国经济的飞速发展，制造业职工工资不断攀升，国内企业的人力成本持续增长。制造业从业人员年均工资从2006年的1.80万元增长至2016年的5.96万元，对劳

动密集型产业造成明显冲击，企业为压缩成本将转向更经济的生产模式。叠加近期出台的规范社保缴纳基数政策，中、小、微企业都将面临高涨的税收成本负担和不断加大的生存压力。人口红利逐渐消失和人工成本不断攀升的同时，机器人的投资回收周期却不断下降。考虑到每台机器人的平均效率约合2名工人的效率，可以连续24小时工作，相当于6名工人。假设每台机器人本体、系统集成及维护成本每年约72万元，而使用人工成本约在36万元，如此测算，2016年机器人投资周期约为2年。未来随着机器人成本的不断下降、人工成本的不断上升，机器换人将成为越来越多企业的选择。

中国智能物流产业发展进入快车道。据中国产业信息网数据显示，近十年来我国物流自动化市场的规模以年平均20%左右的增速增长，2013年我国自动化物流市场规模约合360亿元，2016年达到600亿元，至2018年我国自动化物流系统市场规模突破1100亿元大关。同时，我国物流业景气指数一直处于荣枯线之上，显示我国物流业欣欣向荣的发展态势。

（二）智能仓储建设与需求同步增长，电商快递将成未来重要增长引擎

我国的仓储业在建设与需求同步增长的氛围中发展壮大。随着我国经济的发展，商业、生产制造企业、连锁超市、零售业等对物流、仓储业务的外包需求逐步增多，加之中小物流企业对仓储租赁的需求，使仓储业面临着巨大的发展空间。根据高工产研网的数据，从行业企业数量角度看，2016年我国仓储行业的企业已达5.2万家，近6年复合增长率为20.4%；从行业投资角度看，2016年仓储行业新增固定资产规模达6983.5亿元，近5年复合增长率达23.4%。但就2016年而言，仓储行业总体新增固定资产规模为6983.5亿元，同比增长5.5%，低于2015年28.3%的增速。其中2016年仓储行业设备工器具购置达961亿元，五年来首次出现负增长，同比下降15.8%，是造成行业总体新增固定资产规模增速放缓的主要原因。

我国仓储行业仍处于扩张阶段，智能仓储需求旺盛。据中国物流与采购联合会统计，除每年年底春节时引起的仓储业务量下降外，近两年我国仓储综合指数和仓储业务量指数保持高位，平均值分别为52.2%和52.9%，处于荣枯线之上，反映我国仓储行业业务需求旺盛。下游产业需求的持续增加，

必将不断推动物流自动化以及智能仓储系统的投资和发展。

工业生产物流中自动化立体仓库应用广泛，未来改造需求广阔。根据业务性质分类，目前智能仓储主要应用于两大领域，即工业生产物流和商业配送物流。工业生产物流服务于企业生产，为工厂内部原材料、半成品、成品和零部件等提供存储和运输，实现物流与生产的对接；商业配送物流服务于商品的存储、分拣和配送，使商品能够高效快速地到达指定地点，通常应用于电商企业和快递企业，侧重链接工厂、商家和消费者。在2016年自动化立体仓库的下游应用结构中，烟草、医药、汽车制造和汽车行业占比46%，显示了工业生产物流领域对仓储自动化的强大需求。但从烟草、医药和汽车行业的仓储自动化普及率来说，各自的普及率分别达46%、42%和38%，尽管高于国内20%的普及率，但远低于发达国家80%的平均水平，未来工厂物流自动化程度仍有巨大的提升空间。

电子商务结合快递物流，将是未来智能仓储发展的重要引擎。根据高工产研机器人研究所的数据显示，电商物流行业对智能仓储的参与度达62%，说明智能仓储企业在此行业参与者众多，竞争激烈，也从侧面说明了电商物流未来对智能仓储的需求潜力。近年来，电商企业和快递企业都在智能仓储领域积极布局，企图在未来激烈的竞争中抢占智能物流领域的高地。京东可谓电商物流领域的龙头企业，近年来的仓储物流设备的增长率保持在70%上下，2017年京东仓储物流设备的净值达到26.9亿元；苏宁则起步稍晚，2017年其机器设备净值达到8亿元，2017年苏宁机器设备净值增长率由2016年的9.4%一跃升为225.3%，说明其近年来正在智能物流领域积极布局。

快递企业集中上市带来提升装备投资需求。2016年，圆通、申通、顺丰、韵达等快递巨头纷纷借壳上市，并募集配套资金进行项目投资。从各公司披露的信息看，所募集的配套资金多运用在转运中心的建设和设备自动化升级方面。上市两年来，中通和韵达在机器设备中投入加速，其他三家也各有增长，说明快递行业正在积极向智能物流靠拢。尽管在智能仓储的下游应用结构中电子商务并不突出，但近年来全国电商交易额和全国快递业务收入正在逐年攀升，其带来的智能仓储需求成为重要的增长引擎。

三、智能仓储行业竞争格局

（一）国内智能仓储系统发展历程

国内自动化物流系统行业起步较晚，改革开放以来，随着我国经济的快速发展，自动化物流行业的市场需求持续增长。但总体来看，我国自动化物流系统的应用状况与美国、日本、欧洲等西方发达国家相比差距还较大。

国内自动化物流系统的发展大致经历了三个主要阶段：起步阶段：1975~1985年，我国自动化物流系统发展处于起步阶段，在这一时期，我国已完成系统的研制与应用，但由于经济发展的限制，应用极其有限。发展阶段：1986~1999年，属于我国自动化物流系统的发展阶段。随着现代制造业向中国逐步转移，相关企业认识到现代化物流系统技术的重要性，其核心的自动化仓储技术获得市场认识，相关技术标准也陆续出台，促进了行业发展。尽管自动化物流系统的需求开始增加，但基本上还局限于烟草、医药等行业。德马泰克、日本大福等国际先进的自动化物流系统提供商进入中国，国内的自动化物流系统综合解决方案提供商也开始起步。提升阶段：2000年至今，可看作我国自动化物流系统的提升阶段。在这一阶段，市场需求与行业规模迅速扩大，技术全面提升。现代仓储系统、分拣系统和自动化立体库技术在国内各行业开始得到应用，尤其以烟草、冷链、新能源汽车、医药、机械制造等行业更为突出。更多国内企业进入自动化物流系统领域，通过引进、学习世界最先进的自动化物流技术以及加大自主研发的投入，使国内的自动化物流技术水平有了显著提高。

（二）国外智能物流装备巨头效益良好，继续保持高速增长

自动化物流系统综合解决方案是企业最终需求。整体来看，世界最优秀的物流自动化系统集成商仍集中在美国、欧洲和日本等地区，国内系统集成商仍处于相对落后状态。2018年5月，美国权威物料搬运领域杂志*MMH*公布了2017年全球自动化系统集成商20强榜单。2017年智能仓储集成商20强榜单中收入超过10亿美元的有6家：日本大福（Daifuku）以36.59亿美元稳

居排行榜第一位，德国胜斐迩（SCHAEFER）以30.60亿美元位居第二，排名第三的是德马泰克（Dematic）公司，该年营收22.67亿美元。荷兰范德兰德（Vanderlande）以15.38亿美元的营收超过Murata Machineey排名第四，后者当年营收12.87亿美元屈居第五。北美霍尼韦尔（Honeywell）以10亿美元营收排名第六。在2017年20强榜单中，欧洲区域的公司占据了绝对优势，日本公司有两家入围，而目前中国本土公司尚未进入20强名单。排名第一的日本大福公司创立于1937年，可谓是与日本产业界的成长发展一起壮大。日本大福2017年营收36.6亿美元，同比增长25%，三年增长44%。该年营收的增长很大部分依赖于东亚平板显示屏产业和半导体产业对该公司物料搬运系统订单的增加。截至目前，大福公司已在23个国家及地区设立了分支机构，加速推进全球化业务。作为全球最大的智能物流设备制造厂商和系统集成商，该公司的产品用于多个领域，其中制造业及流通产业在2016年销售额占比达34%，其次是半导体、液晶制造业，占比达27%。大福在2017年制定了新的中期经营计划，目标是到2021年3月合并净销售额到达4200亿日元，使营业毛利达到8%。第二名胜斐迩在2014年之前，曾连续八年排名世界物料搬运系统供应商第一的位置，直到2014年被日本大福公司反超。作为全球最大的仓储物流设备制造商之一，胜斐迩在工业仓储设备和物流系统承建领域占有一席之地，被誉为“解决问题的专家”。胜斐迩在2017年营收30.6亿美元，同比增长16.3%，三年增长率为23%。其在2015年承接苏宁自动化仓储项目，为苏宁南京物流基地新建了自动化仓库，增强了它在中国国内的影响力。德马泰克公司以22.7亿美元的营业收入再次排名第三，营收同比增长12.5%，三年增长42%。德马泰克是提供用于优化供应链、满足客户对物流搬运自动化需求的先进的集成自动化技术、软件和服务的全球领先供应商。在2016年底被叉车和物流领导者凯傲（KION）集团收购后，德马泰克现在成为凯傲的供应链解决方案运营部门。该部门还包括Egemin公司，其是一家自动工业车辆专家此前曾在此列表中排名第18，并于2015年被KION收购。根据美国*MMH*杂志每年公布的物料搬运系统集成商20强榜单2013~2017年的营收情况，前五强近五年的营业收入总额分别为：85.3亿美元、87.7亿美元、95.6亿美元、100.0亿美元和118.1亿美元，整体稳定增长，且增速在波动中上升，五年复合增长率7.46%，行业发展强于宏观经济发展。将范围扩大到每年榜单内的20家上榜企业，其总收入分别为157.1亿美元、160.6亿美元、166.6亿美元、173.8亿美元和196亿美元。在全球GDP增速5年来于2017年首次超过3%时，智能仓储系统集成商的5年复合增长率达到了6.0%，基本保持在经济增速的两倍左右。可以窥见，即使在全球经济萧条的大背景下，全行业依然保持的较高的发展速度。目前，全球经济初显回暖趋势，在未来经济向上向好发展的进程中，对智能仓储行业投资将会迎来下一个高峰。

（三）国内市场充分竞争，期待国内智能仓储龙头企业

目前，我国自动化物流系统行业处于一个充分竞争的态势。国内企业与国外先进的物流自动化系统提供商竞争中不断发展，陆续推出具有自主知识产权的自动化物流产品，如昆船物流的TIMMS系统，国内企业凭借在性价比以及本土化后市场服务上的明显优势，在一些中低端项目中具备了较强的竞争优势，并成功进入高端项目领域。由于长期的技术积累，国外自动化物流系统提供商在高端物流软硬件技术和行业经验方面具有优势，在一些高端自动化物流系统项目中占有一定优势。国外和国内物流系统综合解决方案提供商的优劣势对比如表4–3所示。

表 4–3　国内外物流系统综合解决方案提供商优劣势对比

企业类别	代表企业	优势	劣势
国外物流系统综合解决方案提供商	日本大福 德马泰克 瑞仕格 胜斐迩	1.产品技术水平高 2.产品质量好 3.行业经验较丰富 4.品牌知名度高	1.价格高 2.实施周期长 3.服务维护成本高 4.服务响应速度较慢
国内物流系统综合解决方案提供商	昆船物流 北高科 今天国际 诺力股份	1.价格占据优势 2.熟悉国情，具有本地化优势，便于与客户沟通 3.售后服务成本低 4.服务响应及时	1.品牌知名度较低 2.质量稳定性不够 3.技术经验积累不足 4.规模小，资金不足

资料来源：课题组汇总。

在我国自动化仓储的应用行业中，各公司优势领域和优势项目各不相同。例如，今天国际、昆船物流在烟草领域深耕多年，有着丰富的项目经验；日本大福则在汽车、机械领域更有优势。从物流系统市场在各行业竞争角度来看，烟草、医药、电力系统、服装和食品等行业国内企业均具有一定的竞争优势，在汽车与机械制造行业国内外物流系统集成商各自为营，而在电商、机场等领域外资目前占据明显优势。国内供应商相对缺乏的是大项目的总包集成能力，但国内企业正不断地朝这方面发力，随着经验的不断积累，国内企业中也将诞生出有竞争力的龙头公司。

四、智能仓储三大类核心设备发展前景光明

自动化物流装备按功能构成分为立体仓储设备、高速分拣设备、自动化输送设备等几大类，主要产品自动化立体库、堆垛机、自动分拣机、输送机、AGV自动导引车等。其中自动化立体库、自动分拣机、自动输送系统是智能物流的关键设备，对于提高物流分拣中心的储存能力和分拣效率起到至关重要的作用。

（一）自动化立体库，提高仓储效率的关键所在

自动化立体库是指用立体仓库实现高层存储、自动存取，其构成为立体货架、堆垛机、输送机、搬运设备、托盘、管理信息系统及其他设备。自动化立体库能有效减少土地占用及人力成本，是提高物流效率关键因素。自动化立体库的发展可以有效地解决仓储行业大量占用土地及人力的状况，并且实现仓储的自动化与智能化，降低仓储运营、管理成本并且提高物流效率。

自动化立体仓库市场规模增长迅速，保有量较国外仍有差距。根据中国物流技术协会信息中心统计，我国的自动化立体库近十年来市场规模保持了20%左右的平均增速，2016年市场规模约149亿元，同比增长23%。预计未来几年将维持20%增速，到2020年将达到325亿元规模。截至2016年，我国自动化立体库的建成数已经达3600座。然而从国际水平来看，美国拥有各种类型的自动化立体仓库2万多座、日本拥有3.8万多座、德国拥有1万多座、英国拥有4000多座。与这些发达国家相比，我国自动化立体仓库保有

量依然很少，未来增长潜力巨大。

随着国内土地成本和人工成本的不断上升，自动化立体库的相对使用成本不断下降。近年来，国家加强土地资源管理，土地资源日渐紧张，使土地使用成本不断增加，倒逼企业需要充分利用有限空间，提高现有土地利用率。智能仓储系统摒弃了传统仓库的水平拓展模式，转向立体拓展，具有较高的土地利用率和库存容积率，可减少企业的土地成本。根据测算，国内一个典型的8000个托盘规模的20年期自动化立体库的总成本为7189万元，普通平库的总成本为9036万元。虽然自动化立体库在初期的硬件投资要远高于普通平库，但长期来看，自动化立体库的总成本要低于普通平库。随着中国土地和人工成本的不断上升，自动化立体库较传统库的优势将日趋明显，自动化立体库将是未来仓储发展的首选。

（二）自动分拣系统，提升分拣效率的关键制约

自动分拣系统是智能物流装备中的核心部件。智能分拣系统一般由控制装置、分类装置、输送装置及分拣道口组成：控制装置的作用是识别、接收和处理分拣信号，根据分拣信号的要求指示分类装置，按商品品种、商品送达地点或按货主的类别对商品进行自动分类。分类装置的作用是根据控制装置发出的分拣指示，当具有相同分拣信号的商品经过该装置时，该装置动作，使改变在输送装置上的运行方向进入其他输送机或进入分拣道口。输送装置的主要组成部分是传送带或输送机，其主要作用是使待分拣商品通过控制装置、分类装置，并输送装置的两侧，一般要连接若干分拣道口，使分好类的商品滑下主输送机（或主传送带）以便进行后续作业。分拣道口是已分拣商品脱离主输送机（或主传送带）进入集货区域的通道，一般由钢带、皮带、滚筒等组成滑道，使商品从主输送装置滑向集货站台，在那里由工作人员将该道口的所有商品集中后或是入库储存，或是组配装车并进行配送作业。智能分拣设备的主要特点是能连续、大量地给货物分类，基本实现无人操作排序，错误率极低。随着信息化、标准化的来临和物联网技术的发展，尤其是条码和射频识别技术的进步，在邮政快递行业，自动分拣机系统使用越来越普遍。

近年来，我国人口红利进一步消退，智能分拣设备带来的高效率、高替代的优势凸显。2017年，我国电子商务交易额已达28.66万亿元，快递业务收入4957.1亿元，全年配送快递400.5亿件。随着我国电子商务行业的高速发展，它所带动的线上消费产生大量的快递分拣需求，未来将会有越来越多的企业将运用自动化分拣系统提高效率。2017年我国自动化分拣设备投资规模约56亿元，假设未来快递总量以2017年快递总量同比增速（28%）增长，中转次数、分拣效率、单条线成本不变，预计至2022年我国物流行业自动化分拣系统市场规模将达到190亿元。

自动分拣机高效作业，使配送跟上订单步伐。目前我国快递分拣自动化程度较低，在劳动密集型的转运中心，与分拣作业直接相关的人力约为一半，分拣作业时间约占整个转运中心作业时间的30%~40%，分拣的成本占到转运中心总成本的40%。智能分拣已然成为自动化物流装备领域的一大亮点，包括韵达在内的多家物流公司都采用了智能分拣设备提高工作效率。智能分拣设备能够实现以大转盘模式，将快递流水线和分区的建包袋结合，在800平方米操作区域大循环，每小时处理超过1.2万件包裹，全过程只需一次扫码，大大缩短了操作时间，满负荷运转可减少2/3的分拣人员，分拣精准度达99%以上。目前自动分拣机已经为越来越多的快递企业所选用，规模化成本优势带来行业龙头集中度的快速提升，快递与物流业大多采用滑块式、交叉皮带式与翻板式。与人工分拣相比，自动分拣缩减了分拣时间，提高了分拣效率，同时大幅降低错误和破损情况的发生概率。

（三）自动输送系统，提升物流效率的关键纽带

自动输送系统，主要包括箱式、托盘式两大类。箱式输送机主要包含皮带式、辊式输送机以及提升机等多种形式，唯品会“蜂巢”系统就是箱式运输机的典型应用之一。托盘式输送机主要包含辊筒式输送机、链条式输送机、提升机、穿梭车等多种形式，亚马逊KivaAGV就是托盘式输送的典型应用之一。输送机主要与自动化立体库配合应用。21世纪以来，我国自动输送系统技术取得了长足的进步，叉车、高速输送机、AGV、RGV等已实现国产化，应用领域也遍及多个行业，其在烟草、医药、服装、零售等领域发展

迅速。近年来，伴随着我国电商、快递业的飞速发展，自动输送机也更多地向该领域渗透。自动输送系统改变了传统“人到货”拣货模式，变为现在的“货到人”模式，减少拣货员移动和寻找过程，极大地提升了拣货效率与准确率。

（四）叉车：物流搬运车代表，随全球工业化快速发展

叉车原属于工程机械大类，但又在企业物流系统中扮演着搬运作业的重要角色。最早诞生于1917年，是对成件托盘货物进行装卸、堆垛和短距离运输作业的轮式搬运车辆，广泛应用于港口、车站、机场、货场、工厂车间、仓库、流通中心和配送中心等，是托盘运输、集装箱运输中必不可少的传统设备。根据前瞻产业研究院2014年的统计，我国建筑业和机械制造行业应用领域占比最大，占比分别达到26%和20%。随着国家工业的结构性发展，细分下游有略有变化，根据中国工程机械工业协会统计，2017年我国叉车需求量最大的行业包括交通运输仓储、物流仓储、邮政业、电器、机械行业、汽车行业等。随着计算机控制技术和单元化运输方式的快速发展，以及世界各国工业化水平的不断提高，叉车企业的制造能力不断提高，产品种类型号日益丰富、性能大大加强，应用场景逐渐拓宽进入众多领域，成为生产搬运中的重要工具。近十年以来，全球范围内的叉车行业销量保持快速发展，主要驱动因素来自中国等新兴经济体“机器换人”（叉车替代手动搬运和板车）的红利。根据世界工业车辆联盟统计数据，全世界叉车销量从2006年的82.41万台增长到2017年的133.38万台，年复合增长率4.47%，2017年销量再创新高。国内叉车销量在2017年同比增长34%的高基数下，2018年上半年增速依然强劲，达到26.7%。

（五）AGV：物流搬运车的无人化升级版

AGV诞生于20世纪50年代，美国Basrrett电子公司成功研发了世界上第一台AGV；60年代和70年代初，Webb和Clark公司也开始研发AGV；1984年，美国通用汽车便成为AGV的最大用户；迄今，AGV在自动化运输中已经起到了无可替代的重要作用。

相对于欧美和日本AGV产业的发展，国内对AGV的研究和应用工作开

展则相对比较迟缓。国内是从20世纪60年代开始自主研发AGV。直到近几年，中国人口红利有所下降，人工成本不断上升，AGV市场的价值才逐渐被挖掘。根据前瞻产业研究院的数据，2013年我国AGV机器人销量为2439台，2014年上升至3150台，同比增长29.15%；2016年销量为6500台，同比增长51.16%。2013~2016年年复合增长率达38.64%。按每台AGV机器人40万元的均价测算，2018年的AGV市场达到72亿元。从需求领域来看，目前我国AGV机器人需求领域较为集中，主要分布在汽车工业、家电制造等生产物流端。2016年，除了工业级的应用外，AGV开始向商业行业推广应用，其中对AGV需求最大的莫过于电商仓储物流、烟草和电子3C行业，三者占比分别为15%、15%和13%。2016年中国AGV市场中，内资企业销量占比达85%，外资占比15%。其中内资企业主要占领中低端市场，代表企业有新松机器人、昆船装备、机科、三丰智能等；而外资企业则占据高端AGV市场，代表企业有JBT、Egemin、Rocla、Swisslog、日本大福、明电舍等。国内AGV快速占领市场的主要原因有两点：其一，国内AGV机器人具备高性价比优势，在同类产品中，外资品牌的AGV价格要比国产AGV高出50%到100%，进口AGV使对价格极为敏感的中小企业望而却步；其二，国内AGV企业依据其本土化优势，为客户提供个性化定制服务，有着可快速响应的售后体系，为国内企业解除后顾之忧。

仓储系统集成商积极投入AGV研发，推进智能仓储一体化方案项目发展。AGV是智能仓储系统中的关键设备，目前国内仓储集成商均大力研发AGV产品，如诺力股份、音飞储存、今天国际等公司。诺力股份组织科研人员，联合高校及研究所，攻克了多项关键核心技术，相继开发出AGV托盘搬运车、AGV托盘堆垛车、AGV托盘智能拣选车等多种类型的物流自动导引工业车辆，成为集“轻小型搬运车+电动仓储车+立体车库+AGV+高空作业平台”等为一体的“一站式”智慧仓储物流整体解决方案提供商。音飞储存秉承“机器人+货架=自动化仓储系统的解决方案”的战略目标，积极研发AGV机器人，2017年研制成功轻型AGV，向着“国际先进的智能仓储设备供应商”又迈进了一步。今天国际则设立了研究院，对智能决策系统所需要的核心信息技术和智能设备进行专项研究，其中包括不同负载及取货高度的叉式激光导引AGV、牵引式自然导引AGV、10万级洁净室激光导引AGV、小于2mm装卸货精度的激光导引AGV、二维码+陀螺仪导引潜伏式AGV等多种型号AGV产品。随着仓储系统集成商的规模效应逐渐凸显，将促进提升国内AGV产业的集中度。

（六）RGV

RGV是有轨制导车辆（Rail Guided Vehicle）的英文缩写，又叫有轨穿梭小车，RGV小车可用于各类高密度储存方式的仓库，小车通道可设计任意长，可提高整个仓库储存量，并且在操作时无需叉车驶入巷道，使其安全性会更高。利用叉车无需进入巷道的优势，配合小车在巷道中的快速运行，有效提高仓库的运行效率。

目前，立体仓库正逐渐向高动态应用的方向发展，对仓库存储量的要求越来越高，拣选、输送以及出入库频率等要求也越来越高。国外对RGV的研究起步较早，在2005年前后，YLOG、DEMATIC、TGW等物流巨头就推出了自己的货架穿梭车，并在这几年进行持续优化，已相继推出多款升级版本的货架穿梭车，显著提升了RGV的运行速度、灵活性和智能程度。国外的穿梭车运行速度普遍在4m/s以上，并且一般具备路径规划系统，可进行复杂路径的规划。国产穿梭车近年的发展还算迅速，最高运行速度接近国外产品。随着国内企业的不断发力，未来国产RGV各项指标会逐渐接近国际水平，甚至高于国际水平。

RGV的运行流程大致如下：穿梭车将库前区的出/入库站台与每一巷道前的输送机相连接，主要实现物料的运输、分发的工作。例如，出库时RGV按照上位机下达的命令运行到指定的工位，有出库任务的库前输送机和RGV自身的移载机同时工作将物料移至RGV上，RGV运行到出/入库站台位置，RGV再将物料移载到出/入库站台上，在出/入库站台上物料进行分拣或叉车将整盘货物移走。入库时出/入库站台和RGV自身的移载机同时工作将需要入库的物料移至RGV上，RGV按照上位机下达的命令运行到指定的工位，RGV将物料移载到库前输送机上，再由堆垛机将货物搬运到指定的货位上。

山东蓝剑为唯品会打造的蜂巢系统，是典型的穿梭车系统集成模式。

2015年3月，兰剑蜂巢一代系统在唯品会发布运行，2017年11月，唯品会华南运营中心宣布兰剑蜂巢二代上线运行。在二代蜂巢系统中，兰剑应用了自主开发的智能高速穿梭车，实现了288台的超大集群调度。该智能高速穿梭车车身采用新材料，降低了车重。提高了载重，速度可达5m/s，达到了国际先进水平。蜂巢系统利用自动化立体库和多层穿梭车的有效配合，订单处理能力可达52万件/天，属于典型的“货到人模式”。

五、代表性公司

（一）仓储企业积极求变，设备商转型集成商

物流企业按照业务形态可区分为设备制造商、软件开发商和系统集成商，有的系统集成商同时也具备设备制造和开发物流软件的能力，其中，系统集成商处于整个智能仓储产业链的核心地位，也是产业链中利润率最高的一个环节。从产业链的演进模式来看，物流系统集成商演进主要有两种模式：其一，由物流设备的生产厂家发展而来，这类企业的硬件技术较强，遵从这一模式的有日本大福、德马泰克、昆船物流等；其二，由物流软件开发商发展而来，这类企业在软件技术开发上具有较强的竞争实力，这一模式以瑞仕格、今天国际为典型代表。

系统集成业务毛利率高于设备制造，成长性更强。从智能仓储国际巨头的发展历程来看，其几乎都是从设备厂商逐渐成长为系统集成商，如日本大福、德马泰克。拨开国内智能仓储集成商的前身，也大多拥有极强的设备自给能力，如今天国际、音飞储存。从系统集成业务的毛利率来看，基本高于生产单体设备的毛利率，这是物流业设备商积极寻求转型的原因之一。另外，成为系统集成商之后的较强溢价能力和未来的高成长性，也是吸引国内设备商积极寻求转变的主要原因。在设备商转变为系统集成商形成核心产品优势、强大的品牌效应和规模效应之后，国内智能仓储行业将产生真正的龙头。

（二）今天国际

深圳市今天国际物流技术股份有限公司于2000年设立于深圳，是一家

专业的智能物流、智能制造系统综合解决方案提供商，为生产制造、流通配送企业提供相应系统的规划设计、系统集成等产品和服务。其主营业务为工业生产型物流系统和商业配送型物流系统，工业智能物流系统是核心业务板块，2017年占营业收入比重为84.8%。公司2017年实现营收5.7亿元，同比增长43%；实现净利润9320万元，同比增长71%。今天国际的主要客户包括烟草、新能源、汽车、医药、粮油、电子等行业生产制造企业。今天国际早期将其有限的资源投入烟草领域，自2001年完成的厦门卷烟厂自动化物流系统第一个工业项目以来，其在烟草领域又深耕多年，逐渐在烟草领域打造出领先优势。此外，公司还获邀成为全国烟草标准化技术委员会物流分技术委员会委员，参与制定了烟草行业一系列物流标准，推动了该领域的物流标准化和考核指标建设，从侧面显示了今天国际在烟草行业的较强竞争力。近几年，其在巩固现有业务的领先地位外，也在积极向烟草之外的领域拓展，如新能源、卫浴、冷链等领域。2017年，该公司新能源行业订单完成43776.34万元，同比增长186.21%，最终客户主要为宁德时代、比亚迪、河北银隆、欣旺达等。今天国际成长为一家专业的智慧物流和智能制造系统综合解决方案提供商，离不开他的技术研发与创新优势、丰富的行业及大项目经验、品牌优势、完善的售后服务体系和稳定的核心团队，这些将成为今天国际在未来智能仓储领域激烈竞争中的优势。

1.技术研发与创新优势。今天国际组建了以技术中心、软件子公司、机器人子公司为主体的既分工又协作的研发机构体系，形成了从系统解决方案、软件系统、关键设备和模块等多层面的技术成果积累，使公司能够根据客户的需求快速开发各种物流系统、制造系统应用和管理软件、接口软件。除此之外，公司还自主研发了一系列信息管理系统、电器控制系统产品、物流机器人、工业机器人及设备。

2.丰富的行业经验及大项目经验。今天国际自2000年以来，完成了数百个烟草行业和新能源动力锂电行业的大型智慧物流项目和智能制造项目，积累了丰富的烟草行业和动力锂电池行业的大项目经验。经过这些项目的历练，对烟草和动力锂电池行业的工艺流程、物流和生产特点、管理和运作模式等具有很深的理解，形成了规划设计、系统集成、软件开发、项目工程管理等多方面的技术优势，并积淀了丰富的实践经验。2017年，今天国际继续扩大业务范围，首次进入卫浴、机械、化妆品、服装、家电等行业。

3.积累了丰富的优质客户资源，具有品牌优势。今天国际坚持为优质的客户服务的原则，已经积累了丰富的优质客户资源，包括其传统优势领域烟草行业中的安徽中烟、福建中烟、武汉中烟、广东中烟等，新能源行业中的亚迪锂电池有限公司、宁德时代等。18年来，今天国际形成了高品质服务商的市场形象，品牌影响力具备一定优势。

4.完善的售后服务体系和快速的反应机制。今天国际依托本地化的优势，建立了本地化客户服务机制，使公司能够对客户需求做出快速反应，充分引导和挖掘客户需求，为客户量身定制系统解决方案。此外，今天国际还以定期巡访、技术交流会和运维管理交流会等形式跟踪客户的使用体验，与客户探讨如何进一步为客户提供升级、改造等技术方案，使客户可以以较低的成本实现系统的升级、改造，达到充分挖掘客户需求，获得业务机会。国产设备稳定性增长，公司逐渐增加国产设备采购。今天国际部分设备来源于对外采购，如堆垛机、分拣设备等。在对其2013~2016年第一季度在报告期内前五名供应商的采购情况分析来看，今天国际对国内设备的采购在逐渐增加，但仍离不开对国外设备的依赖。相信随着国内设备性能逐渐增强，质量逐渐稳定，性价比慢慢提高，相关公司会适度增加向国内设备商的采购。

（三）潍柴动力

潍柴动力2017年业绩抢眼，部署未来发展战略。潍柴动力是中国综合实力最强的汽车及装备制造产业集团之一，其产品涵盖动力总成、整车整机、液压控制和汽车零部件四大产业板块，形成了全国汽车行业最完整、最富竞争力的产业链。潍柴动力2017年营收1515.7亿元，同比增长62.7%；当年实现净利润68.1亿元，同比增长178.9%，表现不俗。针对未来，潍柴部署2020~2030年战略，在稳固传统业务优势地位的基础上，着力发展工业动力等非道路用发动机、液压系统、新能源、智能物流等新业态。到2020年，传统业务超过世界一流水平。到2030年，新能源业务引领全球行业发展，营业收入达到1000亿美元。

潍柴动力继续增持凯傲公司股份，加强布局海外市场。2012年12月，潍柴动力投资世界首屈一指的工业用叉车制造商德国凯傲集团，取得25%股权。之后，潍柴动力通过进一步增持，成为凯傲单一大股东，并于2014年中期开始对凯傲进行全面合并报表。潍柴动力于2018年7月3日以1.5亿欧元继续增持凯傲集团，增持完成后占凯傲公司股份比例由43.26%提升为45%，进一步增强了其核心竞争力和国际化水平，继续强化其海外优质资源配置及业务协同。目前凯傲总市值约67.9亿欧元。2017年，凯傲实现营业收入597.2亿元，净利润33.1亿元，极大地增强了潍柴动力业绩和综合实力，潍柴动力业务结构更趋合理。

协同效应明显，凯傲公司与德马泰克合力打造全球物流解决方案供应商。2016年6月22日，潍柴动力宣布其境外子公司凯傲集团以21亿美元收购德马泰克全部股份。凯傲作为全球第二大叉车生产及仓储技术服务的生产商，收购一流的仓储自动化提供商和供应链优化专家德马泰克，使两者的业务形成有效的互补和协同，凯傲成为一家智能内部物流解决方案的全球领先提供商。凯傲的此次收购，彰显了潍柴动力打造物流一体化产业布局，打通室内仓储物流到公路运输一体化运营的战略布局，也拓展延伸了潍柴动力在全球尤其是北美市场的业务布局，业务更加多元化，抗风险能力进一步增强。

德马泰克再获全球智能物流行业第三地位。根据物流界权威杂志*Modern Materials Handling*公布的数据来看，德马泰克2017年营收22.7亿美元，同比增长12.5%，三年增长42%，再次在全球智能物流供应商中排名第三。德马泰克在经历2016年营收增长停滞（0.8%）之后，于2017年营收增长恢复至12.54%。德马泰克主要下游领域包括电商、通用机械、食品饮料等，其中电商占比达32%，其次是通用机械，占比18%，其主要业务开展地仍为美国。

兼并收购、消化吸收，成就德马泰克系统集成商领先地位。德马泰克历经多年的发展，从设备商逐步升级为智能物流系统集成商，设备商的晋升离不开软件实力的提升。自2005年德马泰克成为独立公司之后，公司一直走在兼并收购、消化吸收的路上提升自身的软件和硬件能力。2010年德马泰克收购美国自动化物料处理和软件方案提供商HKSystems，增强了其在堆垛机和自动引导车领域的能力；2015年收购仓库执行软件（WES）供应商Reddwerks公司，使其在中小企业中获得了市场；2016年收购了全球领先的AGV和软件提供商NDC自动化公司，提升了其研发AGV软硬件的实力。德马泰克能够跻身全球智能物流行业龙头，与其掌握顶尖的智能物流技术密不可分。如今，公司拥有全球领先的输送系统、码垛系统、分拣系统、自动化存取系统、拣选系统、AGV自动引导小车。

（四）诺力股份

诺力股份成立于2000年，公司在轻小型搬运车辆、电动仓储车辆领域逐步建立起较强的市场影响力。公司主要从事智能仓储设备、自动化立体仓库成套设备、叉车、输送设备及辅助设备、自动控制系统、货架、金属结构、液压搬运设备、高空作业平台、机械设备的销售及租赁服务，智能物流系统规划咨询，计算机系统集成，软件开发、销售及技术服务，主营业务归属于工业车辆行业。2002年至今，公司轻小型搬运车辆销量达到全国第一，并保持至今；2010~2012年，公司电动步行式仓储车辆达到国内第一，目前保持行业第二的水平。诺力股份2016年底收购无锡中鼎，布局智能物流装备领域。

诺力股份营业收入稳健增长，智能物流装备显现多元化趋势。公司2018年上半年实现净利润11.97亿元，同比增长20.22%，实现归母净利润0.96亿元，同比上升52.56%。近年来，公司主营业务收入稳健增长，其中轻小型搬运车辆营业收入达9.52亿元，电动步行式仓储车辆收入达3.06亿元，电动乘驾式叉车收入达1.15亿元，停车设备收入达6709万元，均达到近五年来最高水平。随着诺力股份并购无锡中鼎，加之自身电动仓储物流车辆的发展，公司营业收入开始呈现多元化趋势，2017年实现营业收入21.20亿元，同比增长61.83%，其中轻小型搬运车辆业务占当年营收的45%，智能物流系统业务占比达22%，电动步行仓储式车辆（14%）和电动乘驾式叉车（5%）占比均快速提升。

诺力股份海外市场稳定增长，全年业绩有望受益人民币贬值下的汇兑损

益。诺力股份重视国际中高端市场培育，产品主要销往海外，2017年公司出口额达9.97亿元，占当年营业收入的47.28%。其轻小型工业车辆出口至欧美、日本、澳大利亚等国家，分别占据欧盟市场50%的份额和全球33%的市场份额。公司出口占比较大，出口结算以美元等外币为主，随着人民币的持续贬值，诺力股份全年业绩有望受益人民币贬值下的汇兑损益。

杀入高空作业平台蓝海，有望打破国内自主品牌龙头格局。目前高空作业平台行业集中度高，据*Access International*的数据，2017年全球高空作业平台制造商30强中有浙江鼎力、广州京龙、湖南星邦、临工重机，其中浙江鼎力处于绝对龙头地位，其营业收入高于其他三家之和。诺力股份于2015年申请变更经营范围，正式将高空作业平台纳入经营范围之中。诺力股份由叉车生产、销售，进入高空作业平台领域，与浙江鼎力发展链路径相似。目前，诺力股份已完成高空作业平台的技术与团队储备，公司已拥有剪叉式、桅柱式、屈臂式等多种类高空作业平台产品及专利，并不断完善产品线与销售团队。随着公司技术研发的投入、专有技术和关键零部件的研发，诺力股份有望打破国内高空作业平台龙头格局。

无锡中鼎在手订单充裕，近年盈利稳步增长。无锡中鼎作为原厂商型的智能物流系统集成商，具备智能物流系统核心设备的研发能力和制造能力。诺力股份于2016年以5.4亿元的价格，收购无锡中鼎90%的股份，无锡中鼎承诺2016~2018年分别实现利润3200万元、5000万元和6800万元。2016~2017年，无锡中鼎实际完成归母净利润3415.4万元和5284.8万元。无锡中鼎2017年接单业绩达10.03亿元，同比增长53.4%，再创历史新高。2017年，其继续深耕新能源领域，继续与宁德时代、比亚迪等国内龙头企业合作，同时接触索尼、松下等国际高端动力电池企业，总接单量达3.73亿元。进入2018年，无锡中鼎在手订单充裕，通过近年来的迅速发展，无锡中鼎已经成为全国领先的智能物流系统集成商。

（五）杭叉集团

公司作为专业叉车制造集团，智能工业车辆及智能物流整体解决方案供应商，主要从事叉车、仓储车、智能搬运机器人（AGV）等工业车辆产品及关键零部件的研发、生产及销售，同时提供工业车辆后市场业务。公司还从事智能物流系统、自动化项目的集成，技术服务及工程实施，是国内最大的民营叉车制造商。截至2018年6月30日，杭叉集团2018年上半年实现营业收入43.41亿元，同比增长23.82%；实现归属于上市公司股东的净利润3.16亿元，同比增长12.19%。在AGV研制方面，杭叉集团关联方巨星科技之子公司机器人技术、欧镭激光为公司提供部分AGV导航系统和激光雷达硬件；集团子公司汉和智能配合公司与国际顶级AGV控制技术提供商——瑞典NDC公司进行技术合作，在消化、吸收NDC公司AGV控制、调度技术的基础上，提供AGV在生产、仓储应用领域的整体解决方案。公司智能物流解决方案日臻成熟，仓储搬运类的AGV产品基本完善，产品的各方面性能和安全指标通过UL认证，达到出口美国标准。公司通过整体化的智能物流项目的实施，在系统集成、流程优化、产品选型、项目实施等方面积累了丰富的经验，有一支知识结构合理、具备丰富实践经验的智能物流项目技术研发实施团队。

杭叉集团研发投入加速，AGV为公司重点研发攻关对象。截至2017年年底，公司共有员工3530多人，研发人员占比约12.78%。在研发投入方面，公司2018H1研发投入人民币1.4亿元，同比增长5.26%，研发支出占营业收入比例达3.23%。在研发产品方向，公司重点关注自动化物流仓储项目及AGV自主研发，在积极合作引入海外先进技术理念的同时不断提升自我技术水平。公司AGV设备中除了系统控制系统采用的是瑞典科尔摩根NDC自动引导技术，其余基本实现了国产化。在控制系统方面，公司投资了杭州巨星机器人技术有限公司；在激光雷达技术方面，公司收购了常州华达科捷光电仪器有限公司；在软件控制系统方面，公司收购了合肥汉和智能物流有限公司。目前，公司已成功实施了沈阳宝马、京东物流、常州赛拉弗光伏等一批自动化解决方案项目，切入一线客户招标体系。杭叉集团在AGV应对复杂功能需求的智能化方面也开始形成自己的解决方案：2018年5月，公司研制成功“抱夹堆垛式AGV”，其在原先AGV的基础上，增加了灵活的手臂，能适应更多的工况，现已在轮胎行业成功应用；公司控股子公司浙江杭叉智能科技公司凭借业内首创的“窄巷道高举升AGV”，获得了“中国物流技术装备金智奖”，预计杭叉集团将来会推出更多型号的AGV，面向更广泛的领域。

2018年6月2日，控股股东巨星科技以12亿元人民币收购全球领先的工作存储解决方案提供商和制造商Lista公司，将为公司智能物流系统集成业务添加新活力。Lista公司总部位于瑞士厄伦，是全球领先的工作存储解决方案提供商和制造商，旗下Lista品牌系欧洲专业工作存储设备第一品牌，欧洲市场占有率为14%，居同类产品第一位，产品包括零配件柜、专业工具柜、自动化仓储设备、全系列专业级和工业级储物设备等。Lista客户包括欧洲知名汽车公司如戴勒姆奔驰、大众、宝马，主流航空公司和飞机公司如空客、荷兰皇家航空、德国航空，高端工业级客户如BOSCH和ABB，欧洲顶尖奢侈品牌如百达翡丽、卡地亚、路易斯威登等，欧洲知名金融机构和博物馆如瑞士信贷和大英博物馆等。收购后，Lista公司将作为巨星科技在欧洲的生产基地，极大地加强巨星科技国际生产和渠道开拓能力，增强公司对国际环境波动的抵御。此外，巨星也将深入引进Lista高端生产技术和品牌至中国本土，进一步开拓中国和亚洲市场。Lista公司未来将与杭叉集团产生业务协同效应，为杭叉集团的系统集成业务添加新的活力。

（六）音飞储存

音飞储存专业从事仓储货架的生产和销售，是国内较大的仓储货架供应商之一。公司产品包括一般货架、特种货架、阁楼式货架、自动化系统集成，广泛应用于电子商务、医药、烟草、电力、图书、机械制造、汽车、饮料、食品、冷链物流、日用百货、第三方物流等行业，应用领域较为广阔。近年来，该公司将自身的战略目标定位于“国际先进的智能仓储设备供应商”，在稳固发展货架业务板块的基础上，不断向自动化系统集成和仓储运营服务发力。2017年，其在系统集成领域的研发成果丰硕，先后研发轻型AGV、货到人拣选站、阁楼RGV、穿梭板车、四向重型穿梭车货架WMS系统、四向重型穿梭车货架WCS等装备和系统。

音飞储存保持在制衣、烟草、茶叶、家电、医药等行业的市场优势，积极开拓电子商务、冷链、汽车零部件等新市场领域。公司保持电商产业重货架占比，单从京东累计获得了约2亿元的订单；与唯品会签订合同，为其提供立体库智能仓储系统及配套仓库管理软件；与汇鸿集团签订冷库项目智能仓储系统合同、与冠星陶瓷签订堆垛机环行穿梭车系统5200万元、与广州希音签订输送线阁楼系统3960万元、与浙江执御签订“阁楼+照明”系统3160万元等。公司2017年以前营业收入较为稳定，2017年营业收入达6亿元，同比增长22.18%；该年度净利润为8333万元，基本与上一年度持平。在公司细分产品收入方面，2016年以前，货架销售一直是公司收入的主要来源，在2016年，公司明确“货架（核心业务）+自动化系统集成（战略业务）+仓储运营服务（新兴业务）”发展战略，开始向自动化系统集成业务发力。至2017年，该公司自动化系统集成收入占比正迅速增长，从2015年的7.6%，至2016年的22.7%，再到2017年的35.2%。除维护国内销售市场的稳定外，音飞储存也正积极拓展海外市场，近几年国外销售占比维持在25%左右。为了不断拓宽自动化系统集成和仓储运营服务的业务版图，公司每年投入的研发费用正在逐年增加。2017年，公司有研发人员119人，研发费用投入2655万元，占当年营收的4.4%，新授权专利10个。音飞储存重视产学研合作研发，其与北京科技大学、北京物资学院、南京航空航天大学、南京理工大学等高校均有一定合作，该种合作既使公司贴近市场需求，又能使公司接触到理论研究的最新进展。除此之外，公司研发部下设信息收集中心收集国际技术动态信息，通过引进吸收和自主研发相结合的方式，实现规模化生产。

（七）昆船物流

昆船物流是国内最早的自动化物流系统规划设计集成商、设备提供商，是世界500强中国船舶重工集团有限公司的孙公司。经过20余年专业技术积累以及400余个项目的实施，已成为该行业的领跑者。项目涉及国内外多个行业，如中兴通讯（委内瑞拉）、香港南洋、上烟集团、红塔集团、老板电器、剑南春、云南白药、青岛海尔集团等，累计承揽合同已逾100亿元。目前，昆船物流已成长为国内自动化物流装备行业中领先的解决方案提供商、经验丰富的系统集成商、个性化定制的专业设备研发制造商；可为用户提供项目咨询规划、方案设计、系统仿真、优化设计、生产制造、安装调试、售后服务等“一站式”的物流系统整体解决方案。

昆船物流自2008年以来，物流承揽合同额年均达7亿元。近年来，昆船物流承揽合同金额稳步上升，2007年承揽金额4.9亿元，2008年暴增至8亿元，2012年突破11亿元。截至2016年，其累计合同承揽金额已逾100亿元，近10年年均承揽合同额达7亿元。2018年，该公司已中标多项大单，如内蒙古昆明卷烟有限责任公司成品库自动化物流系统、南方电网最大省级计量中心智能立体库项目。

昆船物流综合实力强，多管齐下增强竞争优势。昆船物流能达到今天成绩的关键是重视每一个环节的创新与技术升级，强化各种资源配置，全方位实现竞争力的提升。目前，昆船物流系统集成、设备制造、软件开发等各个方面能力强大。

- 物流规划系统集成。昆船物流通过消化吸收、引进集成全球多个电气控制系统、数据库以及关键设备厂商的产品，并与多个软件厂商的MIS、ERP等软件实现了无缝集成，形成了自己的系统集成优势，可以为用户提供一体的、高质量的技术集成服务。

- 软件研发创新能力。在计算机系统开发设计方面，涉及自动化配送系统、在线生产物流系统和自动化立体仓储三个重要领域。其先后提出整体集成物料管理系统TIMMS（包含系统控制模块TDCS、系统管理模块TM、系统接口模块TINF）及多个升级版本，完成了近60个为不同供应商提供的设备控制系统和信息系统的集成。此外，自2007年起，昆船物流连续7年评选为中国软件业务收入百强企业。

- 核心设备研发制造。昆船依托其自身强大的研发实力，先后突破了AGV导引导航、高速堆垛、自动补货、无接触能量传输等关键技术，开发了自动化仓储系统、自动搬运系统、自动分拣系统、自动化控制系统、计算机管理系统，培育了自动导引运输车、堆垛机、穿梭车、分拣机等自动化物流系统及单机产品。

- 生产能力及服务保障。昆船物流装备产业园于2016年投入使用，占地面积200余亩，建筑面积约12万平方米，投资总额逾9亿元，是集“技术研发、产品设计、系统试验、生产制造、经营服务”为一体的专业化园区。该产业园的投产使用，使昆船物流有着强大的自动化物流系统及装备生产能力，强化了其竞争优势。在服务方面，其20年来服务过千余大型工程项目，具备同时在全国实施数十个大型工程项目的能力。2014年，昆船物流设立远程维护中心，使其所承建的项目可实现接入管理、远程诊断和设备持续优化的功能。

昆船物流产品种类中，覆盖行业广。昆船物流主要的产品包括智能轨道车（RGV）系列产品、自动引导搬运车、堆垛机、软件系统、电控系统、自动分拣机分发机等，其中堆垛机、穿梭车、分拣机技术指标处于国际先进水平。其下游应用行业涵盖范围广泛，包括烟草工业、烟草商业、医药行业、酒业、制造行业、电力行业、金融行业等。

案例总结

1. 我国处于仓储物流升级阶段，机械化向自动化和智能化不断升级。

智能仓储作为智能物流体系中的关键环节、构建智能工厂和实现智能生产之间的关键纽带，在各工业企业发展趋于稳定阶段，物流效率的提升将成为企业的另一重要利润来源。纵观全球仓储物流的发展历史和趋势，我国已经完成从人工化的物流运输方式向机械化的转变，并逐步普及电动化、自动化发展。未来，我国仓储物流将由机械化向自动化和智能化升级，也将带动下游产业链中的自动化立体库、自动输送设备和自动分拣设备向更智能的方向的发展。

2. 劳动力成本高涨叠加降本增效需求，物流行业智能化升级势在必行。

随着国内市场经济发展和人口红利逐渐消失，国内劳动力人口不断下降，制造业职工平均工资水平逐年攀升，叠加近期出台的规范社保缴纳基数政策，中、小、微企业都将面临高涨的税收成本负担和不断加大的生存压力。对比之下，智能仓储的投资回收周期正不断缩短，其效率不断提升。在我国制造业和服务业面临升级转型的关键时期，我国物流成本占GDP比重远高于发达国家水平，物流行业亟待将本增效。在企业降本增效的过程中，智能仓储的优势正逐渐显现。加之国家相关政策的强力支持，智能仓储将成为更多企业的不二选择。

3. 国外智能物流系统集成商巨头保持较高效益，带动全球物流行业发展。

全球智能物流系统集成商20强的2017年营收达196亿美元，同比增长超过12%。纵观其发展历程，即使在全球经济萧条的大背景下，产业链依然保持较高的发展速度。未来在经济回暖向好的物流产业发展进程中，智能仓储设备投资将会迎来下一个高峰。

4. 智能仓储建设与需求同步增长，电商快递将成未来重要增长引擎。

我国仓储业无论是企业数量、每年新增固定资产，或是仓储业指数，均显示其正处于扩张阶段，我国的仓储业在建设与需求同步增长的氛围中发展壮大。2017年，我国电子商务交易额达28.66亿元，快递业务量继续迅猛增长，同比增长28.2%。国内主要电商快递企业登陆资本市场，其累计募集数十亿元资金投入智能物流建设，电商快递带来的投资成为重要的增长引擎。

5. 智能仓储细分设备市场规模巨大，设备发展前景光明。

智能仓储存储、分拣、输送三大系统所对应的自动化立体库、自动分拣机等相应设备发展前景光明：（1）土地成本上升凸显自动化立体库优势，预计2020年自动化立体库市场规模将达325亿元；（2）快递行业高速发展，自动分拣系统需求旺盛，是提高快递业分拣效率关键制约；（3）叉车、自动引导车（AGV）、穿梭车（RGV）等智能输送设备应用日益广泛，成为提升仓储效率的关键纽带。

案例思考

1. 物流行业并不是单单指“四通一达”，各类设备提供商的科技进步，都可能对物流行业有大幅度的促进作用。你还能够想到哪些物流行业能带来大效益的小变化吗？

2. 智慧物流行业的发展让中国的整体物流成本大幅度下降，让很多的模式成为可能。你认为哪些新模式的诞生是得益于物流行业的发展的？

3. 政策是推动行业发展的重要支撑，除了列举出来的政策之外，你还了解有哪些政策对一个行业有着强有力的推动作用？

伍 案例五 生鲜领域零售的发展现状与格局

一、背景

（一）生鲜：居民日常饮食高频必需品，引流能力强

生鲜是指未经烹调、制作等深加工过程，只做必要保鲜等初加工而出售的初级农产品（主要包括果蔬、肉类、水产，被称为“生鲜三品”），以及面包、熟食等现场加工品类的商品的统称。生鲜产品是广大消费者日常饮食的必需品，鲜活程度则是决定这些生鲜农产品价值的重要指标。

（二）零售总额超4万亿元，占社零总额的比例超过10%

我国人口众多，生鲜作为居民日常饮食必需品，消费零售总额十分庞大。根据Euromonitor数据，2016年我国生鲜产品零售总量3.24亿吨，零售总额4.57万亿元，同比2015年增长9.30%，其中蔬菜类与水果类销量占比均超过30%。根据国家统计局数据，2016年我国社会消费品零售总额33.23亿元，按此计算生鲜零售总额在社零总额中的占比高达13.8%。

（三）刚需+高频消费，引流能力强

生鲜产品保质期短，消费者需求刚性，因此具有较高的复购率。根据BCG消费洞察智库（CCI）2016年调研显示，中国消费者通过高频次购买生鲜来保证产品的新鲜度，36%的受访者表示他们每周购买新鲜蔬菜的次

数超过3次，而每周1次及以下的受访者比例仅为22%。此外，根据麦肯锡《2015中国数字消费者调查报告》显示，中国消费者网购最频繁的品类为常温食品和生鲜食品，生鲜食品平均购买频次为24次/年，高于母婴用品类与服饰类。此外，生鲜具有较强的引流效应，对其他品类销售增长具有明显的带动作用。据BCG消费洞察智库（CCI）调研显示，60%的消费者表示在上一次购买生鲜产品时也购买了其他零售产品，这种协同效应对包装食品饮料、日用杂品、个护家清等品类尤其显著。

（四）生鲜经营能力已成为商超乃至电商发展的关键因素

一方面，生鲜作为居民日常饮食必需消费品，具有消费总量大、消费者需求刚性的特性；另一方面，生鲜保质期短，消费者需要通过高频次购买生鲜来保证产品的新鲜度。因此，生鲜往往具备较强的引流效应，能带动其他产品销量增长。生鲜经营能力越来越成为商超乃至电商发展的关键因素。

二、生鲜电商的产业链

（一）上游生鲜农产品生产：产量庞大，集中度十分低下

我国为农业大国，据国家统计局数据，2015年我国蔬菜产量7.69亿吨，水果产量2.74亿吨，均居世界第一。但我国上游农业生产仍以农民个体户生产为主，生产规模化程度低，集中度十分低下。与人均耕地面积、人均农业户籍人口耕地面积等指标相比，人均农业从业人员耕地面积更能真实反映我国农业的生产规模化水平。根据国家统计局数据，2006年我国第一产业（农林牧渔业）就业人员约3.19亿人，此后第一产业从业人员数量连年下降，2014年就业人员下降至2.28亿人；根据《2015中国国土资源公报》，截至2015年末全国耕地面积为20.25亿亩，按此计算我国农业从业人员人均耕地面积约为9.25亩。

对比美国来看，根据美国劳工部数据，2004年美国农业（农林牧渔业）从业人员为211.13万人，2014年为213.83万人，从业人员仅为我国0.94%；根据美国农业部数据，2012年美国耕地总面积为3.90亿英亩（折合23.65亿

亩），按此计算美国农业从业人员人均耕地面积约为1106亩，约为中国的120倍。我国农业从业人员众多、产生效率低下的现状由我国农业自动化程度低下造成，但其根本原因在于我国地少人多的基本国情。因此，我国生鲜农产品生产集中度低下的状况短期内将难以改变。

（二）中游生鲜农产品流通：层级众多，损耗率高为最大痛点

由于我国生鲜农产品生产集中度十分低下，产品呈现出较高的非标准化特征。而我国生鲜消费市场庞大，终端零售商则需要品质稳定、标准化程度较高的产品。我国生鲜农产品“小农户，大市场”的矛盾使其需要庞大的流通环节以对生鲜农产品起到集散、分销的作用。我国生鲜农产品流通环节层级较多，参与者主要包括农户（生产者）、农民合作组织、产地采购商（菜贩子）、销地批发商（批发市场）等。目前农户→产地采购商（菜贩子）→销地批发商（批发市场）→零售终端的流通体系仍为我国生鲜农产品流通的主要方式，采购商首先从产地进行生鲜农产品收购，再通过常温物流运至农产品批发市场进行一级批发和二级批发，最终运至农贸市场等零售终端销售给消费者。而随着超市等规模化、品质化的终端渠道的发展，基地直采等新型流通方式也开始出现。

基地直采一般由生鲜超市等企业与基地所在地村委会签订基地管理协议，由公司指导农户进行种植规范管理，农户出产的优质生鲜优先售予公司。我国生鲜流通的最大痛点在于损耗率居高不下。根据中国农产品流通产业发展报告（2014），我国果蔬、肉类、水产品流通损耗率分别高达25%、12%和15%，而欧美发达国家仅为5%左右。2012年我国水果、蔬菜消费量分别为5457.57万吨及13433.34万吨，占总产量的比例分别为22.69%及18.95%，再除去用于深加工的部分，仍有大部分产品未能实现价值交换。损耗高的主要原因之一在于我国冷链物流建设落后。农产品冷链物流是指肉、禽、水产、蔬菜、水果、蛋等生鲜农产品从产地采收（或屠宰、捕捞）后，在产品加工、贮藏、运输、销售等环节始终处于适宜的低温控制环境下，最大限度地保证产品质量安全、减少损耗、防止污染的特殊供应链系统。尽管近年来我国冷链物流发展迅速，但与欧美发达国家相比仍比较落后。以冷藏

车保有量为例，2014年我国公路冷藏车保有量为7.6万辆，低于日本（15万辆）与美国（25万辆），人均保有量则更低。我国水产品、肉类、果蔬、冷藏流通率分别为40%、30%和15%，但全程冷链覆盖率分别仅为23%、15%和5%，而日本、美国生鲜品冷藏流通率可分别高达98%以及80%~90%。损耗率高的原因之二则在于我国农产品流通环节层级较多。如前所述，受生鲜农产品生产集中度低下的影响，我国生鲜产品流通体系层级较多，多层次的运输环节也在一定程度上加大了生鲜农产品的损耗。

（三）下游终端零售：传统农贸市场仍为主要渠道，超市、电商份额上升明显

从生鲜的零售终端来看，我国主要分为农贸市场（即菜市场）、生鲜超市、个体商户（路边摊）、生鲜电商、便利店等渠道。根据Euromonitor数据显示，过去五年中，我国生鲜传统销售渠道（农贸市场、路边摊等）占比由2012年的61.43%下降至2016年的57.97%，但仍为消费者购买生鲜的主要渠道；超市渠道占比由2012年的36.69%上升至2016年的38.02%，占比稳健提升；电商渠道由2012年的0.55%上升至2016年的2.12%，发展速度相对而言非常快。

（四）缩短层级、降低损耗将成为生鲜流通渠道优化的关键

我国生鲜农产品上游生产集中度低、产品标准化程度低，而下游零售商则需要高标准化的生鲜产品以便售卖，其矛盾使我国需要庞大的生鲜流通环节以对生鲜农产品起到集散、分销的作用。而中游流通环节众多、冷链仓储物流建设落后导致生鲜流通环节损耗率高，这已成为我国生鲜行业最大的痛点。因此，通过技术、模式创新等手段缩短层级、降低损耗，将成为流通渠道优化的关键，进而也有助于生鲜经营商业模式的进化。

三、生鲜零售的主要渠道和特点

（一）农贸市场：生鲜零售主要渠道，鲜活度高价格亲民为核心优势

统购统销制度的取消促使农贸市场出现

1949年后我国实施计划经济政策。1953年，我国实行农产品统购统销制

度，对农产品购销环节进行计划控制。针对城市市场和农村市场，国家分别成立了国营商业公司和供销合作社，并根据生鲜农产品类别设立相应的专业公司从事购销业务，从而基本控制了生鲜农产品的流通与终端零售。但随着社会经济的发展，计划经济的弊端逐渐显现，无法满足居民对生鲜农产品日益旺盛的需求以及农产品流通业进一步发展的需要。1985年，我国取消了统购统销制度，农产品流通开始引入市场机制。随着国营商业公司和供销合作社逐步退出终端零售，农贸市场开始兴起，至今仍为我国居民采购生鲜产品的主要渠道。

农贸市场核心优势：鲜活度高，价格亲民

农贸市场主要由个体商贩经营，所售生鲜产品主要来自附近的农产品批发市场，少部分来自郊区菜农自产自销。为了获取更优质的货源，个体商贩每天凌晨便会早起去附近农产品批发市场进货，自销商贩则由自家农地直接供货，因此农贸市场的生鲜产品往往具有较高的鲜活度。农贸市场场地主要由街道办事处、工商部门等政府部门经营，以向商户收取摊位租金作为收入来源。政府对农贸市场的经营并不以盈利为主要目的，而是作为民生工程，更多地带有公益性质。当生鲜价格涨幅较大时，政府会通过降低或者免收摊位费来抑制其价格上涨。因此，农贸市场的商贩能够获取较为稳定的收入，生鲜产品的价格也能一直保持亲民化的水平。

通过实地草根调研的方式对上海浦东金口菜市场和附近与其相距1.5公里的家乐福超市的生鲜品种和价格进行了对比，我们发现，金口菜市场在肉制品、蛋类和水产类方面具有突出的价格优势，其中水产品部分商品价格差距达一倍以上，且产品更为新鲜；在蔬菜和水果类目上，金口菜市场的价格优势有所削弱，但整体仍优于家乐福超市。但农贸市场的缺点同样明显。农贸市场多数为露天或大棚市场，缺乏统一的规划与设计，水电、卫生、消防、道路、仓储等基础设施落后陈旧，“脏、乱、差”现象较为普遍，食品安全得不到保障。随着人民生活水平的日益提高，居民对食品安全、购物环境提出了更高的要求。

农贸市场将继续作为我国生鲜零售主要渠道之一并长期存在

农贸市场作为我国消费者购买生鲜的主要渠道已存在了30余年，个体商贩之间的充分竞争以及政府对摊位租金的适时调控使农贸市场始终充满竞争活力。我们认为，依托鲜活度高与价格亲民两大优势，农贸市场将继续作为我国生鲜零售主要渠道之一长期存在。

（二）生鲜超市：农超对接持续发展，竞争力日益凸显

20世纪90年代初超市业态在我国出现，以普通超市和大卖场为主。90年代中期，以家乐福等外资超市为代表的部分超市开始设立了生鲜区，涉足生鲜经营。2002年，为了对农贸市场“脏、乱、差”的现象进行整改，并进一步解决食品安全问题，我国开始试行“农改超”政策。“农改超”即将农贸市场改为生鲜超市，是指以超市形式来经营生鲜农副食品，实现农贸市场经营主体的组织化、经营方式的超市化、产品的标准化和服务的规范化。

第一阶段：“农改超”不达预期，早期生鲜超市不敌农贸市场。

2002年国家即正式提出“农改超”政策，但起初多数试点却均以失败告终。从社会角度看，农贸市场为城市农民再就业的“蓄水池”，“农改超”后存在农民下岗安置问题。此外，目前农贸市场租赁管理费主要由街道办事处征收，“农改超”后会造成其收入来源下降，从而形成一定阻力。但更重要的原因则在于超市生鲜新鲜度普遍劣于农贸市场，而整体价格水平却普遍较高。因此广大居民消费者仍偏向于去农贸市场购买生鲜产品。

传统生鲜超市三大劣势

我们梳理后发现，造成这一结果的原因主要有以下几点：

（1）超市采购途径与当地农贸市场个体户一致，规模效应无法有效发挥。生鲜超市需要种类丰富、品质稳定、标准化程度较高的生鲜农产品，但由于生鲜农产品上游生产集中度低下，产地分散，生鲜超市往往无力承担高额的分散采购成本，因此超市往往选择从临近的城市农产品批发市场进货，采购途径与当地农贸市场小摊主一致，超市虽因购买量大而享受一定的进价优势，但规模化采购优势、供应链优势仍难以有效发挥。

（2）生鲜超市运营成本更高。生鲜超市正常运营需要大量人工、租金、冷藏设备等费用的投入，而个体商贩则会忽视自身的人力成本，因此生鲜超市的运营成本相对较高。我们曾对上海浦东新区金口菜市场进行田野调研，

该菜市场经营面积600平方米左右，产品包括蔬菜、海鲜和肉制品。据我们了解，该市场每个摊位租金约1.5万/年，蔬菜类摊位净盈利7万~8万元，海鲜类摊位净盈利在12万元左右，蔬菜类摊位净利率可达15%，远高于超市生鲜盈利水平。

（3）超市员工激励不足，超市内部生鲜产品经营缺乏竞争。从采购时间上看，农贸市场个体户为保证其货品在农贸市场内的竞争优势，选择每天凌晨到批发市场采购当天贩售的生鲜产品，而生鲜超市的员工激励性不及个体商户，第二天出售的生鲜往往选择前一天去批发市场进货，因此在新鲜度上往往劣于农贸市场。在贩卖过程中，农贸市场内的商户相互形成竞争，个体商户会对生鲜产品不断进行洒水、摘叶等处理，以保证生鲜产品新鲜的外观，此外还可以在贩卖过程中进行灵活降价，以保证货物能够全部售出。而生鲜超市内则不存在竞争关系，价格变动体系也较为繁杂，因此导致超市生鲜农产品的生鲜度和价格与农贸市场相比皆处于劣势。

为了改变生鲜经营困难、难以盈利的局面，在前期，以合肥百大合家福、北京京客隆等为代表的超市选择对生鲜产品采用联营方式，将生鲜区租赁给供货商并由其派驻人员负责相关销售。联营方式既提高了超市生鲜运营的竞争力，也降低了超市自身的运营风险，但也使其失去了对生鲜的质量控制能力与定价权。

第二阶段："农超对接"模式逐步发展，超市生鲜经营能力逐步提升。

随着超市竞争日益加剧，生鲜品类由于其刚需、高频的购买特征，成为超市招揽顾客、提高竞争力的重要手段，超市逐渐探索发展出"农超对接"模式。2008年12月11日，为推进鲜活农产品"超市+基地"的流通模式，引导大型连锁超市直接与鲜活农产品产地的农民专业合作社产销对接，中华人民共和国商务部、农业部联合下发了《关于开展农超对接试点工作的通知》，对"农超对接"试点工作进行部署。"农超对接"即超市与产地农户或公司生产基地、农民合作社签订协议，由其向超市卖场直供农产品的新型流通方式。"农超对接"模式大幅缩短生鲜农产品流通环节，具有以下显著优势：

（1）将生鲜农产品产地与零售终端直接对接，有利于降低生鲜终端零售价格。

（2）有利于降低生鲜农产品流通损耗，提高生鲜农产品的鲜活度与品质。

（3）使生鲜农产品来源可追溯，有利于保证生鲜农产品质量安全。

农超对接四大模式

根据超市规模、超市位置、生鲜品类等多方面的不同，“农超对接”演变出了多种模式，主流模式包括以下四种：

（1）“超市+基地+农户”模式：由连锁超市直接投资，建立农产品生产基地，基地农产品实施产销直挂或由超市掌握优先采购权。该模式以永辉超市为代表，永辉超市在2010年上市之前便已在全国建立了约20个农业种植合作基地。

（2）“超市+农民专业合作社+农户”模式：由连锁超市与各种专业的农协建立关系，签订合同，农协负责组织商品，连锁企业负责收购与运输。该模式以家乐福为代表，据家乐福官网数据，目前家乐福已经同28个省区市超过550家农民合作社合作，受益农户超过120万户。

随着该模式的不断发展，农民合作社数量与加入合作社的农户数获得了持续增长。截至2015年底，我国农民专业合作社数量达153.1万家，同比增长18.79%；入户农户数量10090万户，约占农户总数的42%，较上年提高6.5个百分点。

（3）“超市+农业产业化龙头企业+农户”模式：连锁超市与农产品生产或农产品加工企业直接挂钩，实施点对点配送。该模式以麦德龙为代表，麦德龙在区域内寻找龙头企业并进行深入合作，同时对龙头企业进行专业培训使农产品的品质达到相关标准。

（4）“超市+专业供应商+农户”模式：该模式下连锁超市与专业供应商进行合作。专业供应商上下游分别直接与农户、超市对接，并在上游端深入生鲜农产品前、产中的产业链中，定期为农民生产进行监督并提供技术指导。专业生鲜品供应商的出现一方面缩短了生鲜流通层级，另一方面则加强了对生鲜的品控，以保证生鲜符合超市较高的采购标准。该模式以沃尔玛为代表，据赵艳《基于直采的“农超对接”流通模式分析》，沃尔玛通过专业供应商收购的农产品损耗率控制在5%以内，远低于业内平均水平。

案例分析——宏辉果蔬：专业生鲜产品服务商，以品控为核心对接农超

宏辉果蔬成立于1992年，起初以果蔬产品出口为主要业务，2004年起开始逐步向内销拓展并开始与商超渠道建立合作，现已发展成一家集“果蔬产品种植管理、采后收购、产地预冷、冷冻仓储、预选分级、加工包装、冷链配送”于一体的专业生鲜产品服务商，主要产品包括约46个品类的水果、约43个品类的蔬菜以及部分品类的水产品，品种涵盖全国南北及进口的各式特色果蔬。

我国生鲜农产品流通环节层级较多，上游生产环节与下游销售环节存在较为严重的供需不对称问题。而宏辉果蔬作为中游生鲜产品服务商，其价值在于发挥“调余缺”“度远近”“衡四时”的功能通过缓解生鲜市场的供需不对称以实现自身商业价值。此外，公司对接上游种植环节与下游销售环节，其商业模式对农户、客户（商超为主）、消费者均带来了显著的商业价值与社会效益（见表5–1）。

表 5–1　　生鲜产品服务商商业价值（以果蔬为例）

果蔬服务业价值	具体方式
调余缺：获取果蔬的产销不对称的商业价值	果蔬的种植多集中于农村区域，而消费则集中于城市，单纯依靠农户自身的运输能力及有限的市场信息，无法实现供需平衡，经常出现供给无法消化而需求无法满足的情况。果蔬服务业的出现，有效地连接果蔬种植及消费环节，大大地提高果蔬产品的商品化率，直接起到缓解产销不畅状况的作用
度远近：获取果蔬的地域不对称的商业价值	由于气候、地理等原因，果蔬产品具有较强的区域差异。随着收入水平的提高，消费者往往希望品尝到各式各样的特色果蔬，而不仅仅是当地盛产的果蔬。果蔬服务企业通过规模采购、冷冻保鲜、集中运输等形式，以低成本、长距离的运输能力实现“南菜北运”“西果东送”等形式的跨地域购销，满足消费者的多样性需求，同时也拓宽自身的经营范围
衡四时：获取果蔬的季节不对称的商业价值	果蔬的种植与收获具有较强季节性，而消费需求则相对均匀，在收获季节可能会供大于求，而一旦过了收获旺季，又会出现供应紧张的局面。在现代冷链技术的支持下，果蔬服务企业能够大幅度延长果蔬产品保鲜时效，实现跨季节果蔬产品的供应，同时也改变了传统的被动商业模式，能够主动创造服务价值

资料来源：课题组汇总。

源头基地种植管理能力既是公司核心竞争优势，也是公司未来发展的重点方向。在上游采购端，公司采购模式主要分为向农户采购、向合作社/协会采购以及进口果蔬采购等方式，其中与农户签订基地合作协议的采购模式为公司主要采购方式。在协议基地采购模式中，公司介入上游种植环节，指导农户进行种植管理，以保证果蔬产品质量符合收购标准，农户出产的优质果蔬则优先售予公司。截至2016年底，公司拥有协议基地53家，分布在山东、广东、福建、江西、河北、安徽、陕西、云南、辽宁、新疆等10个省区，历年协议基地采购额占公司向农户及合作社采购总额的比例高达70%左右。此外，公司在果蔬品的种植、采摘与流通环节设置了多个质量控制点，从而进一步保证公司果蔬产品质量。强大的冷链仓储配送能力既是公司另一大核心竞争力，也是控制生鲜品质与损耗的关键。截至2016年上半年，公司在汕头、烟台、上海、福建、广州、江西等地共建有自有冷冻仓储系统72501.60立方米，另租有第三方冷库68348立方米。随着公司IPO募投项目天津果蔬加工配送基地建设项目、上海果蔬加工配送基地扩建项目以及广州果蔬加工配送基地建设项目的建设及投入使用，公司冷冻仓储系统将得到进一步完善。借助深入种植源头的产品质量把控能力、强大的冷链仓储配送系统以及各环节一体化的经营模式，公司建立起了稳定且具备较大规模的高品质果蔬产品供给能力，在下游扩展了包括永辉超市、华润万家、卜蜂莲花、新华都、物美、大润发等客户。目前公司客户主要以下游商超为主，未来公司也计划向生鲜电商、大型农产品批发市场等终端与渠道扩展业务。

第三阶段：经营能力分化，在生鲜供应链上占据优势的超市脱颖而出。

随着农超对接模式的不断发展，超市对生鲜的供应链控制能力也逐渐得到提升，京客隆、合肥百大合家福、物美、首航超市等超市均开始回收生鲜经营权，自营生鲜成为众多超市卖场的主流经营方式。在此过程之中，以永辉为代表的具备强大生鲜供应链能力的超市脱颖而出，生鲜鲜活度、价格与农贸市场的差距开始逐渐缩小，甚至超越农贸市场。

案例分析——永辉超市：基地直采+专业买手，构建生鲜供应链核心壁垒

永辉超市的核心竞争力在于公司拥有一套成熟的生鲜供应链体系，并将

其延伸至上游的农业种植领域。据公司招股说明书数据，公司建立了约20个农业种植合作基地，田间定制，订单农业，包销到户，700多生鲜买手常年奔波于各生鲜产地、销地和农批市场，生鲜直采占比高达76%。基地直采压缩了流通环节，公司生鲜产品价格低、损耗低、保鲜高、质量高，为增强客户黏性创造了条件。从财务数据上看，公司生鲜业务收入占比、生鲜产品毛利率均高于同行。

永辉超市经营能力得以不断增强的另一大原因在于其较为完善的激励制度。永辉从2012年开始施行合伙人制度，目前已在全国推广。合伙人制度的主要方式为：公司总部与合伙人代表根据历史数据和预测制定业绩标准，若实际经营业绩超出设立标准，则增量利润按照一定比例在总部和合伙人之间进行分配。此举大幅提高了员工的工作积极性。同时，2015年起永辉将公司18个省区市分为两大独立发展集群，引入“赛马机制”，在KPI考核中胜出的集群将获得总部更多的资源支持。在合伙人制度与“赛马机制”的共同推动下，2016年永辉在新开门店不断增加的情况下员工人数不增反减，人效提升显著。

案例分析——钱大妈：新兴社区生鲜超市，定时打折模式获资本认可

农贸市场与生鲜超市已成为居民购买生鲜的主要渠道，但仍有很多居民小区地理位置距其较远，周边缺乏便利的生鲜购买渠道，钱大妈等社区生鲜超市的出现填补了这一空白。钱大妈门店位于居民社区内，经营面积60~70平方米，以“不卖隔夜肉”为理念，创新推出定时打折的方式，每天19：00开始打折售卖当天生鲜产品，每半小时打低一折，23：30后则进行免费派送。这种类似“荷兰拍卖”的定时打折模式有效地加快了商品动销。对于线下生鲜零售渠道而言，生鲜的鲜活度与价格仍为两大最为关键的因素。钱大妈自建仓储配送系统，从食材的采购、打包、分拣、到店整个作业过程不超过12个小时，从而保障了食材的新鲜，而定时打折方式则在一定程度上降低了生鲜的产品价格。截至目前，钱大妈品牌已经在广州、佛山、深圳、东莞、珠海、中山、惠州、清远、肇庆等地建立起300余家门店，并获得了京东的融资，新一轮估值约为6亿元。

看好能够缩短生鲜流通环节，同时掌握自主生鲜运营能力的生鲜超市

随着“农超对接”模式不断发展，超市的生鲜经营能力逐步增强，未来将在生鲜零售终端中扮演越发重要的角色。我们认为，通过生鲜服务商间接或直接地打通“农超”，缩短生鲜流通环节，同时掌握自主生鲜运营能力的超市将在线下生鲜零售，特别是日常生鲜零售中脱颖而出，其市场份额将持续扩大。

四、生鲜B2C电商：发展迅猛，但尚未有模式完整经历盈利考验

（一）生鲜电商现状：规模快速增长，盈利能力仍须提升，生鲜电商渗透率快速增长，消费者满意度逐渐增强

随着我国电子商务的不断发展，居民深刻体验到电商渠道商品的丰富度与送货上门的便利性，对生鲜商品也产生了同样的需求，生鲜电商应运而生。根据艾瑞咨询报告，我国最早的生鲜品类电商易果生鲜成立于2005年，此后各种类型的生鲜电商纷纷涌现，但由于商业模式、消费者体验等多方面的缺陷，生鲜电商渗透率始终不高。2012年，本来生活网“褚橙”事件营销大获成功，同年顺丰优选、京东生鲜频道上线，生鲜电商迎来高速发展期。从近五年的情况看，2012年生鲜电商交易规模为40.5亿元，2016年增至913.9亿元，年复合增长率超过100%，在生鲜零售终端的占比也由2012年的0.55%增至2016年的2.12%。

根据BCG《中国生鲜消费趋势报告（2016）》，受益于价格优势、产品丰富度与便利性，目前消费者对生鲜线上的满意度已达24%，高出线下渠道7个百分点，表明线上渠道提供的生鲜产品正被越来越多消费者的认可。同时该报告指出，受追求高品质的上层中产和富裕消费者、“80后”“90后”新时代消费者、经验丰富的网购者三大消费力量的拉动，即使供给层面没有明显突破，2020年生鲜电商交易规模将达3470亿元，未来四年复合增长率仍将高达40%。

（二）生鲜电商频获资本青睐，但盈利能力仍较弱

基于生鲜品类在线上广阔的成长空间以及高频、刚需的购买特性，生鲜

电商频频获得资本青睐，阿里巴巴（投资易果生鲜）、百度（投资中粮我买网）、腾讯（投资每日优鲜）等巨头纷纷入局，过去一年中亦有不少生鲜电商企业获得巨额融资。但受制于冷链物流的高成本等因素，目前生鲜电商盈利能力不尽如人意。据中国电子商务研究中心监测数据显示，2014年国内农产品电商接近4000家，但是其中只有1%的企业能够盈利，7%巨额亏损，88%略亏，4%持平。据中国电子商务研究中心及各公司官方新闻，每日优鲜于2016年7月宣布北京区域盈利，生鲜O2O电商多点于2017年3月宣布其1月在北京实现盈利，其他包括易果生鲜、中粮我买网等生鲜电商均仍处于亏损中。

（三）大仓发货模式：冷链成本高配送时间长，盈利难度大

基于生鲜产品冷藏要求高、保质期短、易损耗的特征，冷链仓储与物流是生鲜电商的必须选择。由于我国第三方冷链物流企业较难完成地点分散、配送时间不稳定的生鲜配送业务，部分有实力的生鲜电商企业如易果生鲜、中粮我买网、顺丰优选等纷纷采取自建冷链模式，在采购、储存、配送等环节全程使用冷链以提高客户满意度，但成本始终高居不下。而为了尽可能地覆盖高额的冷链配送成本，生鲜电商必须提高其客单价，因此大仓发货模式下的生鲜电商经营的品类往往以中高端为主，且免邮起步价普遍较高。另外，全程冷链模式下的另一大缺陷则在于配送时间过长，消费者对生鲜的即时性消费需求无法得到满足。我们对易果生鲜、中粮我买网、顺丰优选等知名生鲜电商的送达时间进行了统计，发现其送达时间普遍以次日达为主。生鲜作为一种消费计划性弱、即时性消费性强的商品，过长的配送时间将在很大程度上降低消费者选择生鲜电商的意愿。

案例分析——易果生鲜：向B2C+B2B综合运营商转型

自建冷链物流模式以易果生鲜为代表，易果生鲜下设的全资物流子公司安鲜达为易果提供自建冷链一体化服务。安鲜达成立于2015年，拥有领先的生鲜冷链仓配技术。安鲜达的物流网络分为产地仓—区域配送中心—末端配送站点三层，截至2016年12月底，安鲜达已经完成了北京、上海、广州、武汉、成都、济南、福州、杭州、沈阳、西安十地十一仓、十个子公司

的全国战略布局，配送范围覆盖200多个城市。此外，公司提供个性化配送服务，支持当日达、次日达、定时达三种配送方式；建立了常温、冰鲜、冻鲜、活鲜四大类温控体系，满足不同品类生鲜的不同仓储要求。2017年2月，安鲜达首条北京至上海的冷运干线正式开通，实现从上海发货的冷藏品两天内全程冷链到达北京（见表5–2）。

表5–2　　安鲜达冷链仓配能力

仓配特色	具体内容
3层物流网络	产地仓—区域配送中心—末端配送站点
11个物流基地	截至2016年12月底，安鲜达已经完成了北京、上海、广州、武汉、成都、济南、福州、杭州、沈阳、西安十地十一仓布局
配送范围覆盖全国	配送范围覆盖全国200多个城市
4大类温控体系	常温、冰鲜、冻鲜、活鲜
4种配送方式	当日达、次日达、隔日达、定时达
首条冷运干线	2017年2月，安鲜达首条北京至上海的冷运干线正式开通，实现从上海发货的冷藏品两天内全程冷链到达北京客户手中

资料来源：课题组汇总。

尽管安鲜达的冷链仓配能力在全国处于领先地位，但其冷链仓配成本仍处于较高水平。根据易果生鲜CEO张晔2016年8月访谈显示，公司物流履约成本约超20%，若按客单价175元（张晔透露客单价为150~200元）计算单笔订单履约成本约为35元，略低于行业平均水平。我们根据易果生鲜目前公开的一些关键财务信息对其财务模型进行了详细的拆分，发现20%左右的物流履约成本仍是致使易果生鲜亏损的主要原因（见表5–3）。

表5–3　　易果生鲜财务信息估算

科目	数值	备注
单日营业额（万元）	875	订单量×客单价
日单量（单）	50000	日均订单量已经突破5万单以上，按5万单估算
客单价（元）	175	客单价为150~200元，按175元估算
毛利率（%）	30	综合毛利率超过30%，按30%估算

续表

科目	数值	备注
单日毛利（万元）	263	单日营业额 × 毛利率
损耗率（%）	3.50	3%~4%，按3.5%估算
物流履约成本率	20%	物流履约成本率为20%出头，按20%估算
单笔物流履约费用（元）	35	较行业平均水平较低
其他费用率（销售、管理、技术等）	8%	由京东、唯品会等电商公司近两年测算为8%~11%，保守假设8%
利润率（%）	-1.50	毛利率—损耗率—物流履约费用率—其他费用率
单日利润（万元）	-13	单日营业额 × 利润率
年化收入（亿元）	31.5	单日营业额 × 360
年化利润（亿元）	-0.47	单日利润 × 360

资料来源：课题组汇总。

由于大仓发货模式下B2C业务盈利艰难，易果生鲜自2013年起便开始了由传统B2C电商向B2B模式延伸。2013年，易果接受阿里投资，并在之后成为天猫超市生鲜板块的供货商；2016年11月，苏宁领投易果生鲜C+轮融资，易果生鲜成为苏宁易购生鲜自营品牌苏鲜生的核心供货商，并同时开始为苏宁小店供货；此外，易果还与同为阿里系的盒马鲜生、闪电购有着深入的合作。另外，易果投资了优配良品、果酷、一亩田、SunMoon等不同模式的国内外生鲜创业公司，以提高生鲜供应链能力。凭借强大的股东与客户资源、领先的冷链配送能力以及不断优化的生鲜供应链能力，易果生鲜正在由纯生鲜B2C电商向生鲜B2C+B2B综合运营商转型，开放策略也将使其盈利能力得到提升。

（四）自提柜模式：集中配送降低成本，更便捷但也更“重”

案例分析——食行生鲜：以自提柜模式深耕江沪

为了降低冷链配送成本，部分生鲜电商开始采用自提柜模式。自提柜模式以食行生鲜为代表。截至2017年5月，食行生鲜旗下自提柜已进驻上海、苏州、无锡三个城市2000多个社区。食行生鲜采用预定配送的方式，前一日整合消费者订单，第二天按区域进行集中配送至自提柜内，消费者可在指定时间段内至自提柜自提，从而大幅降低了生鲜配送成本。但与此同时，自提柜模式在前期需要大量的设备投入，重资产模式潜在风险可能增加，且需要电费、物业租费用（含租金）、日常维护等额外成本。此外，自提柜的模式仍然没有解决消费者对日常生鲜的即时性消费需求，因此，在消费者体验环节处于相对劣势，难以形成较大规模。2016年12月，食行生鲜退出北京市场。除食行生鲜退出北京之外，成立于2011年的同样以自提式电子菜箱为模式的武汉家事易（我们3年前有所跟踪，详见2014年报告《生鲜电商家事易：引入自提模式，立足日常生鲜》），也已于2015年开始转型，停止居民家庭菜箱配送。

（五）前置仓模式：微仓挺进社区，SKU受限影响规模扩张

前置仓模式即在社区边布局数量众多、面积较小的前置微仓，客户下单后直接由前置仓发货，并在终端配送中利用"时间冷链"（即利用生鲜自身的保鲜能力），尽可能地减少冷媒的使用（需冷藏与冷冻的商品会配有冰袋）。与传统全程冷链的模式相比，前置仓模式具有以下明显优势：

（1）由于前置仓离消费者距离较近，生鲜可以以较快的速度配送到消费者手中，从而解决了消费者对生鲜的即时性消费需求。

（2）时间冷链的方式显著降低了单笔订单的终端配送成本。同时随着订单的增长，前置仓的固定成本可以被逐渐分摊，从而解决传统的全程冷链模式"订单越多，亏损越多"的问题。

案例分析——每日优鲜：前置微仓、精选SKU使每日优鲜率先盈利

前置仓模式以每日优鲜为代表。在仓储体系上，每日优鲜采用"城市分选中心+社区微仓"的二级分布式仓储体系，在华北、华东、华南等地区建立城市分选中心，并根据订单密度在商圈和社区周边建立众多80平方米左右的前置仓，覆盖周边半径3公里。在配送方式上，每日优鲜在终端配送中采取"冷源+时间冷链"的配送方式，保证2小时内送达到消费者手中。据

其CEO徐正接受无冕财经访谈透露，北京市场单笔物流成本约12元，大幅低于传统冷链配送模式。在商品选择上，每日优鲜采用精选SKU的方式，生鲜商品覆盖水果、蔬菜、肉蛋、水产等全品类100多个二级目录和300多个三级目录，所有的三级目录只提供几款精选产品，SKU数量仅600个左右（仅为易果生鲜的1/7）。精选SKU一方面提高了单品的采购量从而降低了采购成本，另一方面降低了商品的经营难度从而降低了损耗。据每日优鲜市场部负责人张先生透露，每日优鲜来自库存和周转的损耗率仅为1%。我们根据每日优鲜目前公开的一些关键财务信息对其财务模型进行了拆分和估算，发现在前置仓的运营模式下，每日优鲜租金费用率约为2%，配送费用率为16%，合计仓储+物流费用率约为18%，低于易果生鲜物流履约成本率（约20%）2个百分点，由此估算可见，前置仓的经营模式可以在一定程度上降低物流配送费用（见表5-4）。

表5-4　每日优鲜财务信息估算

科目	数值	备注
单日营业额（万元）	300	订单量×客单价
日单量（单）	40000	日单量3万~5万单，按4万单估算
客单价（元）	75	
毛利率（%）	30	参考其他生鲜电商毛利率，假设为30%
单日毛利（万元）	90	单日营业额×毛利率
单日租金（万元）	6	微仓数×微仓平均面积×单位平方米租金
租金费用率（%）	2.00	租金/营业额
单位平方米（租金/天）	2.5	租金为2~3元/平方米/天，按2.5元/平方米/天估算
微仓数	300	
每仓定单数	133.33	日单量/微仓数
微仓平均面积	80	
损耗率（%）	3	库存和周转的损耗率仅为1%，假设整体为3%
配送费用率（%）	16.00	每单配送成本/客单价
每单配送成本	12	其他费用率（销售、管理、技术等）8%，由京东、唯品会等电商公司近两年测算为8%~11%，保守假设8%

续表

科目	数值	备注
利润率（%）	1	毛利率–损耗率–租金率配送费用率–其他费用率
单日利润（万元）	3	单日营业额×利润率
年化收入（亿元）	10.8	单日营业额×360
年化利润（亿元）	0.1	单日利润×360

资料来源：课题组汇总。

依托于前置微仓，每日优鲜推出了“每日优鲜便利购”项目，在企业办公区设立无人货架，消费者通过微信扫码即可进行商品选购与自助付款。目前每日优鲜便利购推出了常温货架、冷藏柜、冷冻柜三种设备，提供商品超过70种，可依托其前置微仓每日进行高频补货。

前置仓模式解决了消费者的即时性消费需求并在一定程度上降低了生鲜配送成本，但由于前置微仓面积有限，生鲜SKU数受到了一定限制，对客户长期的复购率或产生一定影响，不利于其规模扩张。此外，前置仓模式的盈利需要一定范围内有足够的订单支撑，每日优鲜能否在异地复制北京地区实现盈利仍需因地跟踪。

看好自提柜和B2C前置仓模式下的思路创新

生鲜电商在我国已发展10余年之久，在此期间不断有生鲜电商倒闭出局，也有新的玩家不断进入，新的商业模式不断产生。我们认为生鲜电商模式更迭的本质在于解决两大核心问题：降低冷链配速成本、提高生鲜配送时效。我们看好能够对这两大问题进行一定解决的自提柜模式与B2C前置仓模式的思路创新。

生鲜O2O：线上线下打通成破题关键，相对看好新兴自营O2O

生鲜电商冷链配送成本高昂，同时引流成本较高，生鲜电商开始寻求与线下实体店共同运作。在生鲜O2O中，将充分发挥线下渠道的价值，线下既有及新建门店（包括商超、便利店以及其他类型社区商户）一方面可在线下作为实体门店独立运营，并作为线下入口为线上进行低成本导流；另一方面则可作为电商的仓储物流中心，降低生鲜电商的仓储配送成本。在上述因素的驱动下，线上与线下相结合的O2O模式成为生鲜零售终端新的发展方向。

根据线上/线下商品与服务提供商是否一致，我们可将生鲜O2O模式分为合作O2O模式和自营O2O模式。

合作O2O模式：配送效率大幅提升，生鲜品控较难解决

便利店O2O：便利店生鲜经营能力不足，本来便利&爱鲜蜂相继停运

便利店O2O模式以本来生活与线下便利店的合作（本来便利）与爱鲜蜂为代表。以本来生活为例，本来生活与线下便利店进行合作的具体模式为：本来生活事先把预测的热销SKU配送到便利店中，消费者打开本来便利APP后APP会根据LBS寻找附近2~3公里范围内与本来生活合作的便利店，下单后由便利店通过自营物流或者第三方物流配送到客户家中。便利店的O2O模式基于以下落地逻辑：

（1）对于生鲜电商而言，这种模式下其扮演了便利店生鲜供货商（2B）的角色，扩展了其输出渠道，且由便利店负责解决了“最后一公里”配送的难题。

（2）对于便利店而言，与本来生活合作后可以获得生鲜产品的导入，提升便利店自身的SKU丰富度，吸引更多流量并带动店铺销售。

（3）对于消费者而言，便利店O2O模式能提供短时间内生鲜送货上门服务，解决了消费者对生鲜品的即时性消费需求。但便利店O2O的商业模式实际运营并不成功。本来便利于2015年5月底上线测试，2015年8月11日正式上线，正式上线时已与300家便利店合作。经过一年左右的运营，2016年6月本来便利APP宣布停运。本来生活停运之后，爱鲜蜂于2017年2月被B2B电商中商惠民收购，也表明其便利店O2O模式并未走通。便利店O2O模式的失败在于其实际运营中存在以下缺陷：

（1）便利店门店面积较小，能存放的生鲜SKU与数量比较有限，无法形成竞争力。

（2）便利店缺乏生鲜存放、运营的基础设施和经验，导致生鲜品损耗率高。

（3）合并订单少，客单价低，“最后一公里”配送成本高。

尽管从目前来看，单一生鲜电商与便利店合作的便利店O2O模式可能已被证伪，但其他新型的便利店O2O商业模式仍在不断涌现。例如，定位为

"新零售基础服务商"的闪电购，一方面帮助便利店对接易果生鲜等生鲜快消品供应商，以提高便利店的供应链能力与商品丰富度；另一方面帮助便利店对接京东到家、达达等大型物流服务商，以提高便利店的物流配送能力。对于生鲜等商品的经营环节，闪电购则通过向商家提供冷风柜等生鲜经营基础设施、派驻专门保鲜团队管控等方式来提高便利店对商品的经营能力。如果便利店对生鲜等商品的经营能力在闪电购的帮助下确能获得大幅提升，则此种便利店O2O模式或将行得通。

代买制："最后一公里"物流方案解决者，生鲜品质/库存同步成为难点

合作O2O的另一模式为代买制，该模式以多点（Dmall）与京东到家为代表。代买制电商本身不参与到生鲜品的供应链体系之中，而是与线下商超进行合作，顾客在APP下单后由电商配送人员到线下商超采购商品并送到顾客家中，不同代买公司的区别在于其与线下商超在信息、物流等环节的合作深度有所不同。代买制电商的本质为生鲜"最后一公里"物流解决方案的提供者，同时在线下商超供应链的依托下能为消费者提供足够丰富的生鲜产品。但代买制电商的缺点也同样明显：

（1）生鲜品均从第三方商家采购，品质较难保证，售后问题较难解决；

（2）线上库存量与线下无法做到完全同步，代购员到门店采购时容易出现缺货断货。因此，生鲜代买制模式在消费者购物体验方面存在天然的劣势。

自营O2O模式：新业态不断涌现，消费者体验上佳

生鲜O2O合作模式难以完全解决商品品质管控与线上线下库存打通的问题，自营O2O模式则具备相对更顺畅的实施路径。以盒马鲜生、大润发优鲜为代表的新型生鲜O2O业态纷纷涌现，生鲜流通渠道再次引发变革。

案例分析——盒马鲜生："线下大店＋一体化系统"，体验良好且具备盈利能力

盒马鲜生为O2O自营生鲜模式的典型代表。盒马鲜生通过线下门店与线上APP相结合的经营模式提供线上线下一体化的生鲜等超市商品和餐饮的零售服务。盒马鲜生最独特之处在于其采用线上线下一体化系统设计，将线上与线下完全打通，实现线上线下同一会员、同一价格、同一营销、同一支付、同一库存。在实现线上线下完全打通的基础之上，在店内设计先进的物流传输系统，从而实现3公里范围内半小时送达的快速物流体验。据我们多次田野调研与研究，盒马鲜生线上订单的配送流程大致如下：

1.消费者通过盒马APP在线上下单；

2.系统自动匹配最近下单的顾客中地理位置相近的订单，整合为同一批次；

3.系统将同一批次的商品订单发送至店内拣货员处，拣货员根据品类不同（如肉类、水果、海鲜等）放入相应颜色的口袋中，拣货完毕后投入门店内的投单口处；

4.商品通过店内传送带传送至后场，同一批次的商品将统一传送至同一伐道；

5.后场打包员将同一批次的所有商品打包至保温配送箱中，打包过程不需要顺序；

6.商品打包后通过垂直升降系统传送至配送员处，配送员扫码获取配送地址，按系统规划的路线顺序依次配送；

7.配送员到达顾客家中，按订单从保温配送箱中取出该顾客商品，完成配送。

盒马鲜生门店内众多的餐饮业态是其另一大特色，其经营面积占据盒马鲜生经营面积的20%~50%。门店引入餐饮业态的益处在于：

1. 为消费者提供多元化业态，部分餐饮店可对消费者购买的生鲜进行现场加工和店内食用，有助于提高消费者体验，从而起到引流作用。

2. 餐饮店可对盒马鲜生店内临期生鲜商品进行灵活处理，有助于减少生鲜损耗。

3. 盒马外卖可与生鲜错峰配送，从而降低配送成本。

盒马鲜生门店调研及财务测算：全渠道坪效远超传统商超，盈利潜力开始显现

盒马鲜生首家门店上海金桥店于2016年1月15日开业，截至目前已开业13家门店（上海10家、北京2家、宁波1家）。我们对金桥店、上海湾店、大宁店等多家门店进行了多次实地调研与跟踪，并通过调研店内工作人员、快递员、店内蹲点观测订单量等方式对门店经营状况进行估算与多方验证。据我们估算，从收入情况看，受益于全渠道销售，盒马鲜生门店坪效在3万~5万元，大大高于普通线下商超；从盈利能力看，2017年7月盒马鲜生宣布首店金桥店（开业于2016年1月）实现单店盈利。目前盒马鲜生其他门店仍处于亏损状态，但随着未来线上商品订单数的逐步上升，实体门店租金、人工等成本将被逐步分摊，未来同样具备盈利可能性（见表5-5）。

表5-5　　盒马鲜生大宁店财务模型估算

	2017年3月数据	盈亏平衡状态	理想状态
单店日均营业额（元）	350000	652500	1095000
店内餐饮营业额（元）	50000	62500	75000
外卖营业额（元）	20000	30000	40000
外卖订单数（单）	500	750	1000
外卖客单价（元）	40	40	40
线上商品营业额（元）	140000	350000	700000
线上商品客单价（元）	70	70	70
线上商品订单数（单）	2000	5000	10000
线下商品营业额（元）	140000	210000	280000
线下商品客单价（元）	70	70	70
线下商品订单数（单）	2000	3000	4000
毛利率（%）	20	20	20
门店租金（元/天）	39000	39000	39000
门店面积（平方米）	13000	13000	13000
每平方米租金（元/天）	3	3	3
配送费用（元）	17500	40250	77000
单笔配送成本（元）	7	7	7
订单总数（单）	2500	5750	11000
员工费用（元）	25200	23700	25200

续表

	2017年3月数据	盈亏平衡状态	理想状态
店内工作人员（元/天）	168	158	168
人均日工资（元/天）	150	150	150
租金费用率（%）	11.14	5.98	3.56
配送费用率（%）	5.00	6.17	7.03
员工费用率（%）	7.20	3.63	2.30
其他费用率（%）	5.00	4.00	3.00
费用率合计（%）	28.34	19.78	15.89
利润率（%）	-8.34	0.22	4.11
单日利润额（元）	-29200	1450	44950
年化利润（万元）	-1065.8	52.925	1640.675

资料来源：课题组汇总。

案例分析——大润发优鲜：背靠强大既有生鲜供应链，O2O模式不断进化

面对电商与新零售业态的不断冲击，传统超市零售巨头大润发也开始积极寻求转变。2013年大润发即成立电商飞牛网，以当地省份大仓作为发货点，以消费者线上下单、线下门店发货的O2O模式提供配送服务。2017年5月，大润发上线飞牛急速达业务，O2O模式进一步升级。与原有的大店发货仓模式不同，急速达以就近配送为原则，将大润发在全国的近400家门店均作为发货点，以自有物流飞犇物流为主，第三方物流为辅的配送方式实现3公里内1小时送达。2017年7月7日，大润发再次推出O2O新业态店大润发优鲜（原名飞牛优鲜）。大润发优鲜店首家线下门店由原有上海大润发杨浦店改造而成，线上部分则推出了专属APP大润发优鲜。大润发优鲜与原飞牛急速达相比的区别在于：

（1）生鲜商品与食材升级。飞牛优鲜经营品类以生鲜为主，涵盖生鲜、酒水饮料、日用百货、快消等分类，其中，生鲜包含水果蔬菜、肉禽蛋品、海鲜水产、现制烘焙、面点熟食等，并聘请星级大师主厨烘焙。

（2）更强大的线上订单承载能力与更快的配送速度。大润发在优鲜门店

内引入与盒马鲜生类似的自动传输带系统，与全程依靠人工拣选商品的急速达相比在店内商品拣选与配送环节更为高效，且具备更强大的线上订单承载能力。配送速度方面，急速达配送能力为3公里内1小时送达，而大润发优鲜最快可实现半小时送达。

而与盒马鲜生等其他新型生鲜O2O业态相比，大润发优鲜的特色在于：

（1）背靠强大的既有生鲜供应链。大润发优鲜以原有大润发线下超市业务为基础，大润发作为传统超市巨头具备丰富的生鲜自营经验，在生鲜品的采购规模、源头直采占比、损耗控制等方面均处于业内领先地位。

（2）改造店成本与风险较低，可复制性强。大润发优鲜由原有大润发超市改造而成，可依据超市原有经营状况与消费客群分析为依据进行选址改造，有利于大幅降低开店成本与风险，具备强大的可复制性。

（3）更多样化的支付方式。大润发优鲜支持现金、微信、支付宝、飞牛网购物卡等多种支付方式，支付更人性化。据媒体《商业观察家》，大润发飞牛网联席CEO袁彬表示，目前大润发平均一家门店中，飞牛急速达加上第三方平台每天订单在200单左右，增量约为门店的3%，而大润发优鲜作为高配版保守能达到5%~10%的增量。可见大润发优鲜门店改造后仍以线下为主，线上为辅。我们预计，背靠大润发线下门店网络的既有沉淀，优鲜的模式改造将有助于大润发抓住社区O2O需求，进一步发挥商品供应链能力，强化规模经济。

新兴自营O2O模式消费者体验佳且具备盈利能力，看好盒马鲜生

O2O模式能将线上/线下资源与优势充分结合，其难点则在于实现线上线下商品库存、会员等信息的同步。以盒马鲜生为代表的自营O2O模式通过技术创新，以一体化系统设计将线上与线下进行完全打通，同时引入先进的物流传输系统提高配送效率，消费者体验佳且具备盈利能力，看好其未来发展。

五、生鲜零售变迁：本质在于对流通环节的不断优化

我国生鲜产业链最大痛点在于中游流通环节层级过多，损耗率居高不下。而通过分析生鲜零售终端变迁过程我们发现，每一次零售终端新业态的

本质均在于其对流通环节的优化。农贸市场的出现取代了原计划经济模式，使生鲜的流通更具效率；生鲜超市的发展则基于农超对接模式的不断成熟，从而缩短了农户至超市之间的流通环节；生鲜电商亟待降低冷链配送成本，自提柜、前置仓等模式均为对生鲜配送方式的优化；O2O采取线上线下相结合的方式，将线下门店作为发货仓，其本质仍是对生鲜“最后一公里”流通方式的改善。

六、生鲜零售展望：顺应趋势演进模式，先求生存再谋发展

通过对生鲜零售终端发展历程进行深入的剖析之后，我们对生鲜零售渠道的未来发展提出以下核心观点：

（1）生鲜商品特别是日常生鲜，其刚需高频但高费用、低毛利的属性，使生鲜零售的业态模式演进较难形成直接的规模经济，这一方向的投资领域一直以来是一条足够长但可能相对不够宽的赛道。随着新技术、新思路的诞生，这一局面正在逐渐改变。

（2）从未来趋势看，无论是农贸市场、生鲜超市还是生鲜电商（B2C及O2O），都将因其独特的需求场景而继续具备存在价值，但都必须顺应消费体验更加舒适化、消费商品更加品质化的趋势，否则未来将会难以生存。

（3）对于线下生鲜零售渠道而言，通过生鲜服务商间接或直接地打通“农超”，缩短生鲜流通环节，同时掌握自主生鲜运营能力的泛超市业态将在线下生鲜零售，特别是日常生鲜零售中扮演越来越重要的角色，其市场份额将持续扩大。

（4）对于线上生鲜电商而言，无论是B2C还是O2O，目前从财务模型看都没有经历完整的市场考验，但是高频流量的诱惑，使电商平台或者垂直玩家不断进入这个市场，且都在一些探索的模式中出现了依靠售卖实现独立盈利的曙光。

（5）生鲜电商（包括B2C和O2O）模式更迭的本质在于解决两大核心问题：降低冷链配速成本与提高生鲜配送时效，而其中降低冷链配送成本则为实现独立盈利的关键。因此，我们既看好B2C的前置仓和自提柜的思路创

新，也看好新兴自营O2O（如盒马鲜生），同时像闪电购这样具有较强资源整合能力的合作O2O服务商也有希望走得更远。

案例思考

1. 生鲜电商的变化，与哪些基础设施和科技发展的变化有关，与哪些城镇化以及消费者的行为习惯变化有关？怎么看待这种变化对未来商业模式的影响？

2. 社区电商的发展是否具备发展生鲜零售的能力。物流应该具有哪些功能，才能够有效应对？

3. 一家起步的生鲜零售企业，该如何选择适合自己的生鲜零售电商模式，才能够有效控制成本并实现预期的规模？

4. 如果进一步思考，是否不同的生鲜类型也有供应链的差异化呢？差异会在哪里？注重口味的烘焙产业，注重新鲜度的进口海鲜，会不会存在差别？

陆 案例六 老牌生鲜的探索之路和新兴企业的突破创新

每到深秋，总有一种竞争，挑动着人们的味蕾。秋风起，蟹脚痒，大闸蟹又开始“横行”千家万户的餐桌，一年一度的金秋蟹战正式打响，京东、阿里、顺丰、EMS等电商和物流纷纷瞄准大闸蟹市场。

京东联合阳澄湖、太湖、洪泽湖等11个大闸蟹产区的政府及协会成立“京东大闸蟹产业联盟”，推出“死蟹包赔险”，打造“大闸蟹协同仓”模式，专门新增近20条航空路线及大规模冷链运输车，覆盖全国近30个省区市约300个城市，仅9月23日京东物流已有约1.2万张订单；阿里联手EMS急速鲜，EMS广泛的网点资源及冷链运输能力，有效弥补安鲜达在物流上的不足，同时双方携手于阳澄湖畔新建2个面积共7000平方米的独立产地仓，9月21日天猫大闸蟹预售1分钟内卖出14万只；顺丰新增100多条大闸蟹专项干线线路，仅阳澄湖区域便出动7架全货机保证大闸蟹出水后迅速运至周边8个机场，每天可支持近170吨的运输量……从源头至配送，今年的蟹战全面升级，愈加火热的生鲜市场越来越成为各路企业和资本争相抢夺的重要领地。

一、生鲜行业：空间广阔，电商发展迅速

电商的高速发展，打破了传统零售渠道中信息不对称和区域市场分割的阻隔，高性价比和高效率让消费者真正获得“足不出户，买遍天下”的极致购物体验；作为消费者餐桌上的常客，生鲜需求刚性、高频，而生鲜品质要

求高而其保质期又较短，因而拥有极高的复购率和极强的体验需求，市场空间巨大，也成为商家必争之地。自2005年易果生鲜成立起，众多电商纷纷聚焦生鲜行业，生鲜电商也一直是资本关注的重要细分领域，生鲜电商自身也经历了探索、启动、高速发展和洗牌期。近两年来，生鲜电商经历暴发增长和洗牌转型，已具有更为理性的战略规划和发展路径，同时移动互联网技术、仓储物流设备应用等快速迭代创新，消费者也更加成熟和习惯于网购，以及新零售趋势之下，巨头越来越关注和参与等，生鲜电商正迎来更蓬勃、更高质量的发展期。

（一）市场空间大，生鲜电商焕新机

收入增长以及农产品产量提升，为生鲜行业发展奠定良好的基础。改革开放以来，中国经济飞速发展，人均收入不断上升，2016年城镇居民可支配收入达3.36万元，2010~2016年CAGR达9.9%，同时最终消费占GDP的比重也从2001年的49%提升至2016年的64.6%，收入的提升使消费进入品质消费时代，消费者越来越注重食品安全、健康和便捷等，对生鲜的需求持续提升。另外，我国生鲜总产量不断提升，从2005年的8.92亿吨逐年稳步提升至2015年的12.8亿吨，2005~2015年CAGR为3.68%。同时，据艾瑞咨询的数据显示，2015年我国农产品市场交易规模达4.8万亿元，同比增长24.8%。供给端和需求端的双重提升，为生鲜电商的发展提供了较为良好基础。

网络购物日益成熟以及较低的生鲜电商渗透率，生鲜电商未来空间广阔。

随着互联网的日益普及，我国网民数从2006年的1.37亿人增加至2016年的7.31亿人，2016年互联网普及率达53.2%。互联网技术的发展促使网络购物日益发展成熟，2015年网络购物交易规模达3.8万亿元，2018年交易规模将稳步提升至7.5万亿元。其中，2016年生鲜电商市场交易规模913.9亿元，增速达68.6%，2019年交易规模达3506亿元。此外，虽然生鲜电商交易规模占农产品零售额呈逐年增长趋势，但2015年占比仅为3.4%，未来占比有望不断提升，市场潜力无限。年轻用户和高学历人群促进生鲜电商发展。据奇虎研究院《2016年垂直生鲜电商行业研究报告》的统计显示，生鲜PC端和移动端的用户年龄集中在19~34岁，占总人群的70%~90%；学历主要集中在本科及以上，其中PC端和移动端的本科学历占比分别为65.7%和40%，且大多为女性用户（均超过55%）；从从事的工作来看，互联网、金融、护理等行业的占比较大，该类人群经济实力较好且拥有相对自由的可支配时间。随着“80后”“90后”逐渐进入消费高峰期，线上生鲜消费将出现爆发式增长，未来优质的服务和商品将显得尤为重要。

2005年首家生鲜电商易果生鲜成立，随后多利农场、莆田网、天天果园等定位本地市场的生鲜电商相继出现，但受限于消费市场和互联网技术等，发展较为缓慢。2008年前后，以淘宝、京东为代表的电商凭借便利、便宜、品类齐全等优势迅速成为消费者购物的首选，网购渠道逐渐改变了消费者消费习惯，中粮我买网、本来生活等生鲜电商迅速发展，该阶段（2005~2015年前后）以线上渠道、自建物流为主。行业龙头天天果园和易果生鲜2015年底前均以线上业务为主，并未进行线下渠道的开拓，且他们均重视自有物流冷链系统的建设，借此提升配送效率、增加行业竞争力。在单一线上模式的风口过后，生鲜电商行业进入洗牌期。据中国电子商务研究中心统计，2016~2017年有14家生鲜电商倒闭或者转型，2010年上线的吉哆生鲜主打鲜食、熟食等生活品，现已转型成医疗相关网站；本来生活旗下本来便利上线不足1年面临收缩，并入本来生活网；前身为“正大天地”的美味七七初期发展顺利，但最终因资金流问题而暂停营业。

因而，2016年前后，生鲜电商纷纷寻求转型，拓展业务模式，开启线下线上联动发展的新零售时代。例如，本来生活首家线下旗舰店于2017年7月7日在成都开业，采用“线上+线下、餐饮+超市”的模式；每日优鲜首创前置仓模式，全品类精选+“前置仓”的模式，降低冷链成本的同时提升了配送效率；生鲜电商一米鲜与线下百果园合并，采取双品牌运营策略，集聚百果园线下门店优势和一米鲜线上流量优势，实现线上线下协同发展（见表6-1）。

表 6-1　　生鲜电商转型之路

公司	转型方向	简介
本来生活	向B2B+O2O转型	本来果坊、本来集市创立，专注于B端用户，打造集水果和便利店模式下在线批发和物流配送业务平台，同时2017年7月首家线下实体店落户成都，以“零售+轻食+社交”为核心，配合APP实现自主买单，线上线下融合
易果生鲜	向B2C+B2B综合运营商转型	全面接受苏宁生鲜版块“苏鲜生”运营权，并持有华联超市21.17%股权，背靠阿里，依靠自身平台和供应链等优势，进行全渠道布局，目前已由B2C生鲜电商全面转型为生鲜平台，业务结构包括前端全渠道的运营、后端管理以及全国布局的物流
多点	线上线下深度合作	与物美合作，对物美的线下仓储进行改造，并重点发力物流和配送，确保用户线上线下购物体验的无缝对接，坚持2小时送达，2016年“双11”期间以94.49%的妥投率赢得赞誉
每日优鲜	全品牌精选+前置仓模式	凭借“全品类精选+前置仓”的创新模式，每日优鲜目前服务已覆盖北京（含燕郊）、上海、广州、深圳、天津等11个核心城市，降低冷链成本并确保时效性，同时精选600个SKU，每周保持10%的品类更新，复购率达80%
天天果园	向全渠道运营商转型	目前已形成移动APP、电商网站、电视购物、第三方平台及与线下门店（2017年开始与城市超市合作）的全渠道网络，虽2016年中关闭线下门店，2017年3月牵手上海城市超市，城市超市有望成为其体验店，实现线上线下同品销售。同时自成立起注重供应链建设，实现水果电商平台前端和后端的无缝对接
一米鲜	与百果园合并，采取线上线下双品牌运营策略	一米鲜与线下水果零售商百果园以交叉持股方式合并，合并后采取双品牌运营策略，百果园基于好吃战略和果品标准体系的水果产业链经营（SaaS、B2B2C、供应链金融、标准化种植与品类品牌、水果产业链数据平台）；而一米鲜继续面向年轻且有品质追求的消费者，打造品类品牌

资料来源：课题组汇总。

（二）新零售背景下，生鲜电商焕新机

自2016年马云提出新零售概念后，新物种、新业态纷至沓来。以互联网技术为线下赋能，以供应链和业态组合提升效率、优化体验，新零售更加强调线下布局，“效率”“体验”和“性价比”尤为重要。在新零售的风口

下，生鲜电商积极寻求改变，以期获得更好的发展。从目前落地的生鲜电商模式来看，均是利用互联网技术，围绕消费者体验，实现高效配送、智能运营、多元业态，主要的变化可以总结为以下几个方面：

（1）主要玩家变化：阿里京东等巨头入局，行业战火升级。

2016年9月，中国农业生鲜电商发展论坛的数据显示，全国共有4000余家生鲜电商，实现盈利的仅占近1%，剩余4%持平、95%处于亏损状态，其中7%是巨额亏损。2016年生鲜业绩下滑、亏损进一步扩大，大量生鲜电商宣告破产倒闭，行业进入“两超多强”发展阶段，其中“两超”为京东和阿里，“多强”为中粮我买网、本来生活、每日优鲜等企业。

阿里的战略更多的是基于平台和分享思维

以淘宝生鲜、天猫生鲜、天猫超市生鲜区以及喵鲜生四大业务为线上切入口，加入生鲜电商战局。同时，自2013年起多轮投资垂直电商龙头易果生鲜，作为天猫超市的独家运营商，易果生鲜凭借供应链及安鲜达冷链物流配送等优势打理阿里的生鲜流量；2016年11月阿里为线下生鲜运营铺路。此外，作为阿里新零售排头兵的“盒马鲜生”，对标消费者需求，发挥技术、供应链与用户端优势，以营造消费场景实现引流，发挥“最后3公里”价值。

京东的战略则以自有物流和供应链为核心

将线上自营优势延伸至线下，保证产品品质和高效配送。2015年4月成立京东到家，同年8月入股永辉超市，2016年4月合并达达，6月收购1号店，与沃尔玛的战略合作也愈发深入，此外，投资天天果园和钱大妈社区生鲜超市等，并于2017年初成立“秘密部队”，专门用于筹备线下生鲜店。

此外，2017年6月亚马逊宣布以137亿美元现金收购全食超市。作为亚马逊历史上最大一笔收购，本次收购是其拓展生鲜业务的重要里程碑。全食超市拥有461家高质量线下网点，其中美国拥有440家门店、11个物流中心、3个海鲜处理中心和4个面包中央烘烤房等，收购之后将为亚马逊提供数量充足的线下消费、体验和服务场景，并为其提供前置门店仓，配合亚马逊高度发达的仓储物流能力，提升末端配送效率。同时，全食超市的生鲜品类齐全、品质高标准，这将有效弥补亚马逊生鲜短板。预计未来亚马逊将逐步整合全食在生鲜方面的优势，并借助其自身强有力的线上优势，实现生鲜电商的线上线下的融合发展。除阿里、京东和亚马逊等综合性电商平台外，中粮集团旗下的中粮我买网2015年获得泰康人寿领投、百度跟投的2.2亿美元融资，腾讯已连续三轮跟投每日优鲜，2017年每日优鲜宣布已在一线城市实现整体盈利。本来生活以“B2C电商业务+本来果坊+本来集市+O2O业务+线下旗舰店”为主进行全渠道运营，2016年获九阳股份、鼎辉资本等投资1.17亿美元，2017年7月首家旗舰店落座成都。在资本和电商的双重驱动下，竞争越来越集中于行业龙头之间，战火不断升级。

（2）场景与模式变化：从单一的网购消费向多元化的体验过渡。

“四不像”的盒马鲜生基于“吃”的场景定位，既是生鲜超市、便利店，又是餐饮店，也是送货上门的电商品牌；我厨致力于提供都市餐桌“一站式”的解决方案，主打生鲜和免洗免切净菜，解决消费者在家吃饭买、洗、烧的场景痛点；超级物种采用“超市+餐饮”形式，店内按照生活场景布局，既可直接购买新鲜食材，也可提供烹调服务。通过分析现有的生鲜电商，我们发现单一的线上购物被日益多元化的消费场景所替代。

从模式上看，从纯电商模式向B2B、O2O、C2B、C2F等模式转变。

自2015年起，生鲜电商改变传统只走线上的模式，转而开始寻求线下发展道路。多种模式各有特色，满足消费者个性化需求。其中，在O2O模式下，通过整合线下资源，从距离消费者最近的门店发货，最快能够实现附近三公里半小时送达的极速配送效率，同时线下门店可提供现场加工和堂食等多元化服务（如盒马鲜生、超级物种等），线下体验加之线上极速送货上门，深得消费者喜爱。而C2B（消费者定制）和C2F（农场定制）模式借助互联网定制消费者的生鲜需求，专属化的定制产品更加符合年轻一代对个性化消费的追求，同时该模式可以以销定采，降低生鲜积压和耗损率，提高效率。

从仓储看，由集中式仓储向分布式、前置式仓储转变。

生鲜具有即时性消费需求，在追求效率的今天，消费者越来越注重时效性，因而快速送达成为生鲜体验的另一重要因素。以前的集中式仓储模式下，仅在重要节点建立大型的仓储配送中心，极度依赖末端宅配，配送的时效性较差。而分布式仓储则是在大型仓之外建立小仓库，小仓库坐落在消费者密集地区，缩短与消费者之间的距离。前置式仓储模式是在分布式仓储的基础上，更进一步地贴近消费者，即在社区周边布局面积更小的前置微仓，消费者下单后从前置仓发货，尽可能较少冷链的使用，满足生鲜的即时性，降低配送成本。此外，食行生鲜创造性的采用自提柜模式，下单后次日按区域配送至自提柜，消费者在指定时间段前往自提柜自提，虽前期投入大、日常维护及电费等费用高，但大幅降低物流成本和菜品损耗率，目前苏州地区已实现全城范围内的规模性盈利。

（3）消费需求变化：生鲜消费进入品质时代。

随着生活条件的好转和人均收入的不断提升，越来越多的消费者关注消费的品质和健康，生鲜消费也随之进入品质时代。

从标准化程度看，非标品逐渐向标准化产品过渡。

由于我国农产品主要以个体户为主，生产集中度较低，而不同生鲜产品的特征存在明显差异，即使是同一品种也难以在品相、口感等方面完全一致，因而我国生鲜产品呈现出较高的非标准化。为打造生鲜品牌，不少电商企业以品质和安全为内核试水生鲜标准化。以京东到家的烟台樱桃为例，除通过技术手段科学化管理和监控外，京东还和烟台当地的龙头企业合作，把控生鲜源头，监督其选种、施肥、灌溉、抽检、摘取等全过程，从源头把控生鲜品质，实现产品的标准化。

从品类看，生鲜电商从“大而全”时代步入“小而美”且“大而全”共存的时代。

生鲜电商发展早期，为吸引更多流量，覆盖更广人群，大多生鲜电商采用全品类战略，解决消费者“一站式”购物需求。“大而全”模式对品质监控和品类管理要求高，需要企业拥有强大的资本和供应链支撑，因而部分电商采用差异化竞争策略，专注生鲜某一细分领域，以创新和极致为消费者带来特色精致产品，提高用户黏性。

例如，每日优鲜基于满足用户餐桌一切关于“吃的”需求，精选500~600SKU；拼好货专注于社交场景，用户通过发起和亲朋好友的拼团，以低价购买优质生鲜；我厨主打免洗免切的净菜，通过流通端的粗加工，节省消费者做饭时间，同时提升商品毛利等。

二、为何生鲜电商加速转型步伐？

线上商业经历多年粗放式扩张规模、烧钱买流量的阶段之后，正面临流量红利消退、流量成本上升、盈利变现压力等现状；与此同时，线下商业泡沫挤压，以用户为中心，也在回归商品及服务本质。电商与线下从对立走向统一，以期打造更可持续的商业模式。在新零售背景下，生鲜高频消费、易损耗等特性，使其一方面具有优良的聚客效应；另一方面也使线上线下融合的商业模式较为合理，在巨头的参与和推动下，生鲜电商迎来加速转型。

（一）刚需+高频消费品，生鲜引流作用强大

生鲜商品易腐烂，消费者需求刚性，具有较高的复购率。据金准数据《2017年中国线上生鲜食品消费报告》数据显示，消费者在各主流生鲜电商的购买频次相差不大，其中每周购买1次及以上频次的用户占比均超过50%，每月购买2~3次及以上的用户占比均在80%左右。同时，据麦肯锡《2015年中国数字消费者调查报告》相关数据显示，中国消费者的生鲜网购频次达24次/年，远高于母婴用品、服饰等，居于首位。同时，作为高频易耗消费品，生鲜具有强有效的引流作用，可明显带动其他品类的消费。据BCG消费洞察智库（CCI）对超过4200名消费者的调研结果显示，约有60%的消费者在购买生鲜产品的同时购买了包括食品饮料、日用杂品、个人及家庭清洁用品等日消品。

（二）线上无明显成本优势，新零售转型成趋势

互联网用户数量及GMV增速放缓，线上流量红利逐渐消退，营销成本不断上升。随着线上流量成本上涨，营销投放的性价比不如往年了，而同时线下虽然租金、人、工、水电费用刚性，但并未大幅上涨；渠道权衡之下，当前时点在线下做生意更划算。

（三）生鲜电商纯B2C模式的不经济

生鲜保质期短，对运输要求高，“大农业、小农户”的农产品格局拉长了生鲜的流通环节，而较低的流通率和较落后的基础设施建设导致长距离生

鲜运输损耗率高居不下。冷库分布不均、配送服务不规范，我国冷链流通率远低于欧美发达国家。据中国物流与采购联合会统计，2016年我国冷链物流市场规模2250亿元，冷链物流总额近4万亿元，但冷链流通率较低。2015年果蔬、肉类、水产的冷链流通率各为22%、34%和41%，远低于欧美发达国家95%~98%的比重，冷链流通效率较低。而从冷库分布地区来看，2016年超过50%的冷库资源集中在东南沿海发达地区，而果蔬产地集聚的西南、西北地区冷库资源相对稀缺（占比仅为15%），生产源头的冷链缺失造成冷链运输的低效。同时，部分冷链物流企业为降低成本，在城市配送过程中，以泡沫箱代替保温箱，服务的不规范加剧了冷链物流的低效。

我国冷链基础设施保持较高增速，但仍远低于欧美等国。2016年我国冷库容量达4200吨，同比增长12.3%，2011~2016年CAGR达19.25%；2016年公路冷链运输车保有量11.5万辆，同比增长23.13%，2011~2016年CAGR达20.07%。然而，2016年我国冷库容量达1.07亿立方米，居全球第三位，但人均冷库容量仅为0.143立方米，远低于英美等发达国家，甚至不足印度的一半。

因而，在纯电商模式下，不考虑生鲜产品的损耗和退货等特殊情形，我们按100元客单价、30%毛利率简单测算，毛利约为30元，而冷链物流对仓库和车辆有特殊要求，投资建设和运营成本远高于普通物流，每单物流成本至少40元甚至更高，随着线上获客成本的进一步增加，纯电商模式下的毛利无法覆盖所有营运成本。因而生鲜电商纷纷转型，寻求更为合理的发展机会。同时，据此前我们《新零售的逻辑、案例与展望》中对盒马鲜生、我买网以及永辉超市的费用率拆分，有以下结论。

（1）我买网主要费用率为物流、人工、广宣费，2016年费用率为11.57%、6.65%和7.77%，合计占比销售管理费用率超80%。

（2）盒马物流、人工费用率各4.2%、8%，物流费用率较我买网低7个多百分点，且单笔配送费（5~10元）也远低于我买网（20~30元），印证其“仓—店—用户”模式相比纯生鲜电商的物流成本优势。

（3）在永辉2016年费用率中，人工、租金、水电费用率为7.6%、2.75%和1.4%，运费仅占0.9%（与线上占比较少有关），整体销管费用率为

17.17%，均显著低于我买网和盒马。因此，与实体超市相比，生鲜电商实现盈利必须要求更高毛利率以覆盖更高费用率。但根据我们的了解和测算，单用户贡献的毛利本身就很难覆盖单订单物流成本。但若采用仓到店，而以门店为中心服务周边1~3公司里的线上线下用户，覆盖面更广更精准，给到用户的服务体验更优（更新鲜、更丰富、更快），成本也更低，从而越来越成为当前巨头参与和生鲜电商转型的最佳路径，一个愈发清晰的、可持续的可盈利商业模式正在形成。

三、老牌生鲜电商的行业探索之路

冷链物流、供应链和专业化经营是制约生鲜电商发展的三大因素，随着资本和巨头的进入，有完善资源和竞争力的龙头将赢得更大的市场份额。阿里投资的易果生鲜、京东旗下的京东到家、背靠中粮集团的我买网以及全渠道运营的本来生活网等，虽大部分龙头电商仍处于亏损状态，但在发展中形成各自独有的特色。

（一）我买网：中粮旗下专注线上的电子商务平台

2009年，中粮集团创立生鲜电商平台“中粮我买网”，强大的供应链优势和中粮集团充足的资源支持，起步较早的我买网迅速发展，成为行业领头企业之一。据弗若斯特沙利文报告，按总收入、2016年移动应用软件的每日及每月平均活跃用户数量以及于2017年5月网站总浏览人数计算，我买网是中国最大的专门食品和饮料电子商务公司。背靠中粮集团，拥有强有力的股东支持，公司控股股东中粮集团是国资委直接拥有并管理的大型国有企业之一，经营包括粮油、食品、房地产、金融及电子商务，是中国领先的食品制造商和贸易商，集农产品采购、贸易、物流和加工能力于一身，同时也是消费者心目中“优质食品”的代名词。作为中粮集团下的电子商务平台，我买网采用更为严格的食品安全标准，并利用中粮丰富的管理经验和强大的资金支持，树立起优质的品牌形象。

强大的采购能力促使产品供应优质齐全

作为中粮集团旗下销售食品、饮料及其他的唯一电子商务平台，利用集团的影响力，现已在日本、欧洲等地设有采购办事处，2017年3月收购中粮欧洲、中粮日本和中粮英国，进一步增强公司全球采购的实力，实现“买全球、卖全球”的战略布局。自成立以来，公司销售包含粮油、生鲜、零食等在内的21种产品超过25000个SKU，其中，生鲜食品超过3500种，包含肉类、海鲜、蔬菜、水果等，个人卫生用品、家居、清洁用品等非食品产品超过7300种，能够满足消费者“一站式”购物需求。此外，公司大力发展自有品牌和海外直购产品，截至2017年6月30日，拥有悠采、初萃、凌鲜等14个自有品牌，以及沃爵速溶咖啡、高尾制面等9家海外供应商的独家销售权。从财务来看，自有品牌及特色品牌是主要收入毛利来源。公司2016年收入23.22亿元，其中自有品牌及特色品牌占比37%，普通产品占比63%；2017年上半年收入15.81亿元，自有及特色品牌占比29.5%，普通产品占比40.9%，其他占比29.6%。2017年上半年综合毛利率7.35%，逐渐恢复至2014年高点。其中自有品牌毛利率最高，2017年上半年达16.93%，相较2016年的10.2%大幅提升；普通产品毛利率相对稳定。

大力建设自有配送基础设施网络，严格把控质量和配送时效性

配送效率是电商的生命线，而生鲜易损耗、需冷运的特征使物流配送对生鲜电商更为重要。公司大力发展自有物流，现拥有北京、上海、广州等10个仓库，总面积达9万平方米，冷藏库面积约1.5万平方米。在自有物流未覆盖的区域，以第三方快递公司作为补充，目前公司的冷链配送覆盖全国317个地级市及区域。2017年北京、上海、天津及深圳全面推广次日达服务，整个冷链配送过程均采用控温手段，较为完备的配送物流设施有助于公司更好地实现品质监控。

公司收入增速较快，但费用率高企致亏损率超20%

公司收入保持快速增长，2015~2017年收入为14.64亿元、23.22亿元和15.81亿元，同比增长35.64%、58.57%和37.4%。虽销售费用率逐年改善，但仍居高位（超20%），而毛利率仅6%~7.5%，致使经营亏损率均超过20%。同时因税前损失规模不断扩大，导致净亏损率高居不下。

单笔订单的毛利无法覆盖配送费。

从单笔订单来看，测算毛利仅10~15元（2017年达28元主要是新增贸易业务所致），而每单配送费在20~30元，即毛利仅配送费一半，印证生鲜电商的低毛利率、高物流成本特征。在纯电商模式下，毛利难以覆盖高成本，因而我买网目前积极寻求出路，2017年8月提交初步招股说明书，拟赴中国香港上市。上市募集的资金将用于海外直采、配送基础设施、营销和研发等方面，以增厚自有品牌优势、完善供应链和冷链物流的建设，吸引更多的用户流量，保持平台的“续航”能力。

（二）易果生鲜：背靠阿里，全渠道、供应链和物流齐发力

易果生鲜创立于2005年，作为国内首家生鲜电商，B2C的模式使易果与消费者直接建立了长期稳定的关系，全国冷链覆盖了27个省区市200余座城市，2015年前后，随着竞争加剧，易果将目光投向了供应商，B2B的模式使其与阿里、苏宁、下厨房等平台建立深度合作关系，2016年GMV达36亿元，生鲜品类近4000个SKU，服务超过2000万的用户。

自成立以来，易果生鲜经历了多轮融资，累计融资额超过10亿美元，融资额远超国内其他垂直电商。而阿里也毫不掩饰对其的钟爱，参与了除C+轮以外的每轮投资。其中，2016年C轮、C+轮共计获得超过5亿美元的融资额，2017年3月，阿里继续加码，旗下天猫再次投资3亿美元，用于其旗下安鲜达的冷链物流基建和扩张。资本加码，以及与苏宁、阿里在渠道、流量、业务等方面的合作不断深入，助力易果生鲜稳步快速发展。

深耕供应链，打造生鲜全品类

经过十几年的努力，易果生鲜拥有包含水果、蔬菜、禽蛋、肉类、水产和烘焙等在内的全品类生鲜产品，SKU近4000个。2016年成立生鲜供应链公司，进一步加强对上游供应链的整合，推动生鲜产品的标准化。

（1）联手国内外优质生鲜公司，提升供应链能力。2016年5月，公司与食材B2B公司优配良品达成战略合作，双方将在蔬菜采集、生鲜品牌等多个方面展开合作，形成“产地→优配良品→易果→消费者”的完整链条，2016年10月，公司收购新加坡健康食品公司SunMoon51%的股权，SunMoon拥有水果种植、仓储及加工设备，与约157个供应商合作，将100多种蔬果产品销售至美国、中国、印度等国，全球共拥有11000个销售网点。2016年12月，

公司与一亩田合作。一亩田作为国内用户规模最大的涉农电商平台之一，拥有来自2100个产地的近12000种产品。

（2）加强产品标准化建设。目前公司共制定了6大类水果标准、5大类冻品原料标准、43个食品品类的常温预包装标准等，其中水果产品按照外观、产地、城市程度等指标划分产品，严格把控产品的进出库。2017年9月与GAA在上海签约战略合作，易果生鲜将GAA旗下最佳水产养殖规范认证（BAP）纳入产品采购体系，并将优先采购拥有BAP认证的水产品，进一步提升产品品质和标准化。目前易果拥有来自美国、阿根廷、挪威、澳大利亚等147个国家的各类生鲜产品，同时拥有盱眙小龙虾、山东美早大樱桃、巴楚留香瓜、香格里拉野生松茸等国内各地特色生鲜。公司强劲的融资能力，预计公司将大力在生鲜产地源头建立产地仓，实现“原产地新鲜直供”，预计2020年在全国铺设56个产地仓，进一步加大公司供应链优势。

加大全渠道建设

经过十几年的市场耕耘，易果生鲜已建成包含官网、APP和天猫旗舰店的自有渠道，天猫超市、喵鲜生等龙头电商生鲜频道的独家运营渠道，以及海尔互联网冰箱、下厨房、哈米等分散渠道等在内的全渠道运营。不同渠道服务不同人群，“易果官网”定位精品超市，天猫超市和喵鲜生定位大型商超，下厨房的用户则是定位菜谱配菜、哈米定位办公室无人零售等。

（1）与阿里深度合作，平台+流量支撑：目前，阿里及天猫先后参与了易果生鲜4轮融资，双方合作不断加深。易果生鲜是天猫超市生鲜频道的独家运营商，阿里为易果带来亿级流量和平台支持。据QuestMobile统计，2017年7月易果生鲜与淘宝的重合用户数达3.72万，占易果8.2万月活数的45%，但因用户获取渠道多元化，该用户重合度也不能完全反映综合电商APP对旗下生鲜APP的导流支持。据亿邦动力网报道，目前天猫渠道的销量超过易果总销量的一半。此外，2017年8月，天猫超市启动“闪店”业务的试运营，以生鲜产品为主，为消费者提供3公里内1小时送达服务，目前首批36家闪店基本覆盖了北京五环内的大部分地区，而闪店的运营由易果承担，当业务成熟后，将复制到其他地区。

（2）借助苏宁，进军社区业态：2016年11月，易果与苏宁达成全面合作协议。

①线上：易果生鲜成为苏宁生鲜品牌“苏鲜生”的核心供应商，旗下4000SKU的生鲜品类将全部入驻“苏鲜生”。

②线下：为“苏宁小店”供货，以苏宁社区小店作为深入社区的前置仓，降低物流成本，提升配送效率，此外苏宁还将在全国布局1600余家门店中选择适合的门店作为易果生鲜的前置仓。

（3）借助华联，进军O2O业态：2016年12月，易果生鲜以8.5亿元入股华联超市，2017年5月阿里收购易果持有的华联超市18%股权，易果生鲜现仅持有其1.17%的股份，但仍然与华联超市保持战略互补和业务协同。作为中国最大的连锁零售商之一，截至2017年6月底，华联超市拥有包括大型综合超市（151家）、超级市场（1955家）、便利店（1489家）在内的3595家门店。华联丰富的线下资源以及易果自身强大的供应链和物流优势，能够形成B2C+O2O的有效结合，满足消费者“一站式”购物需求。

（4）进军办公室无人零售业态：2017年8月，易果生鲜与哈米科技达成协议，双方将在办公室零售业态展开战略合作。一方面，易果生鲜目前向哈米提供包括水果和冷饮在内的生鲜产品，未来有望进一步拓展到餐食上；利用自身物流为哈米用户提供1小时送达服务；此外，基于办公室的独特场景，向哈米开放其B2C服务能力。另一方面，据哈米科技的创始人赵文强介绍，哈米目前已与1000余家企业合作，预计未来3年在全国铺设100万个终端，覆盖近1亿的用户群体。

自建物流冷链体系全国领先

生鲜保质期短、高损耗的特点使冷链物流在生鲜的运输和配送中尤为重要。安鲜达作为支撑易果生鲜后端供应链的物流冷链体系，2015年11月从易果生鲜剥离，以独立的公司形式运转，目前在北上广等11个地区设有12个冷链物流基地，建立常温、冷藏、冷冻3大类的温控体系，总仓储面积超10万平方米，冷链覆盖全国27个省区市约310个主要城市，可以满足生鲜全品类的仓储要求。

安鲜达目前全国订单处理能力达到20万单/日，已成为中国最大的物流冷链公司之一。随着全国物流冷链网络的不断完善，预计至2020年，安鲜达的日处理订单量可达500万单，能够完成2000亿元的生鲜订单的配送，约占整体市场规模的1/3。随着阿里不断加码，安鲜达和菜鸟的合作日益深入，安鲜达将全面加码天猫超市，同时为淘宝、天猫、聚划算、天猫超市以及农村淘宝的商家提供冷链物流服务。2017年9月，安鲜达宣布与EMS达成战略合作，利用EMS遍布全国的仓储布局，预计可以实现全国数百城市的大闸蟹次日达。通过与EMS联手，协同建设生鲜消费地仓和产地仓，进一步提升生鲜产品的物流配送效率，安鲜达能够实现生鲜产品次日达的城市是现有城市的3~4倍。此外，开放业务给公司的冷链物流带来巨大的延伸空间。除满足阿里、苏宁和自身需求外，安鲜达将自身物流冷链的每个环节拆分，根据外部客户的不同需求，制定不同的服务方案，例如，蛋糕类商家仅需要冷链配送服务，水产海鲜则对冷链、包装和配送等环节都有严格的要求。2016年8月，易果生鲜CEO张烨在接受《商业观察家》的采访中说，包括包装货损在内的物流履约成本约20%，客单价在150~200元，每单物流成本30~40元，虽然综合毛利超30%，但扣除所有运营成本，公司现仍处于亏损状态，随着规模的扩大，易果可实现全面盈利。

（三）本来生活：以内容营销打造B2B+B2C+O2O“一站式”生鲜平台

2012年7月，本来生活网在北京正式上线，第一个产品“褚橙”让本来生活一炮而红，2015年本来果坊和本来集市上线，面向B端用户，2017年7月首家旗舰店于成都成立，采用“线上+线下、餐饮+超市”模式，现已成为集“B2B、B2C、O2O”于一体的全渠道生鲜运营商。截至2017年7月，本来生活网用户达2800万，生鲜配送城市达109个，常温配送155个。

定位媒体化电商，以内容和幽默取胜

本来生活团队的核心成员中有很多人曾在南方系、网易等国内知名媒体工作，这使本来生活的营销也带有浓厚的媒体色彩，买手搜集到各地特色产品后，寻找其各自的卖点，为每个产品编写故事，将产品内容化。同时，以轻松幽默的个性化包装精准定位目标客群，深得消费喜爱，励志橙“褚橙”、余三男大闸蟹、李玉双大米等产品迅速引爆市场。以褚橙为例，2012年10月27日，公司推出首篇报道《褚橙进京》，讲述昔日烟草大王褚时健75岁再创业、85岁携褚橙入京的故事，微博转发量超7000条，王石的转发又引发超4000次的转发，11月5日线上首日共卖出1500箱，并带动水果、笨鸡蛋等网站其他产品的销量，2012年褚橙日订单量最高达1000单。2013年，在褚橙预售期间，本来生活推出一系列个性化幽默感十足的包装，如“母后，记得一颗给阿玛”“虽然你很努力，但你的成功，主要靠天赋”等，幽默感温馨感十足，一经推出便受到不少消费者追捧，产品迅速销售一空。

面向消费者和零售商的全渠道运营

本来生活通过B2C电商业务、本来果坊、本来集市、O2O业务以及线下旗舰店等模式全渠道运营，将上游零散的生产商、中游的碎片化的零售商和终端的消费者联合，增加了公司经营的厚度和广度，降低成本的同时大幅提升经营效率。

（1）B2C电商：本来生活网。

自2012年成立以来，本来生活网作为公司旗下的电商平台，以“可以像吃饭一样地吃饭”为理念，为消费者提供包含果蔬、水产、奶制品、禽蛋等在内的5000~6000个SKU的生鲜产品，基本满足家庭用户的日常需求。同时，公司不断优化产品结构，致力于为消费者寻找优质特色产品，尤其是本土化产品。截至2017年7月，本来生活网用户达2800万。

此外，本来生活首创社区购物方式“本来食享会”，实现与邻里亲友一起购物，客户既是产品的购买者，也是产品的分享者，增加消费者购物的参与感和乐趣性，扩大消费者范围的同时也增强了现有消费者的黏性。

（2）B2B业态：本来果坊、本来集市。

为扩大经营规模、提升经营效率，本来生活自2015年起涉水B2B业务。2015年4月本来果坊上线，依托本来生活的资源优势，为水果店提供优质水果的批发和物流配送服务，截至2015年11月底，本来果坊签约商家超1.5万家，日销售额超300万元，日配店数超2000家，上线一年销售额超过1亿元。2015年5月，本来集市成立，与本来果坊相似，本来集市为便利店、夫妻店等提供快消品的批发和配送服务，小店店主可通过平台下单后直接送货上门。成立之初，本来集市在全国7个省市设立11家供应链公司，可为7个中大型品牌连锁便利店、6533家门店提供除烟草外的全供应链采购业务，截至2017年3月底，本来集市已为3个城市近11000家门店提供配货业务。

（3）O2O业态：线下旗舰店。

2017年7月，首家本来生活旗舰店于成都正式开业，采用“线上+线下、餐饮+超市”业态，经营面积约2500平方米，SKU达5000个，基本涵盖本来生活网的大部分品类。消费者可通过本来生活APP下单购买，线下门店内设有自主收银通道，手机扫码即可支付。现场提供食材加工服务，消费者可以选择堂食或外带，这与盒马鲜生的模式相类似，均利用高黏性和高复购率的餐饮吸引消费者进店，并将线下消费者引流至线上，形成线上线下的联动发展。其实早在2015年，本来生活便有意进军O2O业务，2015年8月成立“本来便利”，消费者线上下单，本来生活提供最快“一小时送达”的送货上门服务，后由于供应链、物流等方面原因折戟，全部并入本来生活网。迎着新零售的东风，本来便利携旗舰店卷土重来。

据本来生活CEO喻华峰介绍，2016年营业收入40亿~50亿元，同比增长200%~300%，其中B2C业务占比略低于B2B业务。若B2C电商业务实现盈亏，毛利须超过32%，目前毛利难以覆盖成本。现阶段，公司仍处于低价培养消费者购物习惯阶段，预计公司以后会实现盈利。我们推测，纯B2C模式的不经济是公司进行B2B和O2O等业务扩展的重要原因之一。

（四）京东生鲜：多方布局，强大物流供应链助力飞速发展

2016年1月，京东成立生鲜事业部，独立发展生鲜业务，目前已形成B2C隔日达的京东生鲜平台以及以O2O及时送的京东到家为核心的自营模式，并且通过与永辉超市和沃尔玛等达成战略合作、投资钱大妈和天天果园等生鲜企业，多方布局，以供应链和海量流量助力生鲜频道的飞速发展。

自建物流构筑竞争内核

截至2017年6月，京东共拥有335个大型仓库、7个大型智能化物流中心，拥有集中小件、大件、冷链冷藏等于仓配一体化的物流网络，仓储面积约710万平方米；目前京东自营配送能够覆盖全国约98%的人口，商品流通成本大幅下降70%，配送效率成倍增长。

自2017年4月1日起，京东生鲜正式开启“即刻赔服务”，现场开箱验

货，如果消费者所购产品出现化冻、腐烂、漏液和包装损坏等问题，配送员可现场处理，即刻赔付。对于签收后发现商品有损坏，可在签收后48小时内进行线上售后申请，京东的客服人员将在100分钟内进行处理赔付，无须返还商品。同时，京东生鲜推出“夜间配”服务，北上广等核心城市的消费者在14点前下单，可以选择当日晚间6点至8点或者8点至10点两个时段配送，同时试水的“京准达”服务的妥投率近100%，预计将在未来的1~2个月内在全国主要城市推广。此外，2016年5月京东成立“X事业部”，负责研发无人机、无人车、无人仓以及无人配送站等智慧物流项目，利用大数据、云计算和人工智能等技术，实现从入库、捡货、装车等全程无人化，大大提升了仓储、物流和配送效率。京东云集合“物理云”“金融云”“电商云”和“产业云”等板块，可帮助企业实现互联网化、智能化。目前京东云已成为全球最大规模的Docker集群之一，容器数量超20万，日均处理10pb的数据，可服务用户超2亿人，连通华北、华东、华南和香港四地的数据中心。通过大数据分析，配合自然语音交互、图像识别、OCR技术和区块链追溯金属等，创造出更加丰富的线上线下互动场景，实现智慧营销。

正是基于京东强大的物流仓储体系，可以保证产品时效性，利于生鲜、快消品等配送，因此在新零售风口下，京东大力布局生鲜业态，精选适合品类，提供快速送达服务。截至2017年7月底京东旗下新达达已与135家沃尔玛超市和224家永辉超市合作，为消费者提供一小时生鲜快递服务。

强有力的供应链支撑生鲜全品类发展

为提升生鲜供应链能力，京东加强与原产地的战略合作，截至2016年8月，已与8省50多个地级市超过200个县签署战略合作协议，在全国超过1500个县市建立农村电商生态中心和服务中心，据《经济参考报》的报道，京东将于3年内投入100亿元建设冷链物流网络、原产地协同仓以及跨境保税生鲜自营仓等，建成后将大幅提升供应链效率。截至2017年5月底，京东的生鲜SKU达10万余种，覆盖果蔬、海鲜水产、肉禽蛋等全品类。同时，自2015年起，京东大力布局其生鲜业态：

（1）与生鲜龙头永辉超市合作，永辉超市拥有强大成熟的供应链体系，生鲜品类齐全、全球化品牌直采和品质定制能力强。

（2）与沃尔玛强强联合，并获得1号店品牌，沃尔玛拥有全球优质的供应链和完善的全国线下门店网络，而1号店在快消和生鲜品类上拥有较强的优势。

（3）领投天天果园，作为拥有多年经营经验的传统水果商，天天果园拥有高效的供应链体系，与全球农庄、农贸、水果协会和佳沛、新奇士等知名水果供应品牌建立了战略合作关系。

（4）入股钱大妈，社区生鲜便利店+同城配模式下，钱大妈门店可复制性高，通过与国内外生鲜企业的合作，进一步巩固公司强大的生鲜供应链。

此外，京东提出“寻遍天下鲜”战略布局，先后与小汤山无公害蔬菜基地、双汇、阳澄湖大闸蟹等优质的农产品企业和产地合作，增加自身农产品供应链的覆盖范围；同时还与澳大利亚、加拿大、法国等国政府签订战略合作协议，加深其生鲜供应链的全球化布局，2017年“618”期间，京东平台上加拿大北极虾卖出450万只，同比增长369%，目前京东已打通国外优质生鲜的供应链条，未来预计将有更多更优质的海外生鲜品类进入中国消费者的餐桌上。目前，京东签署合作协议的供应商（自营+pop）超过2000个。

以京东到家和京东生鲜频道覆盖线上线下渠道

2015年京东到家正式上线，定位O2O生活服务平台，提供生鲜、零食烘焙、快消品和商超等品类，与其线上生鲜频道形成互补，完善其线上线下渠道建设。其中，京东到家成立之后不断调整经营策略：2016年4月与达达合并，利用达达在配送物流的优势，降低同城配送成本；2017年1月关闭包含按摩、货运和家政等上门服务，将经验重点放至生鲜、快消品销售上；2017年8月，成都“7–11”部分店铺开通京东到家服务，截至2017年8月初，全国共有40余家“7–11”入驻京东到家；2017年9月，据《联商网》消息，京东到家正在筹备无人值守的自助式迷你超市，定位办公室零售市场，产品覆盖员工在公司的日常零食需求，包含早餐、下午茶、加班餐等品类。截至2017年上半年，京东到家营收同比增长超650%，GMV平均月度环比增幅超30%，订单量平均月度环比增幅达20%。

同时，据Trustdata发布的《2017年上半年中国移动互联网发展分析报告》显示，2017年6月京东到家MAU达83.1万，居生鲜电商首位；此外，易观2017上半年生鲜电商的活跃用户数显示，仅京东到家、每日优鲜和飞牛网的半年活跃用户数超100万，京东到家仍居于首位。虽然现阶段京东到家发展态势迅猛，但据此前联商网的报道，在上线至今的18个月内，京东到家累计融资超过6.5亿美元（约合44.2亿元），虽在部分城市已接近盈利，但依旧仍未实现盈利。

（五）天天果园：依托供应链优势，探索全渠道

天天果园于2009年创立，前身为传统水果商。公司APP于2014年上线至今拥有1200万注册用户；2015年拓展生鲜全品类，目前经营水果、蔬菜、海鲜水产、肉蛋、奶制品、冷冻速食等品类；2016年与全球乳品集团法国Lactalis达成战略合作。天天果园成立以来经历了多次融资，助推快速稳步发展。2011年1月天使轮，由上海浦软创投，投资额几百万元人民币；2013年1月A轮，SIG海纳亚洲投资数百万美元；2014年3月B+轮，SIG和锴明投资合计数千万美元；2015年5月C轮，京东、上海国际创投、锴明投资，合计7000万美元；2016年初D轮，京东、SIG、锴明投资继续跟投1亿美元。

以水果起家，重视标准化

公司最早专注于为消费者提供网上水果生鲜服务，目前公司水果销量约占总销量的70%，其中近90%为进口水果，包括首次引入中国的美国华盛顿苹果、墨西哥绿巨人牛油果等。公司致力于探索生鲜标准化建设，2015年于云南投资设立褚橙生产基地，从新西兰进口设备进行水果的分拣和包装，利用生产线上的红外线技术探测水果的大小、甜度等，并将质量相近的水果进行分类包装，有效提升水果的标准化水平。

自建供应链，物流仓储能力强

公司自成立起重点建设供应链，目前已实现采购、仓储、分发、包装、检测、运输等水果电商平台前端和后端的无缝对接。

（1）采购端，直采比例估计达60%，并在美国、澳大利亚、智利、新西兰等地与驻华领馆农贸处或水果协会合作，在全球17个区域有直供体系。

（2）仓储端：冷库规模超1万平方米，日处理超2万单。

（3）包装和分拣：简化包装，以人工分拣为主，但仍在逐步调整，目前两部分成本占20%左右，未来有进一步压缩空间。

（4）配送：已在北、上、广、成都四个城市建设了共约5万平方米的配送中心，预计未来或协同京东的配送优势增强物流能力。

线上线下全渠道运营

公司2015年曾借“门店+前置仓”模式探索O2O，但出于优化服务体验等因素，于2016年中关闭线下门店，并将其改为仓库。而由于当下消费者越来越多地关注配送服务、消费场景等商品之外的附加体验，天天果园于2017年3月联手上海城市超市，以城市超市为其线下体验店和社区生鲜消费入口，打造满足消费者多元化需求的全渠道生态。此外，城市超市旗下拥有农业基地、蔬菜产销合作社以及中央厨房等优质供应链资源，同时其农业基地和中央厨房提供的烘焙、熟食、冷食、鲜切等品类有望进一步丰富天天果园的生鲜SKU。目前已形成移动APP、电商网站、电视购物、第三方平台及与线下门店（2017年开始与城市超市合作）的全渠道网络。

四、行业又出现了哪些新玩法？

从对我买网、易果生鲜、本来生活、京东生鲜以及天天果园的分析来看，包括龙头在内的各大电商目前仍处于亏损状态，生鲜电商的烧钱大战仍在持续。而盒马鲜生、超级物种以及食行生鲜等生鲜品牌，在新零售风口下另辟蹊径，积极探索适合自身生鲜发展的新路径。

（一）盒马鲜生：数据化、规模化、平台化，树新零售标杆

盒马鲜生基于“吃”的场景定位，主打高复购率的生鲜和餐饮，配套超市杂货，既提供定量小包装和半成品，也可现场堂吃，满足用户一日三餐需求；从模式看，盒马既是生鲜超市、便利店，又是餐饮店，还是送货到家的电商品牌，即盒马的“四不像”模式，该模式几无对标企业，更多体现的是对标“消费者需求”。

2016年1月盒马首店上海金桥店开业，2017年1月宁波开店，6月北京开店，9月28日盒马宣布将在北京、上海、杭州、深圳和贵阳5地同时新开10家门店，其中西南首店贵阳店是与星力集团合作项目，未来双方将共同开

拓重庆、四川、云南及贵州市场；截至目前在上海、北京、宁波等地合计拥有33家门店；预计盒马也将陆续入驻南京、西安和武汉等地。我们对盒马的经营战略进行了梳理，以数据化、规模化、平台化为关键词，即盒马携线上线下一体化的系统优势，相对生鲜电商单一的线上配送，以门店为前置仓覆盖最后三公里，大幅降低物流成本；进而在单店商业模型跑通的情况下，以自营或合作的形式加快全国复制，同时以持续的技术迭代、流程优化降低成本、提升效率，改善盈利。

技术端+供应链端+用户端构建盒马优势

（1）技术端：基于阿里大数据和研发能力，盒马聚集了一批优秀的专业人才（研发人员占比约50%），其模式打造一开始即基于线上线下一体的物流体系，注重线上线下融合。

（2）供应链端：盒马部分海鲜、水果与天猫生鲜、天猫超市联合采购，降低采购成本，如美车厘子、波士顿龙虾；推进源头直采，缩减中间环节，减少损耗，从而保持价格竞争力，如估计其海鲜毛利率仅20%，远低于行业平均（约50%）。

（3）用户端：线下，结合供应链优势提供高性价比商品，且提供丰富的餐饮体验与线下活动，增强用户黏性；线上，盒马和淘宝会员体系打通，享淘宝首页入口，线上流量成本低；基于阿里强大数据系统，结合区域消费特征优化商品结构，同时推进精准营销，提高转化率。

此外，盒马线上无起送门槛，且支持无理由退换货，在提升购物体验的同时，有利于增强消费者信任。常温产品收货日起7天内、生鲜产品收货日起48小时内均可上门退换货，鲜活配送产品当面验收可退换。据亿邦动力网报道，盒马上海首店金桥店每天的退货率仅万分之一。同时，在此前《新零售的逻辑、案例与展望》的行业报告中，对盒马鲜生的模型进行测算，盒马的商业模式现已跑通，单店已可实现盈利：典型盒马门店因初始投入较大，规模效应明显，即随着商圈培育成熟，无论是坪效还是净利率均环比大幅提升；测算第1~4个月平均亏损率或超8%，第4~8个月打平略盈利，净利率为1%~2%，即可能在6个月实现单月盈利；第8~12个月净利率或超3%，以上折合全年净利润50万~100万元，对应净利0.2%~0.5%。

2017年9月，阿里参股新华都，这是阿里继联华超市后又一线下超市布局。利用阿里电商及互联网资源，发挥双方在采购、渠道、物流、经营等优势，推动资源整合，拓展全渠道业务。截至2017年6月底，新华都拥有131家门店，其中超市124家，在空间距离和时间效率上能最快最广触及终端消费者，具有优良的新零售合作禀赋。考虑到盒马未来或将结合自营与合资的两种模式，在全国一线城市等开设2000家门店，我们判断，公司将从体验和便利两个角度出发，未来将在开大店的同时，也开设更贴近社区的小型门店，同时，不排除其通过与区域零售龙头的合作的方式加速推进，而这也符合盒马数据化、规模化、平台化的战略取向。

（二）超级物种：迭代创新，合伙人制度保障效率

2017年关注度最高的新零售业态非盒马和超级物种莫属，前者背靠阿里，后者依托永辉，代表也引领着中国零售业线上、线下龙头的新零售布局方向。关于超级物种，我们在2篇深度报告《站在新起点，迈入价值成长新阶段》《我们如何看永辉的空间、效率与估值？》，以及后续调研和跟踪报告中已有详细分析。超级物种采用“超市+餐饮”形式，首店引入麦子工坊、鲑鱼工坊、生活厨房等8种物种，各个工坊为独立合伙人，独立核算，超市柜台链接厨房，短距离确保食材新鲜，基本是一日两配，向顾客演示料理过程，增强体验感；店内布局按照生活场景分类，既可直接购买新鲜食材，也可提供烹调服务，供消费者直接在店内和外围区域享用。截至2017年9月1日，超级物种已开8家门店，其中福州4家、深圳2家、厦门1家、南京1家。超级物种将在福州、厦门、深圳、北京、上海、南京、成都等8个省市同步推进，选址于CBD、年轻人聚集的文化区或人气商圈。

福州已开业4家门店体现迭代优化能力

结合城市和商圈特点，超级物种的各个工坊和品类可灵活组合，自有独立的餐饮品牌、新鲜实惠的材料以及不断调整的超市和餐饮的比重，持续迭代创新。例如，第2家门店万象店除八大工坊外，新增择物工坊、超级外卖两大新物种；第4家门店省府店“24小时营业”，新增沙拉工坊、慢小活、生鲜优品三个新版块，进一步提升消费体验。

基于同样逻辑，天虹、百联、步步高等实体零售商也陆续推出新的体验型业态

集“超市+餐饮”为一体的都市生活超市“天虹Sp@ce”，融合“超市+餐饮+书籍+音乐”等4种业态的“百联RISO”，定位精品、新鲜、有趣的联华鲸选以及集“精品超市+品质餐饮+云猴精选APP”于一体的步步高鲜食演义等，均以生鲜为切入口，实现线上线下联动发展。

此外，外卖品牌“美团”首家“掌鱼生鲜”7月19日开业，主营饮料酒水、休闲零食、乳制品、餐饮烘焙、方便速食、缤纷鲜果六大品类，我们估计未来可能会增加中央厨房，形成共享厨房概念。

（三）食行生鲜：C2B2F模式下专注“到柜自提”

为解决高终端配送成本、高生鲜耗损率和低客单价的问题，食行生鲜自2014年成立以来专注自提柜模式，深耕长三角地区。截至2017年5月，已在苏州、无锡和上海地区运营超过2000个社区站点，服务超过100万户家庭，平均日订单超过6万，目前苏州地区已实现整体盈利。利用自提柜模式，食行生鲜将传统的B2C模式转变为C2B2F模式。提前预订可以最大限度地降低生鲜食品的损耗率；通过农场基地直采等渠道采购生鲜，确保生鲜的新鲜和安全；而统一配送至自提柜中，可最大限度地降低“最后三公里”的配送成本；让消费者用菜市场的价格购买到和生鲜超市品质相同的菜品。

然而，与一般的生鲜电商相比，自提柜模式资金投入较大：前期投入成本较大，自提柜建设要求较高，其中冷藏柜内温度需保持在3~8摄氏度，冷冻柜内温度需保持在-18摄氏度；投入运营后电费、物业租金、日常维护等成本较高。因而只有在单个城市拥有足够的密度时，才能实现盈利。与此相似，一部分生鲜电商聚焦生鲜配送的智能终端，以期利用自动贩卖机和自提柜给消费者的日常买菜提供更为便捷的体验。

2017年7月，城市超市、天天果园和支付宝联合打造城市盒子“CityBox”，在北京、上海等地试点生鲜自动贩卖业务，以水果生鲜、零食饮料、面包及三餐等为主；2017年8月，易果生鲜进军办公室无人零售行业，同样瞄准办公室场景的还有每日优鲜以及京东到家等生鲜电商。无人值守零售基于较低流量成本、低人工和免租金等优势，在获取物业许可的条件下能够实现快速铺设。当铺设到一定密度后，企业可用APP发展会员，将线下流量导入线上，并扩大线上商城品类、提供提前预售的“盒饭套餐”等高毛利、刚性需求的产品。

案例总结

需求刚性和高频消费属性，以及较高损耗率和物流冷链费用，使纯线上模式生鲜电商持续发展的门槛高企；随着新技术发展，线上线下融合日益紧密，生鲜电商探索出如盒马鲜生、超级物种等新模式，现已初显成效。关于生鲜电商布局线下的商业逻辑主要体现在用户与数据、营造消费场景引流以及“最后1~3公里”的配送价值，以消费者需求为导向，向更高效率、更优体验、更高性价比方向发展。

案例思考

1. 新旧生鲜模式最大的差异是什么，是什么促使了它们彼此的转型需求？

2. 案例不变，但企业仍然在发展，你觉得不同的企业都存在哪些潜在的风险，如何看待这些风险？

3. 不同的模式下，供应链的挑战是什么？技术的发展是否真的能够实现有效的转型？

4. 随着社区电商的发展，这些单品类的生鲜超市，是否失去了原有的优势，是否应该走向多品类竞争的方向。

柒 案例七
快消B2B电商：赋能线下最广入口

快消品市场空间庞大，但传统分销渠道仍占主导地位，流通渠道层级众多、效率低下。快消品B2B电商能突破地域限制，缩短渠道环节，然后通过统仓、统配降低物流成本，提高交易效率。另外，互联网的迅速普及催生电子商务迅速发展，2016年我国实物商品网络零售交易规模达4.2万亿元，同比增长25.6%，占社零总额中商品零售额比重达14.2%。但从品类看，目前互联网成功改造/重构的渠道品类以服装、3C、百货等耐用消费品为主。但据凯度数据，对于保质期短、客单价低、消费频率高的快消品（含生鲜）2015年线上渗透率仅为3%~4%。

究其原因，主要是由于虽然快消品市场空间很大、消费频率高，但是其客单价低，纯电商模式物流配送成本高昂。同时，快消品的消费特征多为即时性消费，消费者随时随地下单，需要30分钟或者一个小时之内送达，即使现在电商的隔日达、次日达这种配送效率也难以满足消费者需求。因此快消品电商需要就近服务，前端必须有大量密集的终端网点，以降低物流成本，满足半小时/一小时送达要求。传统流通渠道终端小店数目在680万家小店，广泛分布于各线级市场，且大多位于社区等人流量密集的区域，是天然的流量入口。借助B2B电商业务，整合庞大的传统终端小店对于电商巨头发力快消品、生鲜业务的渠道/场景/入口价值突出。

对于传统终端小店而言，其面对日益加剧的竞争压力急需转型升级，互联网企业具备流量、资本、技术等优势，传统企业则在渠道网点、行业经验及产品认知等方面存在壁垒，双方存在合作共赢机会。站在这个时点看未来，互联网时代背景下流通渠道正迎来二次变革机会，因而快消品B2B电商值得关注。

一、传统通路仍占快消品流通主导，多层级、低效率制约其发展

（一）现状：传统通路仍占我国快消品流通渠道主导地位

我国快消品市场空间大。根据欧睿咨询数据，2016年我国包含包装食品、含酒精饮料、软饮料、日化品在内的快消品零售额为3.2万亿元，同比增长5.1%，市场空间庞大。从流通渠道看，快消品的流通渠道总共可以分为三大类：一是现代流通渠道，包括大卖场、超市、连锁便利店、品类专卖店；二是电商渠道；三是传统通路，即夫妻店，店主即店员，店面积大小不一，一般在200平方米以内，主要销售食品、饮料、烟酒等商品。

（二）我国零售流通渠道版图

传统通路仍是我国快消品流通占比最大的通路。根据凯度数据统计，尽管大部分品牌商早已经将现代流通渠道和电商渠道作为重心，传统通路依然是目前中国快消品流通中占比最大的通路。2015年我国现代流通渠道出货额占快消品出货额的41.5%，线上渠道占6.9%，传统分销渠道（传统通路）占比高达51.6%。从品牌商角度看，半数以上的快消品公司传统通路销售额占其总销售60%以上。其中，食品、饮料及酒类企业对传统通路倚赖最大，40%的食品、饮料及酒类企业中传统通路销售占总销售比超过80%，57.1%的食品饮料及酒类企业中传统通路销售占总销售比超过60%。传统通路包含680万家小店，数目众多，广泛分布各线级市场。其中，一线城市小店数量53万家，占比7%；二线城市小店数量114万家，占总数的16%；三线城市小店数量181万家，占总数的25%；县级市小店数量151万家，占总数的21%；乡镇、农村市场小店数量216万家，占总数的30%。

（三）痛点：传统通路供应链层级过多，效率低下，急需转型升级

传统通路中，终端小店数目众多，高度分散，导致品牌商不得不依赖

众多经销商。根据凯度咨询数据，目前近55%的快消品品牌商使用了至少200个经销商经营传统通路，其中67.6%的食品饮料（含酒类）品牌商采用的经销商数目超过200个。传统分销模式一般按地域进行：制造商——总代理——区域总代理——地方代理——零售商，一般从厂商到终端要经历4~6个环节，流通环节冗长繁复、效率低，渠道利润被层层消耗。传统通路经销商实力普遍弱小，众多中小代理商支撑快消品供应链体系。目前快消品渠道体系其实也是计划经济的产物。

中国商业从计划经济转型后，原有零售体系得以继续保留。批发即当时的供应链，计划经济时代通常是通过各级批发站运输配送，省级为二级站，地级市为三级站。计划经济取消之后，批发站也相应取消，但大部分生产厂商没有能力直达终端，支撑零售终端的除了原有部分批发站保留批发功能之外，大量的中小代理商（个体户）支撑着整个供应链体系。

以化妆品品类为例，根据品观网发布的《2016年中国化妆品代理商生存发展数据报告》，2015年我国营业额3000万元以下的代理商数目占比超过60%，其中营业额低于1000万元的代理商占比超过31.45%。从代理商覆盖网点看，2015年网点数目在500家以上的代理商占比20.97%，代理环节分散，绝大部分代理商实力弱小。

（四）多层级、低效率、过度分散的分销渠道制约着传统通路的发展，痛点众多

对于品牌商而言，首先，众多经销商导致其铺货成本高昂，销售效率低下。其次，渠道链条众多，终端资源投放不精准，新品分销速度慢。最后，行业普遍缺乏完整可追溯的进销存数据，品牌商无法有效跟踪产品终端销售情况，产品价格体系也难以管控。

对于终端小店而言，首先，层层加价环节导致其无法获得优质低价商品，也存在假货、商品质量方面风险。其次，在传统的分销体系下，下游中小企业订货方式基本靠电话或上门，批发商往往为凑满一车而牺牲发货时效，导致商户需要提前囤货，传统模式效率低下。最后，链条过长、终端分散，小店也无法得到品牌商有效经营指导。

对经销商而言，其除了经销之外，还承担垫资和新品推广的功能，这对于品牌商来说至关重要。经销商毛利率通常并不高，在10%以内，与垫资的综合资金成本相当。这也要求经销商需要通过提高货品周转来提高资金效率，降低平均资金成本。但经销商实力普遍弱小，资金、人工成本压力大，物流成本也逐步提升，处境困难，不少代理商纷纷转向其他领域。在行业竞争不断加剧、行业利润率不断下滑的大环境下，传统通路亟待升级进化。

（五）价值：渠道/场景/入口价值突出，传统通路整合价值大

互联网的迅速普及催生电子商务迅速发展，据国家统计局数据，2016年我国实物商品网络零售交易规模达4.2万亿元，同比增长25.6%，占社零总额中商品零售额比重已经达14.2%。但从品类看，目前互联网成功改造/重构的渠道品类以服装、3C、百货等耐用消费品为主。据凯度数据，对于保质期短、客单价低、消费频率高的快消品（含生鲜）2015年线上渗透率仅为3%~4%。

究其原因，虽然快消品市场空间很大，消费频率高，但是其客单价低，纯电商模式物流配送成本高昂。同时，快消品的消费特征多为即时性消费，消费者随时随地下单，需要30分钟或者一个小时之内送达，即使现在电商的隔日达、次日达这种配送效率也难以满足消费者需求。因此快消品电商需要就近服务，前端必须有大量密集的终端网点，降低物流成本，满足半小时/一小时送达要求。传统通路终端小店渠道/场景/入口价值突出，难以替代。传统通路小店往往靠近社区或写字楼等客流量大的地方，通过整合传统通路，一方面降低快消品、生鲜电商物流配送成本、提高配送效率，助力电商发展快消品、生鲜品类；另一方面，小店是天然流量入口，通过整合传统通路打造社区综合服务平台价值大。传统通路终端小店门店往往是自有物业，几乎不需要承担人工、租金，即使痛点众多，但新进入者面对夫妻店仍存在较大竞争压力，传统通路难以替代。传统小店本身具备大幅改造提升空间。夫妻店尤其是二三线及更低线城市夫妻店痛点众多，除了难以及时拿到优质低价商品（即商品品种、商品价格、物流配送和服务均存在痛点）之外，其整体管理混乱（动线设置、产品管理等问题严重），自有物业利用率低下，整体系统、形象落后。整合之后，业绩改善提升空间高。

二、快消品B2B电商助力产业链效率提升，资本助力下悄然兴起

（一）电商B2B助力产业链效率提升，价值空间待充分挖掘

电子商务B2B业务是以电子商务B2B平台和大数据为基础，通过整合产业链上下游资源完成企业与企业之间的电子商务活动，包括信息与交易服务、商业搜索引擎服务、金融服务、云端服务服务等。B2B电商能缩短流通环节，提高交易效率，降低采购及物流配送成本，价值空间待充分挖掘。首先，传统分销模式一般按地域进行：制造商——总代理——区域总代理——地方代理——零售商，行业流通环节冗长繁复、效率较低、成本较高。网络分销能突破地域限制，缩短渠道环节，以低价凝聚客流形成规模化优势，然后通过商品的统一配送、仓储，降低运输（降低空载率）仓储成本。其次，在传统多层级渠道模式中，由于经销商规模小、客户覆盖面窄，为了降低物流成本往往牺牲发货时效，导致下游商家不得不提前囤货，库存积压较高，具备规模化优势的B2B电商能有效降低下游商家对安全库存的需求。最后，规模化采购优势将提高对于上游厂商的议价权，形成强大的渠道后，还能为上下游提供供应链金融等增值服务。

根据中国电子商务研究中心数据，2016年我国B2B电商交易规模16.7万亿元，同比增长20%，交易规模仍维持快速增长。B2B电商收入规模260亿元，同比增长18%，相比2015年出现明显好转，B2B电商平台盈利能力增强。

（二）垂直类B2B异军突出，倍受资本青睐

回顾我国电子商务B2B市场发展历程，我国电子商务B2B已经度过探索期、启动期，目前正处于高速发展期。

1.探索期：1999~2003年

1999年阿里巴巴的成立标志着中国电子商务B2B正式开端，大量B2B平台如中国制造网、中国网库、中国化工网等大量涌现。该阶段的电子商务B2B主要是撮合交易，基于互联网渠道的低成本性和及时性，企业愿意选择电子商务B2B拓展业务。以阿里巴巴为代表的B2B电商主要以信息发布为运

营模式，盈利主要来自会员费。

2.启动期：2004~2014年

随着互联网的快速普及及信息化进程的不断推进，企业对电子商务需求不断增加，越来越多的企业进入电子商务B2B市场，B2B电商发展迅猛。但同质化的服务使行业竞争加剧，金融危机的影响使电商B2B问题进一步放大，部分B2B平台经营困难。在经过几年调整后，电商B2B运营模式开始走向多元化，之前以信息服务、广告、企业推广的时代逐步退去，以在线交易、数据服务、金融服务、物流服务等为主的B2B电子商务新时代开始到来。

3.高速发展期：2015年至今

垂直类B2B电商快速崛起。相对于综合类B2B平台，垂直类B2B平台具备较强的"纵深"服务能力，能深入产业链上下游，满足企业多样化需求。在资本青睐下，2015年至今以钢铁、电子元器件、化工等垂直类B2B电商快速崛起。

从目前竞争格局看，以阿里巴巴为代表的综合性B2B电商份额有所下滑，市场份额从2011年的49%下滑至2015年的34%，而以我的钢铁网为代表的垂直类电商B2B势头正猛，市场份额从2011年的3%上升到2015年的20%。相比综合性B2B电商平台，垂直类B2B电商更加注重服务的专业化和精细化，能打通供应链，为采购双方提供包括仓储、物流、金融信贷等一系列服务，服务更加具备专业性，有利于供需双方在小范围内精确找到自己的市场和客户群体。

资本助力，快消品B2B电商悄然兴起

庞大的快消品B2B潜在市场空间吸引了众多资本的青睐，快消品B2B电商迅猛发展。从2010年的订货宝、百盛网货和怡亚通380平台，到2015年中商惠民获得洪泰基金等机构1亿美元投资、掌合天下获得湖畔山南7500万元投资，众多B2B平台的涌现标志着我国快消品流通行业正面临电商大变革。

根据中国电子商务研究中心统计，截至2017年2月，国内快消品B2B电商约171家，2016年融资总额为50亿元。从注册区域看，快消品B2B电商注册区域以华北、华中、华东、华南为主，西北、西南等区域平台数量较少。其中北京38家、广东22家、上海14家、山东11家、湖南浙江各10家，位列前六。怡亚通、中商惠民、掌合天下等电商覆盖区域最为广泛。

目前快消品B2B电商业务仍处于起步阶段。传统通路680万家小店，按平均日采购金额2000元估算，传统通路采购总规模将近5万亿元。根据凯度咨询数据，2016年我国快消品B2B平台出货额在400亿元左右，占整个品牌商传统通路出货额比例不到1%。只有16%的小店（约110万家）采用B2B电商平台订货，平均4~7天订货一次，单次订货额950元，B2B平台订货量占小店整体订货额的25%。

三、撮合、自营，两种模式各具千秋

（一）撮合模式：资产轻扩张快，但产品、服务质量相对不可控

根据平台是否买断商品，是否直接参与到商品交易过程，快消品B2B电商分为自营模式和撮合模式。撮合模式下平台方不参与商品交易，不买断商品，是为供应商和小店双方提供交易的平台，通过收取服务佣金、广告等增值服务盈利。撮合模式不改变原有经销模式，其充分利用了经销商现有资源，无库存和资金压力，与品牌商、经销商冲突相对较小，利于平台快速扩张。撮合模式代表企业有零售通、掌合天下。撮合模式的劣势在于其不具备商品所有权，商品、服务质量难以保证，产品分销深度、广度也很依赖现有经销商网络覆盖。对于具备健全分销网络的商品，撮合平台可能会替代部分经销商职能，可能导致渠道商对撮合平台的抵触。

（二）自营模式：产品、服务质量可控，但资产重扩张相对较慢

自营模式中平台直接参加到交易过程中，买断商品所有权，进行货物的统仓统配。自营模式通常自建物流，保证了产品和服务的质量，能帮助厂商进行更深度的分销，提高通路的覆盖率。其代表企业有中商惠民、京东新通路。

自营模式的劣势在于，平台需要买断商品、自建物流，模式重；其在发展前期需要像传统经销商一样承担垫资功能，资金需求量大。从品牌商角度看，其也担心自营平台实力过大，寻求更高的议价权，双方冲突相比于撮合模式较大，扩张速度相对较慢。

四、群雄并起，但仍只是小店进货补充渠道，发展任重道远

（一）快消B2B电商目前只是小店进货补充渠道，加强深度服务成为趋势

面临多方利益诉求，快消品B2B电商目前仍只是小店进货补充渠道。从理论上看，B2B电商采购平台通过对流通渠道的互联网化、电子化，能有效突破传统分销渠道的地域分割，减少信息不对称，缩短渠道环节，降低交易成本。借助先进的仓储、物流系统，统仓、统配能降低仓储、物流配送成本，提升配送效率。渠道环节的缩短、物流成本的降低/配送效率的提升均能提升产业链效率，降低小店采购成本。

如果能进一步打通终端销售系统，获取销售终端数据，则更是能够借助大数据分析能力，优化商品结构、进行精准营销和精细化管理，在降低采购成本的同时，改善终端销售业绩。另外，规模化终端网络形成后，通过导入金融产品、传媒终端、新产品等增值服务/产品也能创造新的利润增长点。但从目前发展情况看，尽管互联网巨头（阿里零售通、京东新通路）、新兴互联网企业（中商惠民、掌合天下）及传统零售企业（大润发“发到家”）等纷纷涌入该领域，但电商B2B采购平台目前只是小店采购渠道的一个补充。

以济南市为例，《2017中国快消品B2B行业竞争力报告》发布的济南市场各B2B电商平台情况，目前济南夫妻门店数量约3.5万家，仅2%的小店从B2B平台订货数量占比在60%以上，绝大部分小店从B2B电商平台订货数量占比低于20%。一半以上（50.2%）的小店主在B2B电商平台月订货金额低于5000元，电商B2B采购平台目前只是小店采购渠道的补充。

在实际经营过程中，B2B电商平台往往需要面临品牌商、终端小店、经销商三方利益诉求，B2B电商业务无法一蹴而就。相对于传统经销渠道，目前各大B2B平台在商品供应价格、物流效率、产品丰富度方面，优势并不明显。

更重要的是，对于小店而言，除了降低前端采购成本外，更重要的是希望得到平台方经营管理方面的支持，提高销售业绩。但目前B2B电商平台在小店终端营销、执行和销售推动方面能力普遍缺乏，短期内难以完全取代现有经销商对于品牌商的服务能力。庞大的利润潜在挖掘空间吸引了众多参与者，行

业竞争激烈。小店往往拥有多个B2B电商采购终端，其主要是将B2B电商采购平台作为补充，更多的是寻求短期低成本的采购，平台黏性低下（见表7–1）。

表 7–1　　B2B 电商平台相比于传统经销渠道目前优势并不明显

	撮合模式		自营模式	
利益相关者	理论	现实	理论	现实
品牌商	1. 实时了解商品销售数据，告别销售黑洞； 2. 锁定目标消费者，为销售决策、营销活动提供依据； 3. B2B平台能为新品牌营销、推广提供了庞大终端渠道	传统经销商承担垫资功能，而B2B平台做大后会寻求对品牌商更高的议价权。会限制对B2B平台商品的供给	1. 实时了解商品销售数据，告别销售黑洞； 2. 锁定目标消费者，为销售决策、营销活动提供依据； 3. B2B平台能为新品牌营销、推广提供了庞大终端渠道	1. 畅销商品已经拥有完备的经销体系，B2B平台可能导致窜货； 2. 现有经销商相对于品牌商议价能力弱，承担着垫资功能，而B2B平台做大后会寻求更高的议价权。会限制对B2B平台商品的供给
经销商	1. 实时跟踪订单、账期等情况，减少人工成本； 2. 新增商品资源； 3. 共享物流系统； 4. 资金支持	经销商担忧一旦终端网络被平台方掌控，其很可能沦落为纯粹的物流配送商		
小店	1. 城市拍档、大数据提高终端经营水平； 2. 新增社区增值服务，新增利润来源； 3. 新增线上销售渠道，扩大生意圈； 4. 新增淘品牌、进口商品等供应链资源	1. 经销商数目众多，产品、服务质量参差不齐； 2. 合作经销商不足、厂商限制等因素造成品类供给不足	理论上能缩减渠道层级，统仓统配保证服务质量，降低采购成本	1. 厂商限制等因素造成商品供给不足，缺货率较高； 2. 高物流投入导致前期成本高，采购价格不具备优势； 3. 服务、机制灵活性不如本地传统经销商

资料来源：课题组汇总。

（二）从帮采购到帮销售，再到帮开店，B2B电商平台加强深度服务成为趋势

从目前发展来看，现有B2B电商平台发展的趋势：一是完善仓配系统，

提升物流配送效率，降低仓配成本（零售通、掌合天下），即帮助小店采购；二是加码零售终端，由2B端向2C端进行延伸（中商惠民等）。以中商惠民为例，2017年8月，爱鲜蜂便利店落地，计划未来开设2万家爱鲜蜂便利店。通过便利店的开设，中商惠民将得以直接掌控终端。更重要的是通过直接运营便利店，利用大数据分析能力提高自身精细化管理水平，将能更好地服务合作小店（帮助小店销售），甚至帮助开设便利店。从帮采购到帮销售，再到帮开店，B2B电商平台加强深度服务成为趋势。

撮合模式案例一：零售通布局前置仓，补足物流短板

1.模式简介

零售通是阿里巴巴B2B事业群针对线下零售小店推出的为社区零售店提供订货、物流、营销、增值服务等的互联网“一站式”采购平台。零售通采用撮合模式，前端连接品牌商、经销商，后端对接终端小店，并联合城市拍档共同服务终端小店。其在引入品牌时选择与品牌指定经销商合作，经销商仍然按照原来价格给小店供货。城市拍档（由零售通负责在全国各地城市招募）一方面是负责开拓与维护当地线下零售店，让小店通过零售通平台进货；另一方面城市拍档也是小店选货理货卖货的顾问；同时城市拍档还帮助零售店接入支付宝、充值等更多增值服务，实现零售店的转型升级。

零售通不破坏原有经销体系，实际上是将线下的分销线路“品牌商——经销商——小店”搬到线上。通过依托阿里巴巴供应链资源、物流配送优势及强大的整合能力等确保商品和服务品质，并通过海量数据优化用户商品组合，最终为用户提供低成本、高效率、高品质的“一站式”服务（见表7–2）。

表7–2　品牌商、经销商、小店为什么愿意与零售通合作？

品牌商	经销商	小店
1. 实时了解商品销售数据，告别销售“黑洞”； 2. 锁定目标消费者，为销售决策、营销活动提供依据； 3. 为新品牌营销、推广提供了庞大终端渠道	1. 实时跟踪订单、账期等情况，减少人工成本； 2. 导入淘品牌、进口商品等供应链资源； 3. 共享物流系统	1. 城市拍档提供理货卖货服务； 2. 接入支付宝、充值等服务，新增利润来源； 3. 新增线上销售渠道，扩大生意圈； 4. 新增淘品牌、进口商品等供应链资源

资料来源：课题组汇总。

2. 发展现状：上线“超级会员”系统，掌控销售终端；布局前置仓，补足物流短板

2017年7月5日，零售通上线“超级会员”系统。“超级会员”即小店花费4000元，就可以获得一台集进销存的云POS系统。店主采用该系统进货，零售通会根据采购金额进行返券，最高一个月可以返还400元，一年返还4800元。小店如果与零售通合作，必须先成为“超级会员”。

从零售通角度看，如果对标百万家门店，零售通在小店内植入云POS系统，最少要投入40亿元。但是借助POS系统，零售通得以掌控终端销售数据，同时也培养了小店在零售通采购的习惯。POS通过采用支付宝屏蔽了其他竞争对手，假设小店日交易额3000元，三分之一采用线上支付，一家店一年走支付宝的流水36万元。假设控店100万家，交易流水3600亿元，按照正常交易要抽取小店6‰的手续费用（不考虑其他服务费），40亿元POS系统的投入1.85年可以收回成本。嵌入“超级会员”系统后，零售通可以通过销售数据的分析了解消费者特征，对商品结构进行优化调整，显著提高门店销售业绩。根据零售通营销中心总经理涂晓昱2017年7月15日在第二届中国“互联网+快消品”高峰论坛上透露：在杭州的一些店，基于消费者的分析只是做了商品结构的再造，这些小店的生意就提升了70%甚至100%，超级会员系统有助于大幅提高门店销售业绩。首个前置仓落地，零售通开始弥补物流短板。根据阿里巴巴零售通事业部总经理林小海的规划，零售通的发展分三步：第一，建立城市仓，重构整个分销通路，直接与品牌商及授权经销商合作，从而缩短批发环节，提高效率，链接百万商店，成为广大中小卖家的支撑；第二，沉淀每一笔交易数据，通过数据来反哺业务，指导品牌商生产市场需要的产品；第三，生态圈的建立，数据业务、支付业务等场景都能通过零售通赋能零售终端，帮助其实现价值最大化。

2017年8月18日，阿里巴巴零售通首个前置仓在义乌落地，零售通在仓配一体化经营、配送时效提升方面获得新突破。根据阿里巴巴零售通总经理林小海表示，前置仓是零售通成长和成功的一个关键节点。前置仓覆盖半径大约为30公里，主要以覆盖小型城市为主；通过前置仓，可节约整个行业仓配资源投入80%以上，提高商品、数据流转效率200%以上，减少供应链建设的重复投入和资源消耗。目前零售通在全国已经布局20多个仓储中心，未来零售通将在全国2000多个城市布局前置仓，与区域仓形成有效的互补。前置仓的落地，将弥补零售通物流方面的不足，未来高频、低价值商品将主要由最靠近零售终端的前置仓配送，从而提高物流配送效率，降低配送成本。

3. 优劣势总结

零售通采用撮合模式，采用的是赋能现有经销商、小店及品牌商的方式，其充分利用了现有经销商资源。从零售通自身角度看，经销环节的打通，除了创造新的利润增长点之外，前置仓及庞大的终端网点也有助于大幅降低天猫超市物流配送成本，缩短配送时间，一举两得。零售通的劣势一是零售通难以对原有的经销商进行有效管理，服务质量参差不齐；劣势二是前置仓的大量投入尽管能提升物流配送效率，但前期投入大，在订单密度到达一定规模之前会存在较大亏损。

撮合模式案例二：掌合天下加码零售终端，发力供应链服务创造盈利来源

1. 模式简介

掌合天下与零售通一致，采用撮合模式。其成立于2013年7月，通过与快消品上游供应商合作，共同服务于掌合天下合作的中小型超市。掌合天下商业模式的核心由区域联盟服务站支撑，区域服务站主要工作是整合当地经销商资源，服务本地超市终端，服务站每个站点大概由10人组成。掌合天下开发的掌合物流系统是整合目前供应商的物流资源，其以众多供应商入股的形式共同组建配送公司。

2. 发展现状：携手供销大集，深化终端服务；打造“城市云仓”，发力供应链服务

2016年10月，供销大集增资受让掌合天下41.59%的股权，供销大集成为掌合天下控股股东。截至2017年6月底，供销大集旗下共有“掌合天下”和“酷铺”两大核心品牌。其中，掌合天下平台服务便利店超85万余家，酷铺管理的便利店突破15万家，业务已覆盖28个省区市、800多个城市，拥有本地化服务站830家。携手供销大集后，掌合天下获得了资金实力雄厚的海航集团的支持，旗下便利店规模进一步扩大。未来公司终端门店加盟/改

造将均由专业的酷铺便利店负责，借力专业便利连锁企业酷铺，公司终端服务能力将进一步改善。

打造“城市云仓”，发力供应链服务。根据掌合天下COO查九兰公开访谈资料，此前掌合天下主要通过促销、降价方式培育用户，公司资金链曾一度紧张。根据供销大集公告，2017年上半年掌合天下共实现收入8482万元，但营业总支出高达2.15亿元，净利润为亏损1.3亿元，处于亏损状态。

未来掌合天下将以供应链服务为重心，打造“城市云仓”统仓统配体系，未来公司供应链体系将向所有零售终端开放，通过供应链服务创造利润来源。公司计划5年内整合全国区域快消品分散供应链体系，云仓总建设面积超600万平方米，覆盖全国1000座重点城市（含县级），服务35万家核心便利店，100万家社会零售门店，统仓、统配规模将达到3000亿元以上。截至2017年7月公司已经在天津、西安开仓运营4个云仓，满足B2B平台线下供应服务需求，预计将建成50~70个城市云仓，初步完成线下酷铺门店的城配服务体系。

3. 优劣势总结

掌合天下与零售通在商业模式方面类似，均采用撮合方式，充分利用现有经销商资源，经销商均采用自主经营、自主定价方式。另外，双方目前均致力于仓储设施领域投入，以提高物流配送效率、降低成本。城市合伙人（城市拍档）作为地推团队，均是业务得以顺利扩张的重要因素。

掌合天下起步早于零售通，但零售通资金实力雄厚，具备淘品牌、海外进口商品等优质供应链资源，更重要的是一旦其超级会员得以成功推行，成功获取终端销售数据的零售通将顺利打通整个快消品环节，掌合天下将面临很大竞争压力。对于掌合天下而言，其背靠中华全国供销合作总社，目前其覆盖便利店数量整体已超100万家，业务已覆盖28个省区市、800多个城市，具备一定的先发优势。

自营模式案例一：怡亚通以资本为纽带，携手当地经销商快速扩张

1. 模式简介

以资本为纽带，绑定当地经销商，快速扩张。怡亚通2010年提出深度

380平台战略，由生产型供应链服务正式切入流通消费型供应链服务。在380平台的布局方面，怡亚通选择与当地有实力的经销商进行合作，通过省级子公司与当地经销商合作，建立新的项目公司，怡亚通出资取得项目公司的控制权。在合作的过程中，怡亚通输出物流管理系统、订单管理系统，并且凭借平台与上游品牌商合作的优势、上市公司的信誉，为项目公司增加代理权限、提供财务担保。当地经销商则充分发挥其在销售终端开发、维护方面的优势，执行具体的物流配送任务，使项目公司迅速地做大做强。

尽管在财务上，怡亚通以买断货物形式处理商品。怡亚通负责提供物流服务、订单管理服务、结算服务，与品牌厂商和销售终端都建立真实的买卖关系。但是，怡亚通商品的买卖价差由品牌厂商、怡亚通、销售终端根据怡亚通提供的服务共同决定，服务费以价差的形式收取，该模式在一定程度上避免了与厂商的冲突。380平台更多的是一个深度分销服务商，依靠先进的物流管理系统、精细化的电子管理平台，能够提供高效的物流服务、订单管理服务、交易结算服务，既提高了产品的分销效率，又降低了品牌厂商的分销成本，提高了产业链效率（见表7–3）。

表7–3　为什么品牌厂商和经销商愿意跟怡亚通合作？

品牌商	经销商
1.加强渠道控制、产品质量控制、减少经销商扰乱市场价格的行为	1.经销商渠道有互联网化、电子化的需求，怡亚通的电子化系统正好满足要求
2.怡亚通提供的精细化供应链管理，满足品牌厂商的质量要求，提升了分销的效率	2.跟怡亚通合作可以获得更多的产品代理权，丰富产品种类，提升销量
3.一线城市趋于饱和、三四线城市成为扩张重点，而怡亚通优势在三四线城市，渠道下层	3.作为上市公司，怡亚通融资能力强，信誉好，能够为项目公司提供担保，提供资金支持
4.怡亚通资金实力较强，能够改善账期问题，品牌厂商能够更快收到货款	4.灵活有效的激励机制，为项目公司提供股权激励、绩效考核激励

资料来源：课题组汇总。

2.发展现状：收入规模快速扩张，供应链金融势头良好

2013年开始，380平台营业收入快速增长。2016年怡亚通深度供应链业务（即快消品B2B业务，下同）收入达到396.32亿元，380分销平台已经在全国31个省区市近280个城市建立分销网点，覆盖的终端门店已经达到了

150万家。公司目前服务100多家世界500强2000个国内外知名品牌，分销商品品类超过40万种。随着公司规模的快速增长，深度供应链业务毛利率也持续提升。

供应链金融已经成为公司重要利润来源。2015年、2016年公司供应链金融收入分别为2.98亿元、3.77亿元，供应链金融毛利分别为2.37亿元、2.57亿元。假设供应链金融利差为10%，计算得出供应链金融渗透率［供应链金融渗透率=（供应链金融收入/供应链金融利差）/公司深度业务收入规模，用于表示公司深度业务贷款率，即小店采购商品融资率］在9.5%~11.7%。如果公司深度业务（快消品B2B业务）收入达到1000亿元，按10%的渗透率、10%的利差计算，供应链金融收入将达到10亿元。

3. 优劣势总结

从目前发展状况看，怡亚通通过资本整合方式收入规模迅速提升，目前已经积累了庞大的终端网络及供应链资源。但从终端单店采购量看，公司2016年深度供应链业务量为396.32亿元，150万个终端，平均每家门店在380平台的年采购量仅仅只有2.6万元，占终端门店采购成本比很小，目前更多的只是终端门店采购补充。

从现金流角度看，怡亚通2016年存货周转天数42天，应收账款（含票据、剔除预收款项，衡量小店占用怡亚通账期能力）周转率61.4天，应付账款（含票据、剔除预付款项，衡量怡亚通占用上游账期能力）周转天数23.4天左右，导致公司现金转换周期长达80天（现金转化周期=存货周转天数+应收账款/票据周转天数+预付账款周转天数-应付账款/票据周转天数），导致公司2016年经营活动现金流量净额为-41亿元（2017H1为-22亿元）。2015年、2016年财务费用支出分别高达8.2亿元和12.4亿元，财务费用率分别为2%和2.1%。

4. 对标分析：高存货周转率及强大上游占款能力，日本日化批发百陆达龙头地位

以日本日化批发龙头百陆达对标，百陆达2015年收入71.7亿美元，其中日化产品收入58亿元，收入占比68%，医药和健康卫生产品收入26亿元，收入占比约31%。2016年整个日本日化零售额378.19亿美元，假设批发价是零售价的60%~70%，百陆达在日化批发市场市占率在18.8%~21.9%。百陆达存货周转天数仅16天，比怡亚通少26天；应付账款周转天数54天，比怡亚通高出31天，应收账款周转天数与怡亚通相当。高存货周转率及强大的上游占款能力使百陆达现金周转周期仅26天，比怡亚通少54天，其经营活动净现金流也一直为正。

如果怡亚通未来能提高存货周转率（如通过进一步提高供应链管理水平、优化商品结构等）、缩短小店账期/延长对厂商的账期（如可以通过导入更多优质商品、提供更多增值服务等为小店新增利润来源或者进一步优化物流、提高配送效率、降低小店进货成本，从而提高对终端门店的议价权），怡亚通业绩/经营状况将进一步改善。

自营模式案例二：中商惠民自建便利店，向2C端延伸

1.模式简介

中商惠民成立于2013年5月，是一家以社区O2O运营服务为核心的企业。截至2016年底，中商惠民业务已覆盖包括22个省区市。社区会员超市规模达50余万家，拥有40多个现代物流配送基地，配送车1000余辆。

中商惠民采用自营模式，上游直接向厂商采购，从厂商进货后存放在惠民网自建的本地仓库中。合作便利店在惠民网下单后，惠民网负责送货上门。中商惠民减少了经销商的中间环节，自营模式、自建物流也能保证产品和服务质量。另外，中商惠民推出了智能收银管家“惠付通”，为社区居民提供水、电、煤、气缴费，公交一卡通、手机话费、游戏币充值，彩票购买，保险、宽带办理等便民服务，也为小店新增了利润来源。

2.发展现状：加码零售终端，向2C端延伸

战略控股“爱鲜蜂”，打通B2B2C环节。2017年2月中商惠民战略控股爱鲜蜂，爱鲜蜂于2014年5月上线，是以众包微物流配送为核心模式，基于移动终端定位的技术解决方案提供O2O运营服务的公司。“爱鲜蜂”专注于社区生鲜“最后一公里”配送，主打一小时闪电送达。平台强势产品以生鲜为主，定位人群为年轻白领。收购之后，“爱鲜蜂”生鲜优势及B2C模式与中商惠民的快消品资源优势及B2B模式形成良好的优势互补，实现生鲜与快

消品的B2B2C全产品、全通道模式。

爱鲜蜂便利店落地，进一步打磨精细化管理能力，提升C端控制力。2017年8月爱鲜蜂便利店落地杭州。相比于普通社区便利店，爱鲜蜂便利店加大了生鲜、熟食占比，定位为中商惠民社区超市精品店。爱鲜蜂便利店初步预计将铺设20000家。

爱鲜蜂便利店的推出将有助于提升中商惠民社区店运营管理能力，一方面中商惠民得以直接掌控终端，打通快消品全产业链；另一方面，通过运作自有品牌便利店进一步提升积攒运营管理经验，将吸引更多的小店加入中商惠民，提高中商惠民对小店的黏性，提升核心竞争力。

从目前发展状况看，中商惠民作为行业先行者，采用直营模式，产品、服务质量可控。目前已经覆盖22个省区市、50多万个终端，已经具备一定先发优势。从根据新经销出具的《2017年中国快消品B2B行业竞争力》，在济南市场，中商惠民综合竞争力排名第一。其装机量（市场覆盖率）、小店订货量、订货频次及商品丰富度、配送速度、商品价格等方面均处于前两位，旗下业务员对小店拜访频次也居同行榜首。但其处于发展前期，自建物流也提高了经营成本，据中商惠民执行总裁苏小新在2017年7月的公开采访中也表示，整个B2B中物流资产最重，目前中商惠民仓储物流占总成本是40%~50%。另外，对于畅销商品，其拥有成熟完备的经销体系，即使其运作效率较低，品牌商不可能将经销权直接转让给中商惠民，否则会破坏原有经销体系，而中商惠民短期内又无法完全替代原有经销商，这可能导致中商惠民供应链资源存在不足。

自营模式案例三：京东新通路计划开放加盟百万家便利店

1.模式简介

京东新通路商业模式与中商惠民类似，均采用自营模式，上游直接对接厂商，下游连接终端门店，商品、服务质量、物流配送可控。京东新通路作为京东2016年全集团的“火车头一号”项目，由公司CED刘强东在2016年年会首次提出。2017年4月，刘强东宣布，未来五年要在全国开放加盟100万家京东便利店，京东快消品B2B业务布局加速。

2. 优劣势总结

新通路的优势在于京东拥有庞大的商品资源及强大的物流系统。根据公司官网资料，凭借自身庞大的区域化分仓作为其服务的便利店的货源集散中心，新通路能实现85%以上的订单配送当日或次日达。通过共享现有的物流配送系统比重新自建物流系统成本也较低。但新通路面对众多的终端小店，也需要庞大业务人员挨个开拓、挨个维护，仅有供应链资源和先进的物流系统没法有效吸引小店，也难以吸引品牌商的合作。在终端网点布局方面，中商惠民已经走在行业前头。

案例总结

1. 传统模式主导快消品分销，痛点众多

快消品市场空间庞大，但传统分销渠道出货额占比高达51.6%（2015年），仍是我国最大分销渠道。传统分销包含680万家小店（2015年），市场集中度非常分散。渠道层级众多、效率低下，提高了品牌商铺货成本，也无法有效跟踪产品终端销售。对于小店，层层加价导致其无法获得低价优质商品、缺货现象也较为严重。对于传统经销商，其在电商及连锁终端纷纷绕过经销商直接对接品牌商等冲击下，处境困难。传统分销渠道亟待整合。

2. 终端小店渠道/场景/入口价值突出，传统渠道整合空间大

B2B电商通过对流通渠道的互联网化，能有效突破传统分销渠道的地域分割，减少信息不对称，缩短渠道环节。而借助先进的仓储、物流系统，统仓、统配能降低仓储、物流配送费用，提升产业链效率。如果能进一步打通终端销售系统，获取销售终端数据，则更是能够借助大数据分析能力，优化商品结构、进行精准营销和精细化管理，在降低采购成本的同时，改善终端销售业绩。另外，终端小店是天然流量入口，如果能够盘活这些存量渠道价值，打造社区综合服务平台价值空间大。

3. 自营、撮合，两种模式各具千秋

根据平台是否买断商品、是否直接参与商品交易过程，快消品B2B电商分为自营模式和撮合模式。撮合模式平台采用轻资产模式，能充分利用现有经销商资源、对现有经销体系冲击较弱，有利于平台的迅速扩张。但产品、服务质量相对不可控。自营模式直接买断商品，自建仓储物流，产品、服务质量可控，但其资金需求量大，在发展初期物流投入成本高，厂商也担忧平台做大后会寻求更高议价权，双方潜在利益冲突相对较大。

4. 快消品B2B电商仍只是小店进货补充渠道，加强深度服务成为趋势

庞大的快消品流通渠道潜在改造机会吸引了各路资本青睐，但目前快消品B2B电商仍只是小店采购渠道的补充。在实际经营过程中，B2B电商平台往往需要面临品牌商、终端小店、经销商三方利益诉求；相对于传统经销渠道，各B2B电商平台在商品供应价格、物流效率、产品丰富度方面，优势并不明显。目前快消品B2B电商平台的发展趋势为：一是发力仓配系统，提升物流配送效率，降低仓配成本；二是加码零售终端，由2B端向2C端进行延伸。从帮助小店采购到帮助小店销售，再到帮助开设门店，B2B电商平台加强深度服务成为趋势。

案例思考

1. 你能够分辨你家附近的快消流通渠道是以怎样的方式运营的吗？

2. 菜鸟科技准备进入这个领域，你觉得哪种模式更加适合他们的操作？

3. 如果你是一家快消产品厂商，你觉得你会倾向于哪种模式？你会根据哪些指标选择适合你的模式呢？哪些关键指标是你需要考察的？

4. 按这个趋势发展下去，以后快消产品厂家是否只需要安心生产，然后由物流企业和渠道协助实现门到门的服务呢？

捌 案例八 “供应链服务+虚实结合”孕育品牌电商新未来

“供应链服务+虚实结合”孕育品牌电商新未来，“品牌+渠道+工具”生态圈突围在即。历经数月归纳总结，我们认为当前主要分化两种方向：第一种以南极电商、韩都衣舍等为代表的供应链服务商，在有一定影响力的品牌基础上，借助丰富的电商运营经验，大数据、园区等工具，深挖电商供应链服务价值，在品牌/品类/IP+工具+渠道等三维度全面拓展；第二种以裂帛、茵曼等代表的品牌，起步于线上，通过模式与技术创新，用户体验与供应链效率提升并行，走向线上线下融合。

一、传统零售老树发新芽，“供应链服务+虚实结合”孕育品牌电商

（一）传统转型线上及垂直类独角兽茁壮成长，虚实结合成为主流业态

电商进入健康增长阶段，互联网渗透率提升及消费升级助力电商规模稳步提升。2015年国内电商市场规模达16.2万亿元，增速达20.9%，近五年CAGR达27.5%，高于同期社会消费品零售总额的14.4%，渗透率首次突破10%。从电商发展阶段来看，电商依次经过萌芽、爆发、成长以及成熟四个阶段，目前来看已进入成熟阶段，未来增速保持稳健增长态势。前期电商发展主要受益于网民规模的提升，而未来将逐步切换至消费升级。研究平均交易额与网民渗透率发现两者呈现线性关系；当网民渗透率突破70%后，网民渗透率基本与地区平均交易额脱离关系，当前国内网民渗透带动电商发展的

红利逐步消退，后期电商发展将逐步切换至消费升级，如以跨境电商发展为代表的高端产品消费渠道正在逐步成长。考虑各省区市电商驱动力正呈阶梯状逐步由网民渗透切换至消费升级，预测未来五年电商增长仍能保持稳健，增长区间为15%~20%。

（二）传统商贸零售痛感继续加大，线上转型成为救命稻草，而纯互联网电商企业小荷才露尖尖角

2013年第3季度以来，部分零售企业率先宣布进军互联网及电子商务，行业内部各企业核心战略逐渐分化，除传统企业转型线上外，纯线上独角兽的B2C电商企业正茁壮成长。我们认为目前大层面上可以将零售行业分为两个主流：

（1）传统零售（主要依靠同店增长和门店扩张提升公司业绩，围绕主业转型升级积极性或程度较低）；

（2）互联网零售（依靠线下线上融合形成高消费者黏性生态圈等商业模式或纯线上品牌依靠商业模式优越脱颖而出，依靠平台优势成为垂直类独角兽）。

传统零售企业转型线上趋势不改。随着消费者线上消费习惯被逐步培养形成、消费者年龄结构的变化以及零售相关技术的开发，自2013年开始大量实体零售企业“拥抱”线上，寄希望新增线上渠道、减少中间环节来树立对抗电子商务护城河，这一趋势亦基本贯穿整个2015年，预测未来传统线下零售商将逐步线上化，实现线上线下一体化融合。

细分领域独角兽创新发展模式初尝甜头，产品和服务符合消费升级趋势。过去我们对电商的概念停留在平台型C2C或垂直复合型B2C如淘宝及京东，而当前以唯品会、聚美优品等小而美的独角兽正逐步受消费者青睐且增速高于行业增速20~30个百分点。如果我们再将视角缩小，可以看到过去近15年电商发展孵化一大批纯互联网品牌如韩都衣舍、三只松鼠等，而这些都是在细分领域的纯互联网品牌龙头，星星之火已成燎原之势。消费升级是这批电商企业发展主要驱动力，前期或借助爆款或借助多品类吸引流量，而后依赖于产品品质及服务增强用户黏性。

线上线下融合成为新趋势，O2O电商发展迅速。以阿里和京东分别引领平台和B2C自营领域，独占电商格局双寡头格局难以撼动并加剧整合，电商发展出现新趋势：一是电商网站加速向线下进军；二是线下零售商业态O2O进入深水区改善，以电子商务线上线下新业态强势增长，拓展物流发展新空间，以服务业O2O为代表的O2O发展迅速，2015年上半年市场规模达3000亿~4000亿元，线上线下融合成为新趋势。

O2O模式提升消费者产品需求以及购物体验，渠道融合是大趋势。对于传统零售商来说，O2O模式能够将线上交流互动迎客聚客和线下真实体验结合，品牌信誉、物流配送优势结合起来，发展线上线下体验消费、信息消费以及合作消费。对于起家于互联网的电商来说，在“淘货”时代C2C是在线零售的主流商业模式，在线零售商（淘宝、拍拍、易趣等平台）享受中国互联网渗透率提升所带来的巨大用户流量，部分消费者的主要关注要素为价格；而目前，市场已逐渐进入以品质电商为主的“选货”时代，主流消费者更注重体验、服务、质量等，缺乏线下体验是众多纯电商公司的痛点所在，因此，部分电商为弥补这一缺陷，开始下沉渠道，布局线下体验店，增加用户购物体验和服务。

二、“品牌/品类/IP+工具型服务+渠道+内容”构建矩阵生态圈

“品牌/品类/IP+工具型服务+渠道+内容”多维度构建生态圈，重点关注南极电商和韩都衣舍。正如前所述，当前淘品牌分化发展：供应链服务和虚实融合，前一种主要代表的淘品牌有南极电商和韩都衣舍，而后一种主要代表的企业有裂帛、茵曼。前者，南极电商以及韩都衣舍依托于品牌优势，构建“品牌/品类/IP+工具型服务+渠道”多维度多角度的生态圈，结合“一站式”运营增值服务，实现品牌品类延伸，增强营利能力。我们认为当前此类供应链服务电商企业已经逐步脱颖而出，借助资本市场，其资本运作能力持续提升，内生增长稳健，其优越的模式正在逐步受到关注和认可，本部分主要研究的对象是南极电商以及韩都衣舍。

（一）南极电商：打造“品牌/品类/IP+工具型服务+渠道+内容”矩阵生态圈

深耕“南极人”品牌，阿米巴经营提升运营效率，打造全新电商服务模式，结合“一站式”电商运营增值服务，实现南极品类延伸。2012年，南极电商建立NGTT电商服务平台，致力于建立电商生态综合服务体系；2013年，公司进一步深化供应链服务体系，建立一站通柔性供应链园区服务体系。从营业模式上来看，南极电商利用南极人品牌知名度、前期电商运营经验积累以及与阿里等电商平台强大的合作关系（倚天会成员之一），以标准品（高性价比）为切入口扩张品类，聚集供应商、经销商。

结合“一站式”等电商代运营增值服务建立经销商、供应商的黏性，成功实现南极人品类延伸，践行阿米巴模式提升公司治理，事业部制增强内部激励以及协同效应。南极电商推行阿米巴经营模式、实践单位效益最大化，采取经营单位最小化模式，增进产品研究院、业务增值部、财务中心等部门融合，提升业务部门整体的经营意识以及进取意识。南极电商发展至今，品牌品类已初具规模，理顺管理模式、提升效率是南极电商可持续发展所要解决的问题。公司实践阿米巴经营模式，符合南极电商整体业务发展方向，有利于提升“品牌/品类+渠道+内容+工具型服务”生态圈矩阵建设，同时阿米巴事业部制的管理模式将大幅提升各大业务部门的运营效率，为南极电商整体业务协同以及战略推进做基石。

高暴发性增长持续，高营利能力验证公司商业模式的优越性。从品类拓展、经销商数量以及收入增长情况来看，2013~2014年，南极电商品类年增长率分别为116.67%、171.79%，2015年1~9月相比2014年增长率为20.75%，进入了更广泛的消费品领域，品类范围快速扩张。2012~2014年，南极电商的直接授权合作供应商数量的复合增长率为113.47%；南极电商的直接授权合作经销商数量的复合增长率为94.28%。南极电商授权供应商及经销商队伍的日趋壮大是传统制造业和线上零售行业竞争日益加剧的结果，显示出南极电商在品牌运营和服务管理方面的丰富经验，及其电商服务平台的凝聚力。2012~2015年的1~9月销售额分别为1.05亿元、3.69亿元、6.46亿元和14.68亿元，复合增长率为140.90%。供给端和需求方面倒逼服装产业改革，机会在柔性供应链服务国内服装市场规模足够大，线上交易规模进一步提升可期。

根据国家统计局数据，我国国内服装类商品零售额2009~2013年年增长率均保持在10%以上。截至2014年底，国内服装类商品零售额为8935.8亿元，相比2013年增长9.24%。在电子商务领域，服装品类占据重要地位，网购渗透率达到20%以上，为网购渗透率较高的品类之一。在线上线下融合的背景下，服装品类未来线上交易规模有望进一步提升。前端市场持续增强，中后端供应链服务市场规模潜力空间持续增长，为发展电商供应链提供动力。电商园区处于高速发展期，政策利好持续推动电商园区。

在政策推动、产业转型的背景下，电子商务园区成为市县级政府最重要的政府工作之一，据阿里研究院不完全统计，截至2015年3月，全国电子商务园区超过510个，未来仍将进一步快速增长。2015年6月，国务院颁布《“互联网+”行动指导意见》，明确了推进“互联网+”，促进创业创新、协同制造、现代农业、高效物流、电子商务、便捷交通、绿色生态、人工智能等若干能形成新产业模式的重点领域发展目标，电子商务园区作为电商生态圈的重要实施载体，将充分受益于国家对于电子商务的支持。

从商业模式来看，主流的盈利模式有三种，分别为租金收入、政府补贴、增值服务收入等，企业主导的园区收入主要来源于租金和增值服务，政府主导的园区前期对入驻企业减免租金，园区收入主要来源于政府补贴，目前，个别园区（如南极电商搭建的园区）探索按照租金免费、按照服务收费或按照网购成交额提成的新模式。

打造“品牌/品类+工具型服务+渠道+内容”矩阵生态圈，南极电商业绩持续爆发可期。构建“品牌/品类/IP+工具型服务+渠道+内容”电商服务生态圈，持续增强园区吸引力与黏性。前端拓展多品牌多品类，南极电商致力于实现“1”到“N”的品牌转化，基于“南极人”品牌运营经验并复制到其他品牌，如近期公司收购卡帝乐鳄鱼，避免“南极人”品牌遭遇天花板，实施前端“多品牌+多品类”的战略，以“南极人”品牌探索出了“IP授权+服务”的模式。南极电商工具性服务持续升级，初期构建电子商务园区，为授权供应商提供产品研发设计、工艺品质管控、生产计划优化、质量控制、供应链培训等服务，打造“一站式”服务平台，而后逐步丰富工具性服务，提升运营效率与体验，如收购时间互联打造互联网大数据与营销。

渠道上拓展海外布局跨境电商预期增强。公司与Pony合作，正式切入粉丝供应链经济，拓展流量入口渠道，将有利于立足国内线上渠道，拓展跨境电商。内容上，与知名网红Pony签约，切入网红经济，有助于南极电商流量变现。收购时间互联股权，加码服务型工具，布局大数据营销。公司发行股份及支付现金购买时间互联股权，同时募集配套资金。时间互联是阿里巴巴的官方供应商，主要为阿里巴巴旗下淘宝、天猫等产品做推广服务，南极电商收购时间互联股份符合公司布局服务型工具的战略方向，能够提升南极电商的品牌形象，减少品牌维护成本。在数字营销特别是移动数字营销景气度较好的背景下，公司拥有上游移动端优势，且能够实施监控广告整体投放的效果，上游资源优势明显以及精准营销建立公司自身护城河。国内移动端占比持续提升，阿里巴巴2016年Q1财报显示，公司移动端季度GMV占比达到73%，移动端占比呈高速发展态势，国内购物正朝碎片化以及移动化趋势发展，且在行业整体流量成本不断攀升的大背景下，成本攀升催化南极电商布局移动营销类公司，补缺数字营销的短板，提升品牌宣传渠道。收购时间互联与南极电商的战略相符，依托于供应链服务，持续布局工具型服务，建立多种类型的工具型服务，持续看好两者的协同效应以及时间互联内生增长。

南极电商牵手Pony，有助于南极电商流量变现。南极电商牵手Pony，有助于南极电商流量变现。南极电商的成长逻辑为“品牌/品类/IP+工具+渠道+内容”，公司牵手MUNMU，签约功能型网红Pony，有助于南极电商的流量变现新渠道，且个人IP品牌有助于提升原有品牌影响力，孵化更多品牌，以及拓展品类。功能型网红与传统颜值型网红相比，具有更高的经济附加值。网红是零售的最大变革，在个性化消费大环境下，消费群体需要诸如Pony的意见领袖，零售将逐渐去中心化，并逐步过渡到内容化以及社交化，个人IP品牌成长更具动力。网红时代内容为王，流量变现是其本质。国内网红正由“颜值引流模式”向“功能性变现模式”升级。功能型网红具有天然的电商基因。在流量成本与日俱增的背景下，功能型网红可以实现特定垂直圈子的精准营销，解决了中小卖家的痛点。网红电商运营具有以下几个优势：

（1）推广成本低，具有精准营销的特点；

（2）选款能力强；

（3）测款成本低。

“1”到“N”，品牌拓展再下一城，南极电商矩阵生态圈盘活卡帝乐鳄鱼。2016年6月，南极电商公告收购卡帝乐鳄鱼，延伸“南极人”品牌集到知名外资品牌“卡帝乐鳄鱼”，卡帝乐鳄鱼产品矩阵集主要包括商务装、休闲装、包以及眼镜等。受制于公司管理层“水土不服”、产品定位以及线上冲击等影响，卡帝乐鳄鱼线下门店数量增长乏力，线上产品定位偏老龄化，卡帝乐鳄鱼市场整体销售额达到3亿元，营收以及净利规模基本处于停滞状态。而接入南极电商体系后，南极电商矩阵生态圈有望盘活卡帝乐鳄鱼，品类上将大幅拓展，借助于工具型服务提升品牌形象以及影响力，拓展线上渠道，业绩有望大幅增加，我们预计今后净利润复合增长率在55%以上，这大幅提升了南极电商营利能力。

（二）韩都衣舍：聚焦供应链服务，构建互联网品牌生态圈

电商渠道女装销售中的翘楚，打造纯线上品牌航母

起步于线上，电商女装销售独占鳌头。与茵曼、玛萨玛索等凭借电商渠道成为国内服装品牌新贵的历程类似，韩都衣舍是一家起步于线上的电商零售集团，截至2015年9月公司旗下拥有19个品牌，国内外代运营品牌21个，覆盖女装、男装、童装、户外等。受益于款式新颖、品牌等，韩都衣舍连续三年在淘宝网、天猫商城、京东商城和唯品会等综合性平台排名第一，2014年韩都衣舍女装成为天猫历史上第一个全年度、“双11”“双12”的三冠王，成为电商女装销售中的翘楚。

2015年上半年实现扭亏为盈，九牧王增资后市值达24亿元。在营利能力方面，2015年上半年韩都衣舍实现扭亏为盈，2015年收入12.60亿元，全年净利润0.33亿元。2015年9月九牧王子公司九盛欣联以0.6亿元人民币第二次增资韩都衣舍，增资份额为2.4%，根据此次增资预估韩都衣舍总市值约为24亿元，参照公司2015年营业收入为12.60亿元、净利润为0.33亿元，对

应的PS为1.90倍，截至2016年3月韩都衣舍已实现三轮融资。

电商企业布局线下成为电商企业发展新趋势，行业发展差异化明显。纯电商品牌走向线下成为近年来发展趋势，如休闲食品电商新贵三只松鼠、引领棉麻文艺潮流的茵曼等。从目的性来看纯电商实体化的核心原因主要有品牌落地的需要、线下实体店配合线上物流、线下产品及服务体验、多业态经营拓展的考量等四点因素，如休闲食品行业三只松鼠、百草味以及良品铺子注重线下品牌构建以及产品体验走向线下。而服装行业茵曼服装、家具定制公司尚品宅配等在近年来逐步重视线下渠道，但无论是食品类还是家具类的B2C，线下多为产品体验以及品牌构建，而真正能在线下盈利的线上品牌并不多。

韩都衣舍打造纯线上电商品牌，降低电商实体化运营风险。当前来看，韩都衣舍并无全力发展线下渠道的规划，虽然茵曼宣布实施“千城万店”的线下拓展规划，但整体来看，其运营仍然主要依靠于线上，而线下仅作为C端入口，当然线下运营可以提升消费者用户体验以及品牌知名度，但高昂的租赁运营成本对线上品牌来说风险较大，探索如何实现线上线下融合的方式对降低电商实体化运营风险至关重要。韩都衣舍的轻资产化能够更加适应互联网变化，准确把握互联网机遇。但产品体验与品牌构建不及线下效果，茵曼或能够在产品体验以及品牌方面胜出，积累供应链经验。培育网红品牌，搭建互联网时尚品牌孵化平台。移动互联网时代，信息消费更加碎片化，个人自媒体成为可能，而电商平台通过“吸引流量—转化流量”比淘宝站内“购买流量—转化流量”更能有效实现变现，电商平台嫁接网红模式或可享受流量红利，用户黏性增加带来持续发展增量。韩都衣舍目标从一家互联网公司逐步转变为时尚孵化生态平台，与传统品牌孵化互联网品牌是下一步发展的重要战略方向，其中包括网红品牌。目前韩都衣舍正在接洽多名网红，意图立足移动互联网时代在孕育品牌人格化方面攻城拔寨。

与传统品牌建立合资公司，意欲孵化线上新品牌。韩都衣舍与线下传统品牌合作的方式主要两种：成立合资公司培育线上新品牌，如韩都与探路者、九牧王和韩国LGS集团成立合资子公司；为中小品牌提供线上全套线上代运营服务。2015年韩衣都舍保持较快的发展势头，旗下Hstyle、AMH、米妮哈鲁、迪葵纳四个品牌占据各品类第一的位置。2015年“双11”全品类天猫销售中排名第20位。为厘清电商、传统企业等品牌发展道路，公司成立智汇蓝海品牌孵化基地，成为国内具有影响力的时尚互联网孵化基地。

个性化消费成为网络消费趋势，多品类“一站式”消费或能胜出。当前来看，“80后”“90后”消费群体崛起，他们是伴随电商成长的一代，电商可接受度较高，且网上产品浏览不受时间与空间限制，为满足新一代消费个性化以及时尚化消费提供便利性和保证。韩都衣舍近年来加快产品品类拓展，自有品牌不断孵化并逐步建立用户黏性，而在产品管理方面以及供应线柔性方面公司也做得较好，在“一站式”互联网平台不断受到新一代网民青睐时，有望增强用户黏性助推公司业绩持续增长。

多款式高频次产品更新+高性价比引流变现，中后端供应链模式创新提供支撑

起步于品牌代购，发展于自品牌，可保证持续增长。从产品销售属性来看，韩都衣舍刚开始时并非拥有自己的品牌，2008年韩都通过代购韩国商品如家电、衣服等起家，从2010年以后开始发展自有品牌韩都衣舍，而销售平台也由淘宝转向天猫，B2C平台更好地为韩都衣舍建设品牌提供便利性。2012~2013年公司开启多品牌扩张阶段，2014年确定以互联网时尚品牌孵化平台为未来主要目标。

相比传统品牌商而言，韩都在产品上架以及售罄率方面拥有绝对优势。传统品牌商一年最多生产2000~3000款，韩都上线款数是其25~30倍，传统品牌产品从设计到上架大约为3个月，而韩都只需30天左右，售罄率方面传统品牌为50%~60%，而韩都售罄率在90%以上，相比较而言电商品牌韩都拥有绝对优势。

多款式高频次产品更新引流变现，高性价比持续增强用户黏性。与休闲食品电商企业如三只松鼠、百草味以及良品铺子等通过单品爆款吸引流量、服务及品牌增强用户黏性的模式不同，纯电商服装类平台主要通过衣服款式、产品更新速度以及品牌增加流量。韩都衣舍服装主要定位为女性，公司深谙“女装看款式，男装看品牌”的理念，在衣服款式方面公司效仿全球排名第一服装零售品牌ZARA销售理念（每日更新款式高达40款）选择多元化策略，韩都衣舍考虑不同女性细分人群的审美观、海量款式以及迅速更新（平均每天更新约50款）为消费者提供了充分的选择，有效吸引了消费者的目光。韩都产品定价位居在100~150元的区间，产品新颖性价比较高，配合舍友优惠及会员制持续维持用户的高黏性，天猫数据显示韩都成交回头客占比在35%~40%。

买手小组制支撑产品更新效率，小组负责制保证公司财务合理运营。其独创的该套运营管理模式，在最小的业务单元上，实现了“责、权、利”的相对统一，对设计、生产、销售、库存等环节进行全程数据化跟踪，实现针对每一款商品的精细化运营，把渠道为王变为产品为王。截至2015年4月，韩都衣舍有270个产品小组，韩都衣舍每个小组平均大约有三个人，但小组拥有极高自治权，款式选择、定价、生产量、促销全都由小组自己决定小组提成根据毛利率或者资金周转率来计算，所以毛利和库存是每个小组都最关注的两个指标。

有别于传统企业正三角形管理体制，公司建立小组制单品运营管理体系，提升运营效率及小组积极性。在小组管理方面公司运用倒三角的模式管理体系，又称为小组制为核心的单品全程运营体系，体系内部核心的是产品小组，小组内部一般配置三个人，三个人是基于产品的研发、销售，小组三个人完全独立进行管理，拥有单个产品项目的管理绝对自主权。而其他所有的公务部门为他们提供支持。运营小组管理权位居公司最上层，而所有底下的公共部门给予小组支持。

解决互联网与传统供应商之间衔接矛盾，改造成更快更好适应互联网时代的供应商。互联网时代，品牌消费相较于传统消费较为零散，品牌天花板远低于传统品牌，而消费者网上购物产品及品牌更加碎片化，导致互联网企业在解决消费者个性化需求与传统生产企业规模生产的矛盾产生困难。为解决互联网与传统供应商之间的衔接矛盾，2015年韩都推行全新的互联网工业变革，规划将传统的生产线模块化切分，一个工厂只负责一个工序，届时一件服装将由多个工厂共同完成，能够满足韩都订单速度以及碎片订单的需求，同时可有效降低库存和周转时间，减少风险。

韩都衣舍拥有强大供应链管理体系，独创韩都智能体系管理。韩都衣舍始终在供应链上精耕细作，目前全国共有240余家供应商服务于韩都，韩都衣舍基于互联网思维，打造出一个快速反应、柔性高效的柔性供应链仓储模式，这种模式能够解决互联网品牌“款式更多、更新更快、性价比更高”的要求与生产供应链的“流水线计划生产”之间的矛盾，在保证产品品质和生产成本可控的前提下，实现“多款多批次小批量生产”的供应体系。

开放柔性供应链，构建互联网品牌生态圈，深挖中后端价值。消费趋向虚拟化，年轻消费群体崛起，个性化需求增强。当前来看，国内消费的互联网化趋势不改，2015年国内电商零售市场规模增速达到20%以上，占社会零售销售总额的比例首次突破10%，且随着网民渗透率的提升以及消费升级，消费的互联网化是未来的主要趋势。与此同时，年轻消费群体崛起，其个性化、时尚化的消费特征明显，尤其是服装类产品，追求新颖以及个性化是当前的需求，碎片化的消费需求成为当前以及未来的主要趋势。

需求端变化倒逼服饰类生产端变革，多款式、少批次增量加大。相较于线下购物，电商购物具有浏览速度快、搜索成本低的特征，满足了消费者尤其是年轻群体的个性化需求。消费的互联网化、碎片化的变化要求服饰类款式多且更新速度快，而传统大批量生产依然是行业主流，传统生产时间长、更新以及反映速度慢不能满足中小电商企业的发展需求，而巨大的需求潜力要求当前中后端供应链亟须变革，以适应当前的需求端变化。预测未来服饰类的SKU数量将大幅增加，多款式、少批次生产节奏是未来供应商主要的发展方向。传统供应商已拥有自身生态圈，改革动力不足，且缺乏运营互联网电商的硬件以及经验，必然不能承担起变革产品供应链变革的重任。而能够适应当前需求，且具有能力变革中后端产业链的企业必须具有完善的大数据管理系统、中后端供应链智能管理系统的互联网基因企业。

开放柔性供应链体系，打造韩都4.0互联网生态品牌生态系统。2016年韩都衣舍启动电服务生态圈构建战略，在经历单品牌、多品牌、时尚孵化品牌阶段，韩都开放包括供应链系统、中央仓储系统、客服系统、智能系统、营销系统、品牌设计系统与集成服务系统等7大系统，打造韩都4.0互联网时尚品牌生态系统。韩都衣舍面向中小电商企业开放中后台智能系统，以“韩都衣舍+”的形式，打造垂直类、专业型的互联网时尚品牌生态系统。

2016年初公司成立互联网品牌孵化基地，即是互联网时尚品牌生态系统的主要承接平台。

韩都拥有打造信息流、供应链、资金流平台的资本和潜力，发展路径清晰。韩都经过三阶段的发展，已经在多维度建立前、中、后端的服务体系；在前端，公司拥有孵化品牌的经验，目前已建立约20个知名子品牌，拓展空间仍存，且建立自有的韩都客服和韩都传媒；中端公司买手小组制运营经验丰富，小组负责制体系已经相对完备，倒三角形运营体系保证运营的效率；后端公司已建立韩都金融、韩都储运以及韩都大学等，保证中前端的运营和人才培养等。韩都衣舍发展路径清晰，而且基于公司孵化品牌以及中后端供应链稳定运营的基础逐步向中后端服务链与南极电商运营路径基本相同，拥有向中后端供应链进军的资本和潜力。

韩都横向发展互联网品牌生态圈，中后端供应链服务有望逐步复制南极电商发展模式。在前端，南极电商以品牌托管的模式，向经销商或电商运营商收取品牌服务费，本身不参与前端的销售；而韩都衣舍前端仍处于品牌孵化阶段，销售依靠自身，而公司拥有品牌孵化的能力和经验，未来可依托孵化基地向中小电商提供品牌孵化服务。中后端生态圈，南极电商建立供应链服务园区，服务对象面向经销商和供应商，经销商可利用园区服务体系快速将订单反馈到平台，并自动匹配符合要求的经销商，小批量、多款式生产以及时效性得到解决；园区能够动态跟踪库存，减少库存压力，且可共享物流、工人以及仓储，降低供求两端的成本；韩都电商目前已建立类似电商园区的服务平台智汇蓝海，中后端供应链服务有望逐步复制南极电商的发展模式。

韩都有望在生态圈服务分享行业变革蛋糕，服务收入将是主要方向。当前韩都处于战略启动阶段，2016年下半年正式开始入驻，而具体的发展及盈利模式尚未出炉。而参考南极电商主要的盈利模式，我们认为韩都生态圈依托服务收入+品牌孵化服务收入或是未来主要的方向。当前国内天猫和京东女装的市场规模达千亿元以上，中后端服务滞后于B2C电商规模发展，行业变革在即，行业蛋糕足够大，韩都相关的配套设施已建立完备，公司可在行业变革依托自身系统优势分享一杯羹。另外，当前经销商和供应商的金融服务是尚未开发的“蓝海”，未来公司可借助自身的大数据以及智能分析系统，逐步布局供应链金融领域。

服务收入毛利率显著高于前端的销售毛利率，未来公司营利能力将逐步增强。对比来看，服务收入的毛利率在50%以上，而前端销售的毛利率在30%~40%，与前端销售对比来看，服务的营利能力远高于前端销售，公司布局前端销售，将逐步解决中小电商和供应商链接的“痛点”，营利能力有望逐步增强。

三、虚实融合大时代到来，品牌电商布局线下迎黄金增长第二阶段

虚实融合大时代到来，品牌电商焕发第二春。承接第一阶段供应链服务，第二阶段我们着重研究诞生于阿里体系内的品牌电商虚实融合时代的发展路径、模式以及前景。诚如前所述，当前线上品牌开始走向线下，提升品牌形象以及用户体验，而线下零售企业也正逐步走向线上，线上品牌以及线上品牌再无绝对差别，一批拥有品牌优势的电商经过多年的经营运作，脱颖而出，在线上增速逐步下台阶的大环境下，正逐步开拓线下资源，增强用户黏性以及品牌形象。

（一）裂帛：设计为王，差异化+O2O战略突破“淘品牌”瓶颈

差异化战略+O2O模式，设计为王打造电商孵化园

多品牌、多品类、多渠道布局，满足了不同消费者的个性化时尚需求。设计师品牌裂帛成立于2006年，是中国知名的原创互联网品牌。品牌初期主打民族风，此后通过创立子品牌、兼并收购等实施差异化战略，目前旗下已拥有11个不同品类、不同风格的子品牌，包括：核心民族风品牌“裂帛”，先后收购的时尚牌“天使之城”“LadyAngle”，并创立“所在”“迷戈”“莲灿”“芳外”、“新衣记”等品牌。此外，还有男装品牌“非池中”、童装品牌“裂帛童装”和“天使之城Kids”。产品品类包括上衣类、裤类、裙类、外套类、鞋类、童装类、配饰类、内衣类和箱包类等，目前主要通过天猫、淘宝、唯品会、京东商城等10余家主流线上平台进行销售。

营收连续三年下滑，着力设计研发、运营销售取得一定成效。裂帛近三

年的财报数据显示，营收呈逐年下滑态势。2013~2015年营收分别为6.88亿元、5.79亿元和5.46亿元，三年累计降幅为20.6%。此外，毛利率水平也逐年走低，从2013年的57.13%下滑至2015年的50.26%。营收下滑的原因主要有两个：第一，自2014年以来，国内传统线下服装品牌和国际知名服装品牌（如优衣库、ZARA等）纷纷入驻国内各大电商平台，并不断加大线上渠道的销售力度，同时线上服装新品牌明显增加，不断分流电商平台的女装消费用户流量；第二，近年来我国宏观经济增速放缓也对社会总体消费意愿和消费能力产生了一定负面影响，从而导致2014年裂帛的营业收入有所下降。而裂帛方面也积极采取一系列应对措施，继续大力推进多品牌、多品类、多渠道经营战略的同时，进一步将优势资源集中在自身擅长的设计研发及运营销售等高附加值环节，并在2015年开始取得一定成效。收入方面尽管仍有小幅下滑，但主要是由于渠道收入确认金额的差异所导致，公司全年总交易金额已呈上升趋势。

设计为王，坚定差异化战略，开放电商孵化园。裂帛作为原创设计师品牌，设计研发一直是公司最擅长并重点着力的地方。根据裂帛招股说明书显示，此次募集资金为4亿元，其中41%将用于研发设计中心建设项目，通过优秀的设计产品提高公司核心竞争力。此外，还将投入6238万元用于子品牌的进一步建设和扩张。一直以来，裂帛都在坚持走多品牌、差异化战略，多年来陆续推出与主品牌风格迥异的女装品牌，致力于为消费者提供差异化穿衣体验，从而进一步提升其品牌地位，扩大市场份额，实现持续的业绩增长。而随着公司多品牌差异化战略的逐步实施，“裂帛”品牌的收入占比也在逐渐降低。从财报数据来看，公司的主营收入主要是来自“裂帛”，2013~2015年，该品牌收入占公司营业收入比重分别为67.89%、61.42%和62.72%。除了主品牌裂帛，子品牌LadyAngel、天使之城外，其他子品牌对裂帛的贡献均较低，其中排名第二的是LadyAngel，占比12.53%。为进一步推进新品牌孵化，裂帛官方发布公告称将单独开辟出电商孵化园，以孵化更多的互联网新品牌。根据裂帛介绍，旗下的电商孵化园除了提供办公场地及基础设备外，还将按需提供个性化的创业增值服务，以“新服务、新生态、新潮流、新概念、新模式、新文化”六个新合作模式为主导。同时，裂帛将引入导师辅导机制、创业沙龙、运营实操等一系列的创业扶持计划。目前，该电商孵化园的面积约2700平方米。

后电商时代，淘品牌获取流量的成本和门槛越来越高。低价爆款的营销策略难以奏效，仅靠线上发展，局限性较大。从2015年淘宝“双11”销量榜首易主传统品牌优衣库，热销前五“淘品牌”军团只剩韩都衣舍一棵独苗可以看出，互联网品牌线上生存空间不断受到挤压，扩展线下渠道或将成为必然选择。然而线下发展之路也不是一帆风顺，对于线上曾经风生水起的淘品牌来讲，实体店经营能力不足、缺乏相关经验、价格差距大、款式品类与线上重复成为线下发展的致命弱点。2011年，茵曼在二三线城市的店铺曾一度扩展到30多家，后因“感觉不理想”而停止。裂帛也于2012年在北京庄胜崇光百货开出第一家线下实体店，但现已撤柜。

尽管道路崎岖，但拓展线下渠道仍具有很强吸引力。首先发展线下除了能够进一步拓展公司的营销销售渠道，挖掘并获取线下消费群体外，还将有利于进一步扩大公司品牌的市场知名度，进而推动线上销售，实现线上线下融合发展，起到效益倍增的效果。此外，线下实体门店可以成为品牌服装企业展示品牌形象的另一重要途径，是为消费者提供良好购物体验、传递产品设计理念和文化内涵的重要场所。而淘品牌想要向品质化发展，告别野蛮生长，重塑品牌形象，也必须由线上走向线下，与消费者亲密接触。

裂帛计划发展线下，通过O2O模式寻找新突破。对于此次要募集的资金，公司计划线下投入5230万元，其中实体店初始建设投入为2789万元，实体店第一年运营投入为2441万元，计划两年内开设15家线下门店。其中在北京、上海、杭州三地核心商圈开设3家1000平方米左右的旗舰店，在一线城市副商圈和消费力强的二线城市的核心商圈开设12家80~120平方米的直营门店。除了开设门店，关于线下业务的拓展，裂帛也有自己的稳步线性规划：第一步，做好单品，然后做好单品类，然后做好单品牌，这是从0到1的最难的一步；第二步，开始做子品牌；第三步，子品牌开始各自拓展品类；第四步，与其他品牌和设计师合作，利用各自优势，形成“1+1>2”的双赢增长；第五步，线上线下以及微店等多方渠道多种新模式的再一轮增长；第六步，引进国际品牌的合作；第七步，走出国门；第八步，各种其他方式和概念甚至领域的涉及……现在，裂帛集团也正在与一些线下品牌以及独立设计师谈合作，期待有新的突破。

服装电商行业步入稳定期，传统品牌冲击线上，市场竞争激烈

电商行业潜在消费群体庞大，网购品类中服装鞋帽销售排名第一。我国电子商务行业的潜在消费群体庞大。根据Wind数据显示，截至2015年末，我国网民规模为6.88亿，其中网络购物用户规模为4.13亿，占比达60%，较2014年提高4.3个百分点。庞大的潜在消费群体和高活跃度的网购市场使网络零售交易规模增长迅速。2014年，网络购物市场的全年交易总次数为173亿次，年度人均交易次数为48次。同年，我国网络零售市场交易规模为28211亿元，同比增长49.7%，占社会消费品零售总额的比重为10.6%。其中服装鞋帽是消费者网络购物时购买最多的品类。由于节省了商贸流通等中间环节的成本，服装产品的线上价格比线下价格更具优势，对消费者更加具有吸引力。

我国服装电子商务先后经历了起步期、发展期、爆发期，现已步入稳定期，交易规模稳步增长。随着经济的发展，我国服装电子商务行业呈现显著的阶段性特征。1994~2005年为起步阶段，此时以B2B、C2C模式为主，网购用户基础开始逐步形成。2005~2007年属于发展阶段，开创了B2C新模式，服装服饰类产品受到网购消费者的喜爱。2007~2012年为爆发期，服装鞋帽类产品成为网络购物的第一大销售类别。前端用户红利增加，以裂帛、韩都衣舍、茵曼为代表的互联网服装品牌迅速崛起，呈现百花齐放的态势，传统服装品牌也开始陆续进入线上销售市场，逐渐形成了多品牌、多品类、多渠道的竞争格局。从2012年至今，服装电子商务市场交易规模实现持续稳步增长，大浪淘沙，裂帛、韩都衣舍等优质淘品牌存活下来，通过发展子品牌、兼并收购、O2O等战略扩大市场份额，与传统品牌线上销售形成激烈竞争。

目前主流服装电商格局相对稳定，前端流量红利消失。服装电商平台方面，淘宝天猫凭借先发优势和流量优势取得行业领先位置；唯品会、俪人购、蘑菇街等电商则借助购买模式和用户体验等方面的创新取得快速发展；京东等大型电商平台通过原有流量整合和移动端的开发在服装电商领域不断深入。总体而言，主流服装电商格局基本稳定。但是，近年来随着前端用户流量红利的消失，同时服装网购的渗透率逐步趋于饱和，爆发式增长时代基本结束。

随着传统品牌开拓线上市场，加剧了服装电商行业竞争。数据显示，2013年“双11”女装品牌热销前十位中淘品牌仍占据了一半的数量，其中茵曼排名第一，裂帛第四。但是随着优衣库等传统大牌陆续加入线上销售，格局逐渐发生了变化。到2014年“双11”，尽管仍有五个淘品牌进入热销前十位，但是排名发生了明显下滑，茵曼第四，裂帛第十，而优衣库上线第一年便取得了第二位的成绩。到2015年“双11”竞争更加激烈，仅韩都衣舍一家淘品牌进入热销前五。除了“双11”排名下滑，来自淘宝、京东平台的全年收入也在减少。

自2015年8月，裂帛将仓储物流环节外包给百世物流，后又逐步将客服环节外包，同时代销渠道收入占比显著提高，导致公司员工数从2013年的1046人锐减到2015年的465人。加之裂帛一直采取外包的生产方式，专注于产品设计研发、品牌运营及终端销售等核心环节，对生产设备的需求较低，生产用固定资产比重较小，因此公司具有轻资产的运营特点。这一特点使裂帛能更好地集中资源，投入附加值较高的核心环节，保持核心竞争力，同时还能与上下游合作方共同分担风险。

（二）茵曼：柔性供应链+O2O运营模式，发力中后端供应链

依托产品高性价比持续引流，营销策略完善步步为营。茵曼（INMAN），广州市汇美服装有限公司旗下棉麻生活品牌，由董事长方建华于2008年创立，凭借以“棉麻艺术家”为定位的原创设计享誉互联网，是中国成长最快、最具代表性的网络服饰零售品牌。2013年“双11”女装品牌全网销量第一；2014年“双11”茵曼所在的汇美集团创下1.85亿元的突出业绩。先后获得2011年全球十佳网商30强品牌、2014年中国服装品牌年度大奖、连续三年位居天猫商城女装品牌TOP5、淘品牌女装Top3、淘宝第一原创棉麻女装品牌等殊荣。2014年9月19日，阿里巴巴在纽交所正式上市。这是当时国内各大媒体最耀眼的头条新闻。茵曼作为2013年“双11”全国女装销售冠

军，它的案例被编入《阿里巴巴IPO招股书》中，同时“茵曼”创始人方建华先生作为阿里巴巴的神秘嘉宾之一赴美观礼，共同见证这一神圣时刻。茵曼从品牌创立到现在仅仅几年时间，就获得了如此大的成功，绝非偶然，而是依靠其漂亮的网络营销步步推动品牌前进的。

依托高性价比产品持续引流。对于一个好的品牌，没有好的产品，再好的营销文案都是空虚的，无法支撑品牌的长远发展。茵曼从来不止停留在营销策划上，优质的产品才是它迅速崛起的内在原因。茵曼将品牌定位于“棉麻艺术家”，并且一直坚持到现在，从未改变。“棉麻艺术家”透露着茵曼对产品的极致追求，不但面料材质好，每件产品的设计也如艺术品般精致。在产品的设计上还融合了江南民族文化与都市恬静情怀，素雅而简洁、个性而不张扬。

从原料端提升产品性价比。起初，与其他淘品牌一样，茵曼的许多款式，同样面临着褪色、开线等问题。2013年6月，茵曼投入了500万元建立面料检测室，包括织物强力机、汗渍色牢度烘箱、耐洗色牢度试验机等设备，在设计开发之前检测面料，从而保证产品的质量。

外延式并购抢占高端棉麻女装市场。2013年，茵曼收购了同样很文艺范的“初语”。初语中性、简约，而茵曼则重细节、重廓形，两者都是棉麻风格，但又是互补。初语被收购之后，还是原来独立的运作系统，但有茵曼助威，销量在2013年由几千万元的规模一下子跃至几亿元。茵曼和初语真正实现了“1+1>2”。“生活在左”是茵曼多品牌化策略的又一举措，用于满足那些追求服装更高的品牌内涵和产品材质的高收入、高品位女性的需求。经过试运营之后，“生活在左”正式上线经营。茵曼抢占高端棉麻女装市场，获得了一定的先机。

依托淘宝起家，较早探索线上线下融合模式。茵曼最初依托淘宝成长起来，是较早摸索我国网民服装购买需求、购买行为与心理的网络品牌之一。茵曼创造了O2O模式，即Online and Offline。2011年9月，茵曼在广州中华广场设立第一家实体店，之后也陆续开了几家实体店，但最终以全部关门告终。这是茵曼第一次探索OAO模式，虽然以失败告终，但为之后的第二次探索打下了基础。初次探索失败后，茵曼又将战略重心重新放回到网上，专注网络运营。现在，除了与天猫合作外，茵曼还与一号店、京东、唯品会等网址展开合作。2015年7月，茵曼在广州高调启动“千城万店”项目。于2015年设立200家门店，2016年达到1000家，预计五年完成万家店的布局，到时候将有产生上百亿元销售规模。从只做线上，到O2O第一次探索，再到重回线上，启动“千城万店”，这是一个不断探索、不断蜕变的曲折过程。

打造柔性供应链解决零售痛点，核心工厂无缝对接生产与消费

个性化经济崛起，传统供应链逐渐与市场脱节。传统的供应链力求从原材料采购、产品设计到产品销售使用库存的“零库存”，以期降低运营的成本，尽快消化库存来实现盈利。然而，在个性化需求经济的市场环境下，传统的供应链已经无法很好地匹配消费者的个性化需求了。只有真正抓住客户潜在需求的供应链运作模式，才能使企业存活下来，并培育出核心竞争力。

产品断货风险是传统供应链最直接的痛点。以实体店运营为例，实体店平台的搭建需要支付固定成本与沉没成本，在运营过程中又会产生变动成本。在收益覆盖这三部分的成本之后，实体店才有继续运营下去的条件。产品断货将直接导致实体店的盈利减少，甚至影响实体店的持续运营。对于线上平台来说，虽然在固定成本方面投入的比线下平台要少，但是其要承担一定的沉没成本与变动成本，所以也要求有足够的收入能与成本匹配。缺货将影响客户的购物体验。并且，由于存在大量的同质化产品，缺货将直接导致客户的流失。可以这么认为，产品断货就是传统供应链下企业面临的最直接的风险。

库存积压削弱资金运转效率，降低企业盈利能力。存货过多的积压将严重影响企业资金的运转效率，并且还会让企业产生很大一部分数量的储存成本，从而削弱企业的运营能力。在个性化需求经济的背景下，消费者的需求转移往往是高频的。企业能否让产品去符合消费者的“口味”，将直接影响企业的盈利能力。传统供应链本身存在的黏性供应，显然无法适应快速多变的需求转移，必然会产生存货的积压。

“长鞭”效应扭曲传统供应链的需求信息。当供应链上的各节点企业只根据来自其相邻的下级企业的需求信息进行生产或者供应决策时，需求信息就无法真实地沿着供应链逆流而上，产生逐级放大的现象。当信息到达最源头的供应商时，其所获得的需求信息和实际消费市场中的顾客需求信息发生了很大的偏差。品牌商根据市场需要，“1对1”地向成衣制造商发送100个订单。成衣制造商同时向3家面料厂发送100个订单，并采购最快的一家。面料厂一共接到300个订单，并且以同样方式向纱线厂发出订单。结果是产生了900个订单，但市场却只有100个实际需求。

由于这种需求放大效应的影响，供应方往往维持比需求方更高的库存水平或者说是生产准备计划。下游产品标准化率低，库存压力大，影响企业变现能力。在纺织服装产业，产品的标准化率从下游到上游是逐步提升的。对于下游的品牌商来说，由于顾客的需求具有多样性、产品种类的多样以及需求的转移，使产品差异性很大。品牌商往往需要囤积大量的库存，维持一个较高的SKU水平。对于制衣厂来说，制衣工艺的差异与面料品种的差异，也决定了制衣端的低标准化率。由于面料制作工艺的差异，也导致了面料厂产品的非标准化，但与制衣端相比，面料制作的标准化相对有所提高。处于上游的纱线厂，由于原材料本身的差异性不大，并且纱线厂可以提前备货，往往现货库存可以对应期货订单，所以上游环节的优势大于下游环节。越往下游，库存的压力越来越大，这是由传统供应链内在矛盾与服装行业特性共同决定的。

为了应对外部环境变化，供应链流程全过程要具备一定的柔性，包括供应环节、制造环节、物流以及相应的信息系统。“柔性供应链”是基于越来越动荡的市场环境，企业为了生存发展，必须积极主动地去适应市场环境的背景下产生的。企业实行柔性供应链管理，是为了更好地将来自供应商、制造商和市场需求等方面不确定的风险因素降到可控范围，并通过供应链成员的协同管理，整合了包括供应商、制造商、经销商、客户、物流等环节，加强彼此沟通并缩短决策过程，增强对市场的快速反应能力。供应柔性是指可以根据市场需要适时材料供应量、品种等计划，来满足市场需要；制造柔性是指在现有资源条件下，以低成本、快速生产出满足市场需要的质量优良的产品；物流柔性是指在合理成本下，采用适合的运输方式，在合适的时间、地点，收集配送合适的产品或原材料；信息系统柔性基于供应链各层面的重组能及时调整和传递信息，提高企业服务水平及合作伙伴间的合作水平。

对于企业经营管理而言，需要配合柔性供应链管理的特质，在组织设计、文化构建、战略决策和产品研发等方面增加相应柔性。组织设计柔性是要构建一种动态、灵活、扁平化、网格化组织结构，可根据外部环境变化适时调整；文化构建柔性是要建立与柔性组织相适应的新型柔性文化，改变传统高度牢固、一致、系统的硬性文化；战略决策柔性是指在有限理性下将决策目标、偏好及约束条件等改变为柔性来考虑决策方案；研发柔性是能够以经济合理的开发成本，采用新技术、快速响应市场需求开发出满足市场的新产品。

供应链的柔性不仅仅表现在单个企业内部从流程到经营管理的柔性，更体现在与上下游企业的资源共享方面的柔性。借助良好的合作关系，使企业在各种不确定性情况下，以低成本、高水平、快速配置资源满足客户需求，增强供应链的竞争力。同时，在供应链企业间建立合理的、具有激励性质的收益分配和风险共担机制。既然以加单为主的生产方式无法改变，要想解决传统供应链的矛盾，就必须转向柔性供应链。互联网时代供应链不能把目光只聚焦于首单，而是要合理解决面料问题，合理排单，根据生命周期反推订单量，并且力图用信息化管理取代纯人工。供应链是未来可能会比品牌更具价值的产业，谁占领了未来的供应链，谁就主宰了品牌的兴衰，也主宰了未来。

掌握终端需求信息精准预测，柔性生产匹配市场需求。与传统服装企业不同，茵曼不会盲目扩大生产。传统的服装企业往往有很强的扩产冲动，通过各种营销方式，来增加订单的数量。但是，由于服装行业市场偏好变动较快，消费者很容易改变自己的喜好，就会出现产品与市场需求的不匹配。茵曼首先克制了盲目生产的冲动，宁可牺牲销售额，也不生产与市场需求不匹配的产品。并且，茵曼将“期货”库存与“柔性”库存分开，分别做生产计划。同时，也对供应商进行淘汰机制考核，严格控制原料的质量。在内部管理上，优化生产下单流程。在产品质量标准上，将品控管理和发单人员分开管理，杜绝“放水”，建立规范额产品品质标准体系，严格审查供应商额资质，在设计开发时没有经过检测合格的面料不能设计款式。茵曼建立了自己的产品检验实验室，从原材料开始把控产品质量。品牌商掌握了所有终端会员的消费需求信息，借助老顾客，结合互联网营销手法就可以做到精准预测，再结合商品的销售周期，预算出下一季度的订单数量。2014年茵曼服装销售量达到了185万件，年终盘点库存不到15万件，库存周转率达到了5.5次。

在线下，茵曼目前拥有四家产能稳定的工厂，拥有自主权和迅速的市场反应能力。培养核心工厂，自主设计和生产。茵曼没有选择代工厂的生产模式，所以在整个流程上都拥有良好的自主权和迅速的反应能力。在强大的设计团队的支持下，茵曼每天都能出至少15个新款，工厂首单1周时间就可以完成，而如果找代工厂的话至少需要15天甚至更长的时间才能出首单。而且，茵曼着重培养核心工厂，提前下单，确保工厂天天有单做。

运用CRM和平台数据把握市场需求，大数据实现流量变现。应用平台数据，将生产设计和市场的需要相对接。茵曼建立了一个5人团队专门从事CRM相关工作，并成立了用户调研的呼叫小组，使重复购买率比往年有了明显提升。对症下药，因地制宜，优化CRM的第一步就是根据不同的维度把客户分层。一方面，茵曼根据消费金额将用户分为普通会员、高级会员、至尊VIP等；另一方面，还根据区域、偏好、类目等给客户打上标签。茵曼积极获取各大运营平台的CRM数据。天猫将CRM系统开放给茵曼，这个用户数据库很庞大，但信息相对单一。而当当网给其提供的CRM数据，除了茵曼订单历史外，还有该用户在当当购买图书的交易记录。

再探O2O挖掘粉丝经济，全渠道战略打造盈利优势

“店商+电商+微商”模式打造O2O，万店布局百亿销售规模可期。2015年7月，茵曼在广州高调启动“千城万店”项目。运用“店商+电商+微商”的模式，让线上线下的关联更加紧密起来，并且形成一个可以互相依托，持续收益的共同体。预计五年完成万家店的布局，到时候将有产生上百亿元销售规模。对于O2O的概念，茵曼其实并不陌生。O2O即Online To Offline，是指将线下的商务机会与互联网结合，让互联网成为线下交易的前台，这个概念最早来源于美国。O2O的概念非常广泛，只要产业链中既可涉及线上，又可涉及线下，就可通称为O2O。

线上成本过高催生了全渠道战略。茵曼线上线下门店采取同款同价策略，现在线上线下的盈利空间并没有太大差别，线上的成本也非常高。互联网品牌经历了爆发式增长之后，线上流量已趋于饱和，而新流量获取成本将越来越高。未来一个成功的品牌必须是全渠道的，所以线上线下的业态必须融合。“千城万店”的创新点在于，零加盟费、零库存、零软装，去除一切中间商，节省了大量的线下运营成本，并且款式和价格线上线下同步更新。支付方式可以选择移动端付款。店主登录下单系统，可以通过快递迅速补货。在体验店完成购物的新会员，今后的网络订单消费额也将提取部分返还给实体店。这是彻底的供应链体系、货品体系、价格体系、会员体系、盈利和服务体系的融会贯通。

充分发挥粉丝经济，通过社交打造流量。粉丝是茵曼“千城万店”加盟模式的主要力量。一线城市投资少部分直营店作为旗舰店标准，二三线城市以加盟为主。茵曼此次借助600万庞大的粉丝潜力，在120个已经签署的协议中，其中80%是茵曼的粉丝，70%是“80后”“90后”。茵曼具有天生的互联网DNA，可以充分挖掘会员粉丝的能量。粉丝经济不可估量，粉丝不但可以买茵曼的衣服，还可以一起创业，这与传统的服装加盟模式不同。有茵曼粉丝的地方，就可以有茵曼实体店。每个粉丝都有可能变成店主，同时每个粉丝也可以有一个微信群。未来，茵曼粉丝的小店将遍布全国，预计市场规模将会达到100亿元。

“茵曼+”依托其丰富的内涵，加上创新的策略，很好地增加门店销售额，降低门店的运营成本。与之前的“线上加线下”模式不同，此次“千城万店”项目不仅仅是简单地把线上的业务搬到线下的门店里。传统的门店存在以下几个问题：

（1）客流渠道局限；

（2）存货成本压力大；

（3）季度订货占用大量现金流；

（4）货品款式固定更新周期长；

（5）价格虚高，门店沦为试衣间；

（6）品牌商享受大部分盈利。

茵曼具有600万的线上忠实分析，粉丝资源的分析，在流量上为“茵曼+”提供了支持。零库存模式节省了高达20%的库存成本，极大降低店铺运营压力。所有的货品均可以先售卖后结算，店铺仅需将货品成本支付给茵曼，极大地降低了“茵曼+”的资金压力。目前，茵曼是目前唯一一家，实现店铺货品每日更新的服装品牌，店主自主选货，茵曼免费供货，史无前例的货品更新模式，极大地刺激消费者的购买力。并且，作为中国第一家实现全渠道O2O的服装品牌，线上线下同款同价，营销活动同步，让消费者在享受线下优质体验的同时，获得互联网极致性价比。最后，“店商+电商+微商”的全渠道模式也保证了持续盈利的能力。

案例总结

南极电商：内生增长稳健，资本运作能力持续提升，“品牌/品类/IP+工具+渠道+内容”打造矩阵生态圈。在电商流量红利消失，中小企业、中小卖家缺乏“一站式”服务，经济下行，消费者偏好高性价比的标品等三个时代背景，南极电商自2012年全面转型电商生态圈服务，2012~2015年GMV复合增速达到100%以上，围绕南极电商体系内的供应商和经销商数量4年间分别增长了5倍多，业绩的持续高爆发性验证公司商业模式持续性且有规模效应；另外，公司自借壳成功上市以来，资本运作能力以及运营能力更是不断提高，2016年上半年，公司从前端品牌品类、工具型服务以及渠道方面均有重大突破，先后收购品牌卡帝乐鳄鱼以及时间互联，与以PONY为代表的韩国MUNMUInc.签署合作协议，在品牌上复制“南极人”品牌的成功经验，实现品牌服务经营从“1”到“N”的飞跃；同时公司积极推进工具型服务体系建设、品控工具、园区服务、大数据营销服务等；与MUNMUInc合作，签约Pony，网红新渠道得到突破，利于公司进入美妆、演艺经纪、时尚服饰与用品等领域。

韩都衣舍：聚焦供应链服务，构建互联网品牌生态圈。电商渠道女装销售中的翘楚，打造纯线上品牌航母。韩都电商起步于线上，女装销售在电商销售中独占鳌头，目前正拓展童装领域。不同于其他竞争对手：茵曼、裂帛等，公司目前主要的销售模式是纯线上，通过轻资产化运营，降低电商实体化运营风险。公司经过单品牌（1.0时代）、多品牌（2.0）、互联网品牌孵化（3.0）三个阶段，已经建立多个知名品牌，多品类、“一站式”消费雏形显现。公司积极布局互联网品牌生态圈，在享受前端高增长的同时，积极加码产业链布局，深挖中后端供应链价值，韩都进入4.0发展阶段。与南极电商发展路径类似，韩都目前已建立电商园区智汇“蓝海”，目前正处于招商的阶段，在前端品牌培养方面，韩都已经验证自身的绝对优势，未来切入中后端供应链服务，成长潜力十足。

裂帛：设计为王，差异化+O2O战略突破“淘品牌”瓶颈。知名互联网女装品牌裂帛，成立10年来随淘宝一起成长，如今已发展成为年均营收6亿元，引领互联网女装行业的“淘品牌”之一。作为原创设计师品牌，设计是其核心竞争力，初期通过小众民族风独特设计打开局面，随后通过收购、发展子品牌等方式实行差异化战略，进一步提升品牌地位、扩大市场份额，线上销量持续领先。当前面对传统品牌线上转型压力，通过多品牌、多品类、多渠道布局、开拓线下市场寻找突破口，同时积极建设电商孵化园，为推进新品牌孵化提供长足动力。

茵曼：“柔性供应链+O2O”运营模式，发力中后端供应链服务。前期茵曼“营销+产品高性价比”赢得市场，茵曼高举高达，依靠优越的营销策略，实现销量快速增长，而同时依托高性价比产品增强用户黏性，逐步成为互联网服饰品牌独角兽之一。中后期逐步拥抱柔性供应链，顺应虚实结合趋势，增强用户体验以及品牌形象，茵曼目前拥有稳定的工厂，在整个流程上都拥有良好的自主权和迅速的反应能力；茵曼实施“千城万店”，发力线下，力图打造全渠道的O2O，运用“电商+微商+电商”模式提升用户体验与提升流量。前端O2O模式，不断增强用户体验，后端柔性供应链保证产品更新速度以及质量，茵曼整体形成优化的产业链闭环，线上线下融合叠加柔性供应链服务，期待高增长。

没有永远长青的企业，也没有一成不变的发展之路。服装电商随着时代的发展，面临着新一轮供应链的挑战。许多优秀的企业可能不再优秀，也有不少默默无闻的企业，能够一鸣惊人。时代列车面前，只有变化才是唯一的不变。

案例思考

1. 服装产品有哪些特殊性，使它们的供应链和零售能够率先体验新零售、新渠道?

2. 供应链的柔性需要哪些能力支持?

3. 如果说未来这些企业没落了（事实上也是如此），你觉得哪些问题可能导致它们出现问题呢?

4. 社区电商和微商崛起是否能够给这些服装企业带来新的发展契机呢?

玖 案例九 即时配送对外卖的支持和未来的发展

一、即时配送迅速兴起，打造完整产业链条

即时配送是指配送平台接到用户通过PC或者移动互联网渠道即时提出配送到达时间、数量等方面的配送要求，在短时间内响应并进行配送的方式。近年来“懒人经济”和“生活快节奏”促进即时配送物流市场的发展，中国即时配送市场用户规模不断扩大，越来越多的人开始享受各大平台提供的便捷到家服务。即时配送具有即时性和离散性的特点，因此流量、运力和调度系统将成为整个配送环节的关键。

（一）即时配送高速发展

中国即时配送市场的发展以2011年人人快递成立为起点。2015年受益于上游外卖平台疯狂扩张带来的大量订单，即时配送行业高速发展，随后，各个外卖平台开始自建配送体系，蜂鸟配送、美团众包、百度骑士纷纷诞生。经过2~3年高速增长后，市场逐渐趋于理性，饿了么收购百度外卖并将百度骑士纳入蜂鸟配送队伍，市场呈现蜂鸟、美团和达达三足鼎立态势。

从融资的情况看，2017年即时配送领域在不到9个月内涌进了数十亿元人民币资本，表明资本对即时配送行业前景比较乐观，敢于投入大量的资金进行战略布局。

过去几年外卖平台大力烧钱补贴，用户规模和用户黏性大幅提升。2016

年，即时配送用户规模达到2.31亿人。2017年第一季度，即时配送订单数量达到14.11亿单，环比上涨42%，同比增长385%；其中50%以上用户频率超过了一周1次，黏性显著提升。

（二）“宅”“忙”和技术进步驱动行业发展

餐饮外卖交易频次高、用户黏性强、用户规模大，近几年来的飞速发展对即时配送行业的兴起有极大的推动作用，占即时配送业务量的近7成。中国外卖得天独厚的优势使国内主要外卖平台GMV在世界范围内遥遥领先：

（1）国内传统的电话订餐业务并不发达，为外卖平台提供了发展空间；

（2）中国的人口数量多、密度大提供了订单量基础和配送基础；

（3）中国人力成本低，有足够的人员可以从事配送；

（4）中餐品类复杂，使用户在点餐时要依赖线上菜单，而非电话。

“宅”成为即时配送行业兴起的驱动因素。“宅”是当代大部分年轻人的假期标签，无论是大学生还是职场人士，社交生活已逐渐转移到社交平台，外出需求减弱，促进了即时配送行业的发展。

“忙”成为职场常态，白领人士成为外卖消费主力。加班已成为白领的职场常态，超过70%的白领需要加班，特别是互联网和房地产行业，紧张的工作节奏使“忙”成为公司人的最真实写照。在腾讯企鹅智库抽样调查中，高达76%的人承认自己是懒人，不愿意花时间做家务或者相关事情，70%以上的人愿意尝试外卖和生鲜食材配送。

智能手机普及加上精准的定位功能等为即时配送扫清技术障碍。此前，技术问题是即时配送及网上订餐发展的主要障碍。随着智能机渗透率的持续提升及信息技术的飞速发展，基于位置的即时配送服务开始变得简单。定位技术日益精准和平台处理系统的进一步完善，使即时配送效率大幅提升，规模扩张和盈利成为可能。

（三）即时配送催生众包物流，相辅相成共同发展

针对即时配送即时性、离散性的特点，行业诞生出了全新的配送模式——众包配送，即把原本由快递员承担的配送工作转交给大众群体来完成。蜂鸟配送官网数据显示，蜂鸟配送众包平台注册骑手已超过300万，其

认证人数甚至超过了整个快递业从事配送的人数，极大地缓解了外卖配送高峰期人力短缺的难题。

众包模式在平台的发展初期具有不错的扩张效果。但是由于其自身存在的弊端，以及上游平台的需求差异，自营配送以及加盟模式在即时配送行业中依然占有较大的比重。各大配送平台在实际运营中并不单一选择一种配送模式，而是会针对不同的需求灵活选择多种配送模式，以提升服务品质（见表9–1）。

表 9–1 即时配送主要经营模式

	优势	劣势	主要代表平台
直营	自建物流网络，更容易把握配送时间，员工易于管理，服务质量高，客户体验好	自建物流网络，初期运营成本较高，投入较高，扩张难度大	百度骑士、蜂鸟配送、美团专送
加盟	代理配送订单，相比于自营配送，人员负担较轻，节约费用及人力成本	代理配送人员配送成本较高，有一定的管理难度	美团专送、蜂鸟配送
众包	利用社会化的物流方式，更加高效、资源得到最大化利用；轻资产模式、便于扩张，降低成本	可控性不强，配送质量监管难，配送服务用户体验难以把控	新达达、美团众包

资料来源：课题组汇总。

二、物流新领域，加速快递变革

（一）即时配送VS传统快递

1. 运营模式存在差别

即时配送需要在较短的时间内同时完成高频率的取件和派件工作，且大多采用专人直送模式。在频繁的取派中，如果配送平台的系统算法足够先进，必能衍生出不少顺路单和合并单，大大提高配送效率。而快递配送则以派件为主，上门取件的次数较少（批量揽件），一个完整的快递流程需要经过多个环节主要依靠强大的转运系统提高效率。

（1）即时配送模式。

用户下单→商家接单→订单生成至配送平台→配送站代理商众包平台→骑手接单/抢单→骑手取餐→骑手派单（取派一体）。

（2）快递配送模式。

用户下单→商家发货→订单生成至快递公司→网点揽件→“转运＋干线物流＋转运”→运至目的地网点→派件（依托强大转运系统）

2. 配送高峰时期不同

外卖是即时配送的主要业务，其工作时间随着外卖有明显的峰值变化，从在线订单数据的时间分布看，配送的高峰期是午餐和晚餐时段，16点下午茶和宵夜配送量也有所提升。快递配送的高峰期则一般在上午9点和下午15点左右，早上8点之前和晚上21点之后基本不会配送。

3. 两者规模差距巨大

即时配送目前仍处于发展阶段，与快递业务相比，无论是员工数还是日均单量都有较大的差距。据*Trustdata*给出的数据显示，目前即时配送行业骑手有30万人左右，与200万快递员规模相差甚远。

据蜂鸟配送官网数据，蜂鸟配送目前日均订单超过450万单，是中国最大的即时配送平台。根据艾媒咨询发布的《2017年第一季度中国即时配送市场研究报告》，目前即时配送的日单量超过1500万单，与快递行业日均单量8600万单相比，差距不小。不过从2016Q1到2017Q1的单量增速看，即时配送增速要明显高于快递行业。

（二）平均工资与快递业基本持平

为了估算即时配送平台众包的配送员的工资水平，我们假设：

快递员每日从10：00开始工作，21：00结束，一天工作11小时，每月工作26天，在乐观、中性、悲观三种假设下，每小时配送单数分别为3/2/1单，高峰时期由于订单剧增易产生顺路单，单数变为非高峰期的3/2/1倍。以上海为例，30分钟路程的订单，平均每单定价为7元左右。

对于蜂鸟配送的专职配送员，其在当月满勤（工作26天）的情况下可以获得2180元基本工资。每个月配送如果在0~300单内为1元/单，301~500单内为5元/单，501~900单为7元/单，901单以上可达到8元/单。除此之外，如果月配送单数排名靠前或评价靠前还可以获得额外奖励。以每个月工作26天算，如果平均每天能够配送30单左右月收入能达到6000元，如果能够配送50单以上，则月收入能够过万。相较于众包员工，专职配送员采用派单模式，系统会优先将优质订单分派给专职员工，因此专职骑手的日均配送单量普遍高于众包骑手。

根据58同城发布的《2016年服务业高薪排行榜》统计数据，快递员的平均薪酬为7028元，大约相当于即时配送员日均送单40左右，基本为行业均值。因此我们认为快递员短期不会大量流向即时配送行业。

（三）高时效服务“宠坏”用户，倒逼快递配送提速

艾媒咨询数据显示，客户对即时配送期望的送达时间大多在30分钟以内，目前即时配送行业的实际送达时间也基本能达到该要求。相较而言，快递业“最后一公里”配送则往往需要半天以上，如果不巧快件在下午到达网点，则有较大可能第二天才进行配送。因此，被即时配送服务“宠坏”了的客户极有可能向快递企业提出更高的要求，倒逼快递企业增加“最后一公里”配送的时效性。

随着客户对于配送时效性的要求日益提高，快递业正在积极地做出相应调整迎接新挑战（见表9-2）。

表9-2　快递公司末端配送探索

	优势	劣势	应用场景
快递柜、自提点	能够大幅减少快递员的配送时间，提升投递速度，时效性获得一定提升	对一部分顾客来说，需要自己下楼取件，增添麻烦，无法当面检查快递，收件人权益易受侵害	办公楼、小区
外包末端配送	能够大幅提升配送速度、将末端配送时间缩减至以“小时”记	将末端配送外包可能会大幅增加配送成本，丧失规模效应	边远地区
菜鸟网络	通过多家快递公司的联合配送，能够将装货率最大化，形成规模效应，降低成本，同时提升配送的时效性	可能将自身的核心数据与菜鸟共享，增强对阿里的依赖性，逐渐丧失主动权	
无人机	能大幅降低配送成本和配送时间，获得客户的认同感	科技及政策的限制使无人机在目前看来实施仍有很大难度	农村、边远地区

资料来源：课题组汇总。

（四）快递与即时配送的合作或成常态

为应对即时配送威胁，满足顾客需求，提升企业的效率，2016年京东与圆通等快递企业尝试将末端配送环节外包：分别在“6·18”“双11”期间将末端配送外包给即时配送企业，以缓解短期巨量订单带来的巨大配送压力。

2015年成立的即时配送企业“点我达”自2016年下半年就开始承接菜鸟网络末端的派件和揽件业务。“点我达”承接快递包裹的方式主要有三种：（1）配送员用菜鸟裹裹App直接接单；（2）承接“三通一达”等快递公司的业务分流；（3）通过菜鸟与“点我达”的系统打通后，众包配送员直接用“点我达”App接单，这也是最主要的接单方式。

快递公司若能将末端配送业务完全外包给即时配送平台则可以缩减公司的组织结构，轻资产运营，且避免快递量峰谷变化给企业带来的冲击。但是由于快递货物价值通常较高，且末端配送是快递公司与客户接触的最重要环节，快递公司对于末端配送的服务质量要求高，所以未来较大可能只会将“最后一公里”配送外包给直营的即时配送平台，以最大限度地保证服务质量。

三、烧钱大战持续，BATJ入场提升行业壁垒

（一）日均烧钱千万，盈利不是第一目标

以外卖业务为例，根据美团众包App数据显示，目前美团外卖每派送一单，平台平均补贴骑手3元。艾媒咨询的数据显示目前即时配送行业日均订单大约1500万元，即时考虑到其他平台补贴力度低于美团以及非外卖订单的因素，即时配送行业日均补贴金额在千万量级。

即时配送平台花费如此大价钱补贴骑手必定有其远期的考虑，或许是：

- 目标1：抢占市场。物流行业人员流动性非常大，哪个平台给的工资更高，配送人员就往哪走是普遍现象。而即时配送行业的特性决定了即时配送平台需要大量的员工以保持其时效性以及规模效应。各个平台在垄断之前仍处于抢占市场、抢占人力资源的大力补贴阶段。

- 目标2：构建完整的物流体系。即时配送平台以刚需的外卖市场作为切入点，用高频次使用的外卖训练组建出一套强大的配送系统，然后再用它来服务所有的同城配送服务，这样一来，完整的物流体系就形成了。

- 目标3：服务于上游外卖平台，构建完整产业链。类似京东，外卖平台通过物流提升客户体验反向促进产品销售，以产品销售环节的利润来补偿配送环节的投入。以配送作为切入点，向上游整合，才是其最终目的。以饿了么为例，其是中国最早的在线外卖平台，目前已经通过上游有菜、中游饿了么、下游蜂鸟配送打通了互联网餐饮上下游产业链。“买菜+外卖+配送”三轮驱动促进互联网餐饮产业发展。

- 目标4：挖掘用户数据，进行精准营销。即时配送平台在替上游进行末端配送时可以获得用户触点和数据，从而能够进行最精准高效的推广。拥有客户数据之后，即时配送骑手可以在与特定客户（白领、学生、男士、女士）接触的短暂时段精确推广，尤其是相关生活服务推广。

（二）BATJ站台行业Top4，龙头地位难以撼动

从最新融资情况看，即时配送领域Top4背后各自出现了互联网四大巨头，BATJ的身影与一般的风投相比它们的投资并不仅仅为了财务上的收益，更多的是基于战略的考量，除了资金支持外，互联网巨头技术和流量支持对即时配送平台也尤其重要。

- 峰鸟配送（饿了么）：2017年4月获得了阿里巴巴和蚂蚁金服进一步的增持，总投资额为4亿美元，由于持股比例没有发生变化，意味着其他股东也进行了增持，此次饿了么将至少获得10亿美元的投资。饿了么将与阿里合作人工智能研发新的调度引擎，与口碑深度结合获得多平台入口导入流量。

- 美团专送（美团外卖）：获得腾讯30亿美元的投资，并获得了微信流量入口，腾讯生态圈的支持为美团外卖带来了巨大的流量并增强了客户黏性，使美团外卖可以轻而易举地扩大市场份额。

- 达达配送：于2016年与京东到家（京东推出的超市生鲜O2O平台）合并，合并后京东拥有新达达47%的股份，此次合作很好地解决了双方“一方有订单无人配送，一方有人配送无订单”的窘境，形成商业闭环。新达达

拓宽了流量入口，丰富配送品类，得到了来自京东的供应链资源持续完善即时配送物流网络。京东则将新达达融入京东干线、仓配和配送站体系，形成了更大的物流网络，帮助其应对高峰物流，服务本地生活。

- 百度骑士：依靠百度的大数据和智能调度系统进行竞争，百度骑士依靠智能调度系统合并大量订单，提升了配送效率，同时根据百度大数据对用户进行分析，使个性化服务达到极致。在创立之初起到了很好的效果，但由于其上游平台百度外卖过度追求品质服务，商家数量一直上不去，限制订单增长，使智能调度系统失去了其原本的优势。在行业进行疯狂补贴抢占市场的同时采取了保守策略，导致市场严重流失，最终不得不折价出售给饿了么。

四大互联网巨头支持的四大即时配送平台牢牢占据着即时配送行业的龙头位置，即时配送行业CR4高达71.5%。即时配送平台要想获得市场机会，除了自身能力外，还需要两个方面的外力支持：一是资本，二是战略协同方。即时物流领域是集团军协同作战，对团队、资金、上下游资源的要求都很高，能独立存活非常不容易，集团之间天然抵触，从订单源就开始控制。阿里系的订单不可能由京东系来承担，哪怕亏损也不会把订单流到体系外。有BATJ四大互联网集团支持，即时配送行业形成了巨大的行业壁垒，如果没有和某一家上游资源合作，其他平台甚至很难获得一张“入场券”。

（三）各方竞争日益激烈，百度外卖掉队折价出售

自百度大幅降低补贴之后，饿了么与美团的用户规模持续快速增长，外卖市场呈现双雄争霸趋势，百度外卖逐渐远离第一梯队。同时Trustdata在《2017年上半年中国外卖O2O行业发展分析报告》中给出的数据也显示，百度外卖平台的用户黏性在Top3外卖平台中长期垫底。

细观百度掉队原因，大概是在饿了么和美团在疯狂招募地推人员，抢夺商家店铺，发起一轮又一轮的补贴时，百度选择降低补贴导致了订单量持续下滑。8月21日，报道称饿了么将以5亿美元收购百度外卖，与百度外卖20亿美元的估值相比缩水75%之多。我们通过O2O行业常用的估值法“PGMV估值法”对百度外卖进行估值后发现，百度外卖本次急于出手，折价出售的可能性较大。

百度外卖愿意5亿美元折价出售，可能有两个方面考虑：一是2017年单量下滑，导致GMV下降，从而影响到估值；二是持续的亏损和难以追回的市场份额让百度意识到外卖领域已无力回天，决心转型专注于人工智能领域，将百度外卖业务折价出售给饿了么。

在饿了么成功收购百度外卖后，即时配送行业将实现三足鼎立格局

蜂鸟配送将百度骑士收入旗下，除能得到客户资源、进一步扩大市场份额外，还将获得百度骑士配送系统的技术支持，进一步完善其派单系统。在流量与技术双双加强之后，蜂鸟配送在即时配送领域的优势将进一步扩大。

四、竞赛进入中后期，“转型”将成未来趋势

（一）多方利益参与博弈，专注提升单量成为唯一突破口

即时配送行业涉及多个参与方，各方利益处于不断的博弈中。配送员希望获得更多单量或更多提成；平台希望提升单量、配送费或降低提成比率；客户希望得到准时、高质量的服务以及更低的价格。然而外卖商品价格往往不高，顾客可接受的配送费上限较低，提价较为困难。关于提成问题双方利益难以达成一致。

面对这种情况唯一的突破点就在于提升平台流量，充足稳定的订单源是即时配送平台实现盈利的关键。一是可以提高平台和配送员收入；二是大量的订单会为平台和配送员带来更多的拼单，扩大规模效应提高收入，降低成本，为客户带来更低的价格。如此良性循环，推动即时配送行业的快速发展。而稳定的订单普遍有两种来源：一种是依托平台优势，如饿了么之于蜂鸟；另一种是利用平台或者线上线下合作，如达达、京东、沃尔玛。此外，改善服务质量升级用户体验带来的口碑效应也能使平台获得相对稳定的客户源。

（二）算法不断进步，派单或成主要模式

作为共享经济在出行领域的典范，Uber和滴滴采取了截然不同的运行模式，Uber以派单为主，滴滴则以抢单为主。对即时配送平台来说，选择抢单

模式还是派单模式同样是个关键问题。

抢单模式和派单模式各有利弊，相较于算法要求严格的派单模式，抢单模式实现起来比较简单，并且给予配送员更多选择权。但以百度骑士、蜂鸟配送和美团专送为代表的派单模式也有其独特的优势（见表9–3）。

表 9–3 抢单与派单模式对比

	优势	劣势	代表平台
抢单	骑手具有自由选择权利； 初期扩张比较快； 技术层面上较易实现	订单安排并非最优选择，效率不高； 骑手配送过程中进行抢单存在安全问题	美团众包； 达达配送
派单	更易调度，合并订单提升配送效率； 保证最合适的配送员接到最合适的订单； 通过给优秀员工派发优质订单，提升员工积极性	对平台有较高技术要求； 骑手在接单方面没有自由，连续派单影响工作状态	美团专送、 蜂鸟配送、 百度骑士

资料来源：课题组汇总。

从目前来看，包括达达在内的许多众包平台也开始派单算法的研究，在部分场景应用派单模式，以提高配送效率。但目前在该方面的技术还不完善，对配送效率的提升还不明显，所以目前大多数平台还是以抢单为主，派单为辅。随着技术的进步，我们认为派单模式占比将持续提升，逐渐替代抢单模式。

（三）配送速度已达“瓶颈”，即时配送转型“准”和“全”

与其他O2O产业一样，即时配送平台已跨越前期的跑马圈地阶段，进入比拼品质、服务和产业渗透能力的中期。“快”已经不能满足用户全部的诉求，“准”和“全”也成为消费者重要的需求。

充分利用了社会资源后，即时配送的配送速度在保证配送员安全驾驶的前提下已经接近了极限水平，再提升速度难度较大，而且对于用户的意义不大。数据显示，56.5%的用户相对于速度更快，更希望配送更加准时，且大多数的用户更在乎配送的质量，尤其是卫生、员工素质等方面。在价格战与速度战结束后，用户会越来越“挑剔”服务质量，谁能提升用户体验，谁将获得更大的主动权。

从配送品类结构看，外卖仍占据即时配送的主要市场，目前各平台似乎并不急于提高价格逐步获利，而是专注于扩大配送市场规模。行业目前仍处于用户增长红利期，稳定用户基础可为将来盈利奠定基础。

各个即时配送平台正在引导用户的配送需求从外卖衍生到水果、生鲜、商超、药物等生活消费的方方面面，带来更多的流量与订单。通过拓展其他品类的配送业务，平台能够提升客单价，增加派送费提价空间（见表9-4）。

表 9-4　各品类客单价对比

品类	业务所占比例	一般客单价	品类特点
餐饮外卖	68.10%	10~30元	即时性要求很高，单价一般比较低
超市生鲜	21.20%	15元以上	即时性要求很高，客单价跨度大
蛋糕		60~200元	准时性要求高，客单价较高
鲜花	10.60%	100元以上	准时性要求高，客单价一般高于100元
医药		20~60元	准时性要求高，客单价跨度大

资料来源：课题组汇总。

（四）即时配送高频触点，价值待发掘

各方积极布局即时配送都有长远的战略规划。即时配送平台由于能够直接接触客户，可以作为获取用户数据的触点，为流量价值变现和其他商业模式打开空间。

（1）积极开发LBS广告服务。即时配送业务能够获得末端用户的精确数据并直接与用户交互，从而针对不同目的的商圈进行定制产品营销策略和方式，对客户进行最精准而高效的推广。LBS广告服务能够将流量最大限度地转化为平台收入。

（2）充分利用沉淀资金获取利息收入。目前，几大即时配送平台给予骑手的待遇仍然采取随时取现模式，骑士可以将收入随时取出，以快速扩张骑手规模，并未充分利用大量的资金流水。当即时配送行业度过培育期，平台拥有足够议价能力后，很有可能学习网约车平台和外卖平台，对骑手的业务收入规定一个特定的取现时间，获取沉淀资金。

（3）积累数据，服务上游平台。除此之外，即时配送平台在配送环节获取的数据可用于服务上游平台，支持其调度系统的完善以及营销策略和企业战略的制订，同样极具战略价值。

案例总结

1. 外卖大战驱动即时配送大发展，高速发展仍可持续，“宅”“忙”和技术进步为即时配送发展奠定基础；餐饮外卖交易频次高、用户规模大、黏性强，极大地推动即时配送发展，目前已经占即时配送业务量的近7成。2017年第1季度，即时配送订单数量达到14.11亿单，环比增长42%，同比增长385%；其中50%以上用户频率超过了每周1次，黏性显著提升。

2. 物流行业新领域，加速快递行业变革，即时配送在运营模式、高峰时期、业务规模上与快递差异巨大。根据我们的测算，即时配送员的薪酬和快递员大致相当，短期不足以对快递业形成巨大冲击；但即时配送的高时效或将导致快递配送效率提升。京东与圆通分别试水将高峰末端配送外包给达达与蜂鸟，增强业务灵活性，快递和即时配送的业务合作或将成为常态。

3. 行业Top4分获BATJ支持，构筑资源壁垒。即时配送平台Top4分获BATJ战略投资，借助上游资源优势，积极抢占市场、挖掘数据、构建完整产业链。截至2016年底，即时配送行业CR4高达71.5%。在激烈的市场竞争中，百度外卖（连同百度骑手）5亿美元出售给饿了么，上游集中度进一步提升。我们预计缺乏上游支持的配送平台将逐渐被淘汰，行业集中度进一步提升。

4. 竞争日益激烈，增流量、升效率、提服务、拓展盈利模式为核心。平台追求盈利和配送员提成是不可避免的冲突，做大市场规模符合双方共同利益。考虑到配送速度已经到达“瓶颈”，服务质量（准时和全面）成为提升用户体验的关键。算法的进步将使派单逐渐替代抢单成为主流，拓展新的盈利模式成为平台生存之道。

案例思考

1. 一般来说什么样的企业不适合进行即时配送服务呢？哪些因素会制约

即时配送服务?

2. 怎么理解“打通上下游、拓展产业链、画大同心圆、构建生态圈”这句话的含义?

3. 社区电商的发展,对即时配送提出了新的挑战,你觉得是哪些方面的挑战呢?

4. 数据处理能力是最后决定即时配送效率和潜力的最重要因素,你同意吗?

拾 案例十 同城配送，未来物流公司业务新的增长点

一、同城配送：物流系统中的“最后一公里”

（一）同城配送是承接供应链环节的桥梁

同城配送的概念由实际配送问题发展而来。《物流术语》对配送的定义是指在经济合理区域范围内为客户提供指定城市范围内的单一或者多种货物定时定量的专门配送服务，可以为上、下游客户提供仓储、分拣、包装加工、运输、信息跟踪监控等综合物流服务，以实现将上游供应商的货物配送给下游零售商或消费者的增值过程。同城配送主要面向的是同一座城市，主要以商业活动、居民生活和都市工业等为主要服务对象，用来满足城市经济社会发展需要的配送活动。

同城配送又被称作为“最后一公里物流”，它提供的是一个城市内从A地到B地之间的物流配送，强调的是速度与效率的最大化。同城配送在整个物流系统中具有非常重要的地位，它在整个供应链环节起着极为重要的承接作用，它是物流迈向社会化和专业化的必然要求。

（二）同城配送共历经了三个阶段的发展

同城配送历经了企业配送、行业（专业）配送和社会化共同配送三个发展阶段。企业配送是各生产企业、零售企业等自行组织商品配送，具有一定

的独立性；行业（专业）配送是由专业物流公司安排行业内的相关企业所从事的配送工作，如烟酒配送、药品配送、食物配送等；社会化共同配送是商贸流通企业、生产加工企业和物流配送企业在城市或区域范围内统筹安排配送货物、时间、线路等，通过作业活动的规模化来降低作业成本，提高物流资源的利用效率，以便实现经济效益的最大化。

同城配送为消费规模的不断扩大提供了有力的支撑。随着国民经济的进一步提升和消费环境的持续改善，我国的消费规模不断得以扩大。近十年来，我国消费额增长迅速，社会消费品零售总额由2006年的7.9万亿元增长到2015年的30.1万亿元，年均复合增长率达到16.0%。零售业的发展离不开物流的配套支持作用，同城配送完成了“最后一公里”的物流运输。未来随着人均GDP的进一步增长，居民消费水平的不断提高，同城配送对消费规模扩大的支撑作用将越来越明显。

同城配送为流通组织方式的变革提供了新的模式。我国电子商务交易额增长迅速，根据艾瑞咨询的统计，我国电子商务市场规模由2009年的3.6万亿元增长至2015年的16.4万亿元，年均复合增速达到28.8%。同城配送在电子商务的发展过程中起到了基础的保障作用，建设高效物流配送体系已经成为现代流通业发展的关键环节，同时也将带动流通业组织方式变革，催生流通方式的创新。

同城配送是经济发展的必然结果。随着城市产业布局的调整，市场对小批量、多频次和实效性强的直接配送、住宅配送和“门到门”配送的需求日益增长，未来同城配送将成为经济发展过程中不可缺少的部分。

（三）同城配送市场现状

在同城配送中，根据所配送物品的类别大小，可以将同城配送划分为同城快递和同城货运两大类。其中同城快递运送的一般是小于30公斤的信件和包裹，代表企业有传统快递企业中国邮政、“四通一达”、东方万邦等，创新型企业有人人快递、闪送等。而同城货运运送的主要是大于30公斤的货物，代表企业有1号货的、蓝犀牛。当前，同城快递和同城货运仍处于群雄乱舞的阶段，竞争比较激烈（见表10-1）。

表 10–1　　不同类别快递对比

类别	服务对象	服务需求	配送效率
同城快递	服务群体主要为个体业主； 以小件包裹、信件为主	规定时间内送货； 进场验货； 送货到架； 货品码放； 全程服务节点馈； 签单限时返回等	对各线路中转的时间对接和转运中心的操作时间有较严格要求； 部分城市有货车禁行线路，对配送时效性有较大影响； 以小件包裹、信件为主
同城货运	服务群体包括个体业主、中大型企业； 基本为50公斤左右货物，大型公司则以大件货物为主	送件上门； 验货签收； 反馈收货信息等	配送任务随时可分发，无严格时间要求 每名快递员有固定分配区域； 多为“点对门”配送，由小型电动车进行，对配送路途的交通情况要求较低，且无限行限制

资料来源：课题组汇总。

二、同城快递：增速最快的快递子行业

快递，又称作为速递，是指快递企业收取发件人托运的快件后，以最快的速度，按照发件人要求的时间通过铁路、公路和空运等交通工具将其运送到另一地点，递交给指定的收件人，同时掌握运送过程的全部情况并能向有关人员提供即时信息查询的门到门服务。根据寄递的距离、是否跨越国境，一般将快递划分为国际快递、国内异地快递和同城快递。

同城快递是指以快件分拨中心所辖各市县为范围，在此范围内快速收寄、分发、运输、投递（派送）单独封装具有名址的信件和包裹等物品，以及其他不需要储存的物品，按照承诺时限递送到收件人或指定地点，并获得签收的寄递服务。

（一）快递行业是高速增长的行业

我国电子商务的高速发展驱动了快递行业的高速发展，2007~2015年，网购规模年均复合增速高达70.2%。受益于电商的高速发展，我国快递业务量从2007年的12.02亿件增长到了2015年的206.66亿件，约为2007年的17倍。2015年实现快递业务收入2769.6亿元，约为2007年的8倍。

从快递业务量的增速来看，快递行业于2010年前后开始呈现爆发式增长，近五年年均增长率高达55%。2012年我国每天配送快递业务量达到2500万票，其中至少1500万票来自网络购物。2013年我国成为仅次于美国的世界第二大快递市场。2014年我国快递业务量实现139.6亿件，当年超过美国，成为全球第一大快件国。

2016年，快递行业继续保持高速增长。截至2016年9月，全国快递服务企业业务量累计完成211.0亿件，同比增长54%；业务收入累计完成2703.9亿元，同比增长43.9%。

其中，同城业务收入累计完成385.3亿元，同比增长41.4%；异地业务收入累计完成1438.6亿元，同比增长40.1%；国际/港澳台业务收入累计完成300.8亿元，同比增长14.1%。

（二）同城快递是增速最快的子行业

同城快递增长迅猛。随着城市化的推进、城市服务功能的进一步增强、电子商务的全国布局和社交本地化的发展，极大地促进了本地化的消费，带动了同城快递的迅猛增长。根据国家邮政局的统计数据，2008~2015年规模以上快递企业的国内同城快递业务量增速年均复合增速为44.9%，业务收入复合增速为44.1%。相比于异地快递，同城快递业务量规模较小，2015年同城快递业务量实现53.9亿件，2016年前9个月同城快递业务量累计实现51.1亿件，大约为同期异地快递规模的1/3。同城快递业务规模虽然较小，但增速领先于异地和国际及港澳台快递业务，同时也高于快递行业的整体增速，业务占比逐渐提高。其中，2015年同城快递业务量实现了51.8%的增速，高于异地快递的47.1%和国际及港澳台快递的30.3%，业务收入实现了50.7%的增速，业务占比达到26%。

三、同城货运：已步入移动互联时代的专业配送服务

同城货运属于专业的物流配送服务。不同于全国联网专业物流公司的业务侧重点，同城货运仅提供一个城市内从A到B之间的短距离物流配送，通常满足“多种产品、单方收货”或者“单一产品、多方收货”两种不同的需

求，配送物品主要以数量大、体积大的货物为主。

一方面，同城货运是城际货运的延伸。当货物从城市A运送到城市B以后，城际货运阶段完成。同城货运的服务提供方负责将异地货主的货物从集散中心或物流园运送至本地的收货方，从而完成整个物流环节。另一方面，同城货运是独立的经营方式。这种方式下，同城货运的提供方为同一座城市内的商户或个人等货主提供点到点的货运服务。

同城货运已步入移动互联网时代

同城货运一共经历了传统作坊式、货运信息化以及货运信息平台化这三个阶段。

传统作坊式阶段。在传统作坊式阶段，一个小型传统货运中心由若干小黑板、电话机和相关工作人员构成。货主通过电话将货运信息告知相关工作人员，工作人员接收到货运信息后将有关信息写在小黑板上，司机通过小黑板上的货运信息接手相关的货运配送任务。“LED”显示屏的出现逐渐取代“小黑板”，但这一阶段信息传递的本质未改变。

货运信息化阶段。在货运信息化阶段，互联网的出现开始影响同城货运的信息传递方式。在这一阶段，货运信息由LED屏幕登上网页，出现物流信息网。物流信息网汇聚更多的货源及车源信息，且更新速度明显提高。但信息传递方式并未发生实质性变化，货主及司机将相关信息发送到物流信息网，同时寻找可能与自己匹配的货运司机或货运订单。

货运信息平台化阶段。在货运信息平台化阶段，智能手机等移动终端得以普及，移动互联网时代下同城货运APP客户端应运而生。货运信息平台（移动端APP为主体）将货源信息和车源信息进行匹配，帮助企业简化不必要的环节，节省大量的人工、收派成本，并且为货主提供个性化的服务。

四、同城配送市场规模预测

当前，同城配送市场仍处于行业发展初期，未来行业空间巨大。其中，同城快递增速表现亮眼，未来随着城市化的进一步推进，以及“分区建仓”和“落地配送”的发展，未来5年市场规模有望突破2000亿元。同城货运市场规模庞大，发展相对落后，未来随着行业进一步规范有望迎来进一步发展。

（一）同城快递未来前景向好，行业发展潜力巨大

根据北京交通大学、阿里研究院、菜鸟网络联合发布的《全国社会化电商物流从业人员研究报告》预测，未来几年，我国电商物流包裹数量有望达到1000亿个，日均处理件量也将超过3亿个，快递从业人员将近600万人。随着电子商务的高速发展，社会销售方式开始从线下往线上发展，部分品牌实体店的线上销售催生了就近派送的O2O（线上与线下相结合）形式。业界人士预测表示，未来同城快递的发展将占到整个快递行业的70%以上，人们对同城快递的需求在日益加大，将占据快递业务的主流，会成为未来快递业发展的“蓝海”之地。

2016年以来同城快递增长速度较快，表现亮眼。2016年前9个月累计实现385.3亿元，累计同比增长41.4%。我们预计随着城市化进程的进一步推进，以及“分区建仓”和“落地配送”的发展，未来5年同城快递仍有可能保持40%的增速，2020年同城快递市场规模将超过2000亿元。

（二）同城货运市场发展相对落后，未来有望进一步发展

据中国物流与采购联合会统计，2014年，中国同城货运市场中大约共有800万辆厢式货车，市场规模大约为8000亿元，并且每年以15%左右的速度递增，目前大约在1万亿元的水平。其中，货运需求40%来自物流园，40%来自快消行业，10%来自批发市场，其余为个人消费。

当前，同城货运市场规模庞大，但发展却相对落后。传统同城货运行业存在信息转化率低下、定价不够透明、货主及司机的权益无保障等弊端。未来，随着行业的进一步规范，同城货运有望迎来高速发展期，到2020年行业规模有望翻番超过1.6万亿元。

五、同城快递：参与者众，O2O+众包变革传统市场

（一）行业特征：市场参与者众多，竞争较为激烈

同城快递属于劳动密集型行业，相比于异地快递和国际快递，同城快递业务不需要高端的交通工具、信息技术和网络运营管理技术，进入门槛较

低，市场参与者众多，包括大型快递企业、中小型民营快递企业、创新型快递企业和自建物流电商企业四类，竞争较为激烈。当前，同城快递需求以传统业务和电商业务为主，未来驱动因素或来自同城O2O。与大型快递企业相比，地方中小型快递企业是同城快递市场的主体，它们运营模式上更为灵活，占有较高的市场份额。与此同时，市场出现了一批利用“O2O+众包”模式变革同城快递的创新者，同城快递或有望朝直派、众包模式发展。

特征一：同城快递时效性要求更高。

同城快递对时效性的要求更高。相比于其他种类的快递服务，由于同城快递配送范围集中在一个城市之内，运送距离相对较短，因此时效性更强，更加强调配送速度和个性化服务。根据我们田野调研的结果，对于100公里以内的快递来说，客户可接受的时间为1天左右，相比于异地件提出了更高的时效性要求。

特征二：市场参与者众多，需求以传统业务和电商业务为主，未来驱动因素或来自同城O2O。

当前，同城快递市场参与者众多，分类来看，主要可分为全国大型快递企业、地方中小型民营快递企业、创新型快递企业和自建物流电商企业四类。

全国大型快递企业主要包括国有企业EMS、大型民营快递公司顺丰、“三通一达”等，主要从事行业间的票据、文件交换，企业对VIP客户、员工的节假日个性化礼品配送等业务。这类企业通常以综合化运营为主，同城快递业务只占快递企业较小的一部分，如EMS主要依靠固有的机构客户（如银行）来维持同城快递业务的增长，顺丰在创立前期对该业务采取战略放弃，后期才开始进入该市场。

与大型快递企业相比，地方中小型快递企业是同城快递市场的主体，占有较高的市场份额。当前，主营同城快递服务的地方中小型民营企业以跑腿公司居多，绝大部分同质化严重，业务类型较为单一。但与此同时，也有部分企业通过提供差异化服务（如同城业务当日限时达），获得了当地较高的市场份额，这类企业主要有东方万邦、全成等。

创新型快递企业区别于传统的快递服务企业，它们将一线城市作为业务开展的主要场地，通过众包模式来提供“P2P直送”的同城快递服务。这种企业通过APP这一个平台将社会闲置的人员变成快递人员，将原本由快递人员承担的配送任务，转交给企业外的大众群体来完成。这类服务不仅大大加强了同城快递服务的效率，填补了同城快递的需求缺口，甚至还创造了新的同城业务需求。相比传统的快递服务，这类同城专人直送的快递模式最大的创新之处在于砍掉了所有中转分拣环节，快递由发件人一端直接送达收件人。这类企业主要有人人快递、闪送等。

不同于其他种类的快递公司，自建物流电商企业的同城快递目前仅为自己提供服务，推出的目的主要是满足终端消费者对物流时效性的需求。2010年之后自建物流电商企业为提升自身物流效率纷纷开始拿仓自建仓储，分区建仓的行为导致原先的异地快递转化为同城快递。在这种情况下，电商企业根据过去的用户购买信息将货物放在相应区域的仓库里，当用户下单之后，电商企业通过信息对接自己的物流配送团队，做到及时出货。这类企业主要有京东、1号店等。

从行业需求来看，主要以传统业务和电商业务为主，未来增量或来自同城O2O市场。其中，传统业务主要包括单证照类、重点行业类、商务类（或民用类）、零散货物类业务。

（1）单证照类业务。使用这类业务的客户多为国家行政部门。单证照类业务的业务特点是对信件的安全性、保密性要求很高，对价格不敏感，时限性不强；对快递服务公司能力和信誉要求高。具体配送物品有身份证件、驾驶证、护照、纳税人完税证明通知书等。

（2）重点行业类业务。使用这类业务的客户多为银行、证券、保险等金融机构，以及通信类行业。重点行业类业务的业务特点是业务量相对较大，增值潜力大，固定收益高。这类业务对个性化服务要求较高，对价格不太敏感，但时限性较强。此外，该类业务看中快递公司的品牌、实力和信誉。

（3）商务类（或民用类）业务。这类业务的客户主要分布在写字楼、酒店、宾馆，以商务类和民用类公司为主。这类业务以即时性的文件类业务为主，对服务的时效性、便捷性、经济性和个性化要求较高。

（4）零散货物类业务。这类业务的客户分布于集中的商贸市场、商业街、中小型药材店铺以及连锁型便利店。这类业务有一定的市场需求量，对快递配送的时限性要求较高，对快递价格较为敏感。

（5）电商类业务。这类业务的买家和卖家集中于一个城市或仓库位于当地。近年来，随着以京东为首的大型直营电商为了做到及时出货，大力推进分区建仓，导致部分异地快递转化为同城快递，推动了同城快递业务的高速发展。

同城O2O指在同一城市（或地区）内完成线上预订、下单和线下消费的业务，包括餐饮配送、生鲜配送、零售宅配、上门美护等，具有较强地域性。据罗兰贝格估算，2015年同城O2O市场年交易规模为3560亿元，到2020年有望达到10530亿元，年均复合增长24%。其中，2015年餐饮O2O市场规模为1486亿元，占整个同城O2O市场的41.7%，到2020年有望达到3916亿元，年均复合增长21%。同城O2O市场的迅速增长催生了达达、蜂鸟配送等同城快递配送服务企业，未来随着同城O2O市场的进一步发展有望为同城快递市场提供增量。

特征三：中小企业运营模式更为灵活，O2O+众包变革传统同城快递市场。

以上海市内快递公司的同城快递公司为例，可以将同城快递运作模式概括为三种类型：直收直派、地面网络中转、地铁网络中转。对于传统大型快递公司来说，运作模式主要采用经营异地快递的集中中转类模式，不少同城快递在次日才能到达。但相比于传统大型快递公司，中小快递公司运营模式更为灵活，往往集直收直派、地面网络中转及地铁网络中转三种模式于一体，竞争优势更为明显。

（1）直收直派模式。这种模式是指部分快递公司的收派员在收取快件后可以根据目的地距离远近而决定是否不经中转而直接派送快件，即通过自备的交通工具（摩托车、面包车等）将收到的快件亲自送到收方手中。从事此类业务的公司的收派员在快件的收派环节有较大自主权，如东方万邦等。直收直派的优点是速度快，在所有试寄线路中直收直派快件其生命周期往往是最短的，但是该种模式也存在明显的缺点：无法对收派员的收派活动进行有效监控，如果客户直接联系收派员寄递快件，则很容易会出现公司不知情而收派员私自收派快件、侵吞运费的情况。

（2）地面网络中转模式。根据快递公司的具体运作方式，这种模式可细分为三种类型：第一，站点间直驳类型。这种类型是指部分快递公司通过站点间直驳的模式来减少中转环节，对快件进行高效中转。该种模式适合营运较为灵活的中小型快递公司，可以有效提升相关站点间的快件中转时效，但缺点在于需要投入一定的人员、车辆进行中转，成本较高。第二，T网类型。这种类型是指在一定区域内设立中转站点，增加车辆、人力资源的投入，通过安排收派员定时接驳快件的方式来进行中转。这种类型在一定程度上可以提升分点部快件的中转时效，但是缺点在于成本较高。第三，集中中转类型。这种类型是指部分公司通过统一的中转场对当天件进行中转，优点在于更有效地利用车辆及中转场资源，成本较低，缺点在于中转时效较差，顺丰和“三通一达”主要采用这种类型。

（3）地铁网络中转模式。这种模式是指部分快递公司为了节省运转成本和提升相应的运转效率，在直收直派的地面网络中转的基础上，同时通过布局合理的地铁网络对快件进行中转运作。这种模式下一般将重要的地铁枢纽站作为同城快递的中转地铁站台，业务接收较多区域的地铁站点设置相应的交接点。

对于地铁网络中转模式，一般包括下单取件、交接和派送这几个流程。首先，客服接单下单给业务员后，业务员收取快件。对于距离较远的快件，业务员会将其带至站点，站点再定时安排专人与地铁网络人员进行交接。地铁网络人员接到快件后按照目的地不同将快件带至中转站台（或相关站台）与其余地铁接口人（或地面站点接口人）进行交接。

其次，由中转站台（或地面中转站点）进行快件分拨流转，目的地站台人员前来交接取件。地铁站台人员取得快件后带回目的地站台与地面站点交接。目的地站点收到快件后再安排专人派送快件。

一般来说，传统的同城快递公司进行同城快递配送的前提是购置相应的配送车辆和招募足够的配送人员。这种模式下的同城快递公司运营投入较大，业务扩张速度较慢。但新兴的一些同城快递公司通过采用O2O+众包模式，轻松地解决了同城快递的配送问题。在这种模式下，用户通过下载相应快递公司的APP客户端应用软件，在软件中指定取货时间和到货时间，便可以在定点等候快递员上门收件，并在自己指定的时间范围内送达。

采用这种模式的快递公司有人人快递、闪送等。快递公司通过采用O2O+众包这种模式，一方面提高了同城配送的速度和效率；另一方面，快递件一般在当日送达，不需要进行仓储保管，更不需要雇用固定的快递配送人员，减轻了企业的运营负担。只要快递人员通过了快递企业的信用认证体系，在发出服务需求的寄件人周围1公里的范围内，就可以从事快递的配送。

当前，由于在这种模式下的大多数配送员不具有配送包裹的上岗资质，存在着快递配送人员不专业、配送物品易损坏等问题。此外，由于监管机制尚不健全，行业监管部门并未对现有新型同城快递企业的合法性做出准确答复，行业暂时处于无序状态。

由于这种模式的运作壁垒较低，近几年来已有多家企业进入该领域，抢夺相应的同城快递市场份额。该模式下的同城快递公司多采用烧钱补贴用户的方式换取市场份额。虽然行业竞争激烈，但目前从用户规模和融资情况来看，已有部分公司脱颖而出。未来随着行业进一步的竞争和淘汰，该模式有望形成相应的同城快递巨头。

（二）企业竞争优势：形成规模经济，提供差异化的服务产品和新的快递运营模式

从产业的发展规律来看，一个行业的发展一般经过导入期、成长期、成熟期和衰退期四个阶段。当前，由于同城快递虽发展多年但前期发展缓慢，目前尚处于发展的成长阶段，行业进入门槛比较低，操作难度比较小，利润空间比较大，成为各相关企业相互竞争的一片“蓝海”。对于经营同城快递业务的企业来说，其核心竞争力在于以下几点：

（1）形成规模经济。从传统的快递公司来说，公司前期投入成本较高，是典型的劳动力密集型重资产行业。因此传统快递公司的核心竞争优势在于形成规模经济。只有通过扩大规模、降低单位成本才能在激烈的竞争中得以

生存，在行业中取得一席之地。未来随着同城快递进一步的兼并和重组，行业集中度将不断得以提高，行业领先企业的市场份额将显著提升。

（2）提供差异化的服务产品。同城快递的本质是为用户提供高效、便捷的包裹递送服务。服务的同质化只会使同城快递企业陷入价格战的旋涡。在目前行业进入门槛低下、运营成本逐年升高、利润紧缩的现状下，谁能找到用户的核心痛点，为之提供差异化的快递服务，谁就能够在当前激烈的竞争中开辟一片“蓝海”。如针对用户需求推出差异化的产品（提供限时递送服务、夜间送达服务等）等。

（3）推出新的快递运营模式。当前部分大型快递公司由于采用的是集中中转模式，递送效率较为低下，同城快递当天寄送往往次日才能到达，用户体验较差。为了提高同城快递的配送速度，有必要推出新的快递运营模式。目前，不少大型快递公司已逐渐意识到这方面的问题，纷纷推出新的产品以通过高效的运营模式来提高配送速度。例如，顺丰速递推出“即拿即送升级产品”，申通推出“思必达”产品，全峰推出“肯定到”产品。

（三）东方万邦：专注于上海本土的同城快递公司

东方万邦全称上海东方万邦快递有限公司，成立于1993年，是上海第一家由国家批准注册的中外合资性质的快递服务企业。东方万邦成立至今，一直专注于向客户提供专业的高品质上海同城即时快递服务。当前，东方万邦已建立了覆盖上海主要商务区域的服务网络，目前是上海同城快递行业中唯一一家通过ISO9001、ISO2000质量认证的企业。

公司在上海同城快递中取得领先地位的原因在于：

（1）定位清晰，专注于同城快递服务。东方万邦自1993年成立以来，一直专注于上海市内商务快件的即时递送服务。由于上海是我国的金融与经济中心，商业和贸易高度发达，商务件的需求量很大。东方万邦将自己的配送业务定位于市内商务件，保证了业务量的稳定性和收入的可持续性。

（2）产品类型较为丰富，相比同行业具有差异性。东方万邦针对同城快递业务，推出了“常规（即时）快递”“加急快递”“小贷专车快递”“专人专线快递”以及“邮件室外包服务”这几种同城件的衍生服务，能够针对不同的客户提供不同的时效性服务。相比于传统快递公司的单一同城件业务，东方万邦的同城快递业务产品类型较为丰富，服务项目具有较大的差异性。

（3）按照配送区域进行定价，避免了价格战的影响。东方万邦针对同一区域的快件规定为6~10元每票，收派不在同一区域的价格随距离递增（价格在15~160元/票不等）。

东方万邦的定价方式较为直观，客户可接受性强，避免了单一价格易受价格战的影响。

六、同城货运：市场广阔，正在向有序竞争市场过渡

（一）行业特征：处于发展初期，行业弊端有待改善

当前同城货运仍处于行业发展初期，市场参与者众多，竞争较为激烈。与此同时，行业内也存在不少弊端，有待进一步解决和改善。整体来看，当前同城货运市场规模达到万亿元左右，市场广阔，未来同城货运市场将向有序竞争市场过渡，行业弊端将随着行业竞争得到改善。

特征一：市场规模巨大，行业处于发展初期。

同城货运行业是一个市场规模巨大的行业。近年来我国物流行业发展迅速，2015年我国社会物流总费用达到10.8万亿元，物流业整体占GDP的15.8%。其中，我国社会物流运输总费用由2010年的3.8万亿元增长至2015年的5.8万亿元，5年间年均复合增长率达9%。2014年我国同城货运行业规模大约为8000亿元，按年均15%的增速，2016年有望达到万亿元以上的市场规模。

当前，同城货运行业已由最初的传统作坊式阶段演变为货运信息平台化阶段，但目前同城货运行业仍然处于发展初期，市场参与者众多，竞争较为激烈。自2014年以来，不少相关同城货运企业获得资本青睐，甚至部分同城货运企业已获得多轮融资。这在一方面反映了资本市场对同城货运行业的看好；另一方面也反映出现阶段同城货运目前仍处于发展初期阶段，需要相应的资本进行培育。

特征二：行业弊端有待进一步改善。

从当前来看，传统同城货运行业存在信息转化率低、运费定价不够透明

等弊端，影响了行业的有序发展，未来有待进一步改善。

（1）信息转化率较低。一般来说，货主有货物运输需求时，通常是直接联系“熟车”司机。当发生“熟人”司机已有别的货主订单等临时事件，货主通常直接在批发市场门口等货运司机聚集的地方（相当于信息港）寻找适合的司机。在这种情况下，从“需求”到“交易”的信息转化率较低。

（2）运费定价不够透明。由于信息转化率较低，货运运费通常由司机自行决定，虽然同行竞争在一定程度上可以使运费合理化，但由于缺乏统一的市场行业标准，定价透明度较低。另外，在空驶率较高的情况下，司机通常会将空驶的运费加在货运费用中。

（3）货主及司机的权益无保障。在传统同城货运模式中，货运过程中出现“丢货”“损货”的概率较大。货主无法放心地将货物交给司机是大多数同城货运货主主动选择“熟车”司机的主要原因。另外，在传统模式下，由于中介的存在，司机要交较高的中介费，才能拿到中介的货单。

（二）企业竞争优势：车货精准匹配，统一服务标准，解决用户痛点

与“滴滴打车”和“优步”载人市场不同，由于同城货运市场中“货物”大小不一，标准程度较低，若将“货物”与“车辆”进行简单匹配则难以满足货主和司机的简单需求。

此外，当前市场没有统一的定价标准，货车的型号、货物的重量以及配送货物的价格如何进行匹配也是需要考虑的问题。因此，对于同城货运企业来说，企业的竞争优势在于精准匹配“车”和“货”之间的需求，统一服务的标准。

（1）车货精准匹配：企业采用“滴滴打车”和“优步”的叫车模式进行市场运作，使货车信息可以及时传递给用户。用户获得信息后能够在线选择合适的车型，并实时将货单的信息推送给空闲的司机，完成车货的匹配。通过建立有效的平台连接，进行车货的精准匹配，有助于提高同城货运的效率，增加企业竞争力。

（2）统一服务标准：当前同城货运市场存在很大的用户痛点是公司无

统一的服务标准。企业可以通过将运输费用进行公开，向货车司机提供相应的培训服务，来统一公司的服务标准。同时，当出现临时性事件时，公司信息服务平台能够及时处理相关事件，重新调度可用车辆，降低货物的配送延误率。

（3）云鸟配送：同城配送的领先者

云鸟配送成立于2014年11月，是国内领先的供应链配送服务商，主要为各类客户提供同城及区域配送服务。云鸟通过整合海量社会运力资源，以信息技术为支撑，实现了运力与企业配送需求精确、高效匹配。云鸟目前已服务于全国2000多家企业客户，已经在全国13个主要城市及周边300公里二三线城市开展业务，2016年底将达到24个主要城市，拥有来自社会的运力达到10万~15万辆。

云鸟配送在同城货运中取得竞争优势的主要原因有：

第一，专注于B端商户重物和非标品的配送。云鸟配送主要专注于B端商户的配送，配送占比达到88%，C端商户占比较小，为12%。云鸟配送通过有针对性地将所配送的物品划分为8个类别，对B端商户的配送服务集中在重物和非标品这一块竞争相对较小的领域，取得了相应的竞争优势。

第二，将司机进行分类，避免了车货的不匹配。当前云鸟平台上共有15万名带车司机，但所驾驶的车型大小不一。他们所驾驶的车型有金杯、小型面包车、厢式货车、冷藏车。为了保证车货的匹配，服务于不同行业的客户，云鸟配送用15个标签对每个司机进行了分类。此外，云鸟配送通过上线云鸟司机学院，针对不同类别的司机进行相应的培训，提高了云鸟配送的服务能力。

第三，采用技术化的手段提升整个供应链的运输效率。为了提升配送效率和服务能力，云鸟采用了包括运输管理系统在内的技术化手段。通过采用运输管理系统，云鸟配送能准确检测到运输过程中的各种状况，包括温度、地点、时效以及司机的状态等。在公司440人的团队中，有100人是专门的技术人员，技术化手段的采用优化了云鸟同城配送的业务能力。

案例总结

同城配送：物流系统中的“最后一公里”

同城配送被称作为“最后一公里物流”，提供的是一个城市内从A地到B地之间的物流配送。根据所配送物品的类别大小，可以将同城配送划分为同城快递和同城货运两大类。当前，同城快递是增速最快的快递子行业，2016年前9个月同城业务收入累计完成385.3亿元，同比增长41.4%。同城货运市场规模庞大，目前市场规模大约为1万亿元，但发展相对落后。经过三个阶段的发展，同城货运市场现已步入货运信息平台化阶段。

同城快递：参与者众，O2O+众包变革传统市场

同城快递属于劳动密集型行业，相比于异地快递和国际快递，同城快递业务不需要高端的交通工具、信息技术和网络运营管理技术，进入门槛较低，市场参与者众多，包括大型快递企业、中小型民营快递企业、创新型快递企业和自建物流电商企业四类，竞争较为激烈。当前，同城快递需求以传统业务和电商业务为主，未来驱动因素或来自同城O2O。与大型快递企业相比，地方中小型快递企业是同城快递市场的主体，它们在运营模式上更为灵活，占有较高的市场份额。与此同时，市场出现了一批利用O2O+众包模式变革同城快递的创新者，同城快递或有望朝直派、众包模式发展。在同城快递市场上，企业的竞争优势在于：形成规模经济，提供差异化的服务产品和新的快递运营模式。

同城货运：市场广阔，正在向有序竞争市场过渡

当前同城货运行业已由最初的传统作坊式阶段演变为货运信息平台化阶段，但仍处于行业发展初期，市场参与者众多，竞争较为激烈。与此同时，行业内也存在不少弊端，有待解决和改善。自2014年以来，不少相关同城货运企业获得资本青睐，甚至部分同城货运企业已获得多轮融资。同城货运市场广阔，目前正在向有序竞争市场过渡。

案例思考

1. 同城物流的痛点如何破解，三个问题都困扰着行业发展，包括政策问题（每座城市在交通等方面有各自的限制，如三轮车平板车送货限制，“营改增”等税收问题。因为同城配送领域以小微企业为主，“营改增”以后，进项有困难）、业态本身（物流门槛较低，同质化竞争严重，整个行业的生存环境恶劣）、服务质量（配送员缺乏专业形象，整体行业服务质量有待提升）。

2. 你觉得哪些要素会影响同城配送的发展呢？

3. 有人说同城配送三个变革机会：地图、订单和运力。因为配送员和车辆都是由运力驱动的，未来谁能把这三个维度灵活运用起来，把效率价值做到最佳，谁就能得到最大化的利益。你觉得呢？

4. 目前有几家同类公司在做整车配送业务，也有流量入口，现在在C端和小B端的订单还是挺多的。如易货嘀借助传化的公路港，与同城配送形成一个生态圈，无论是零担专线、第三方物流、中小制造企业、电子商务，还是商场超市、专业市场，只要有城市货运的需求，都可以通过企业级定制化服务，获得专业、便捷的运输体验。从目前来看，运营得也很不错，不需要融资支持。因此成功是利用自己的优势，找准切入点。你觉得呢？

5. 同城配送对于B端和C端哪个意义更大呢？